本书为国家社会科学基金西部项目"康德宗教哲学情感分析研究"（批准号：15XZJ008）结项成果

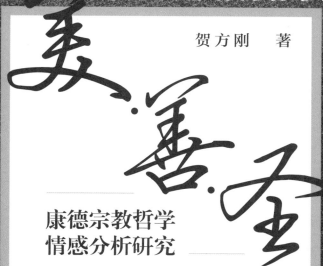

Immanuel Kant

贺方刚　著

美·善·圣

康德宗教哲学
情感分析研究

中国社会科学出版社

图书在版编目（CIP）数据

美·善·圣：康德宗教哲学情感分析研究／贺方刚著．—北京：中国社会
科学出版社，2021.9
ISBN 978 - 7 - 5203 - 8609 - 8

Ⅰ.①美… Ⅱ.①贺… Ⅲ.①康德（Kant,Immanuel 1724 - 1804）—
宗教哲学—研究 Ⅳ.①B516.31②B920

中国版本图书馆 CIP 数据核字（2021）第 113408 号

出 版 人	赵剑英
责任编辑	冯春凤 刘亚楠
责任校对	张爱华
责任印制	张雪娇

出 版	中国社会科学出版社
社 址	北京鼓楼西大街甲 158 号
邮 编	100720
网 址	http://www.csspw.cn
发 行 部	010 - 84083685
门 市 部	010 - 84029450
经 销	新华书店及其他书店

印刷装订	北京市十月印刷有限公司
版 次	2021 年 9 月第 1 版
印 次	2021 年 9 月第 1 次印刷

开 本	710×1000 1/16
印 张	18.5
插 页	2
字 数	300 千字
定 价	118.00 元

自　序

　　达米特曾说过："我常为一本没有序言的书而感到遗憾：它就像到某人家里赴宴时一下子直接进入餐厅的情况。序言是个人化的，书的内容不是个人化的：序言告诉你作者对该书的感受或部分感受。一个不想与文本互动（to remain aloof）的读者可以略过序言而没有什么损失；一个想被亲自引导着进入该书的读者，我认为是有这个被引导的权利的。"（Michael Dummett, *Frege*：*Philosophy of Language*，1973）如此说来，序言的作用一是为了避免径直进入"餐厅"的突兀感，具有"影壁墙"的功用；二是为了引导着读者进入该书，以快速把握其主旨。在这个意义上，"自序"是作者换了身份，把自己当读者时的阅读感受。循此理，就将多次校对后的感受呈现于此吧。

　　如何从生存论分析的角度切入"生命""生存"问题，是个非常重要的思路，因为这里面揭示了那托普所提出的疑难：生命之流是生生不息的，一旦用语言来描述它，就将其"止住""定格"了。这个疑难如何解决？海德格尔的生存论分析采用了"形式指示"的做法，即跳出生命体验的同时又调回到生命之中，语言只是起到"指示"的作用，不起"定格"的型塑作用，让生命之流向未来敞开……以这样的视角反观康德对情感问题进行思考的历程，在其"前批判期"，尤其是在《对美感和崇高感的观察》里，美感、崇高感、道德感、（宗教信仰的）神圣感，是活泼泼的，就像那托普所揭示的生命之流一样，具有生生不息的轻盈、透彻之感（迥异于"批判期"的这些情感）；尤其值得注意的是，前批判期的"崇高感"具有批判期的"自由"之特点，即，它起到了"拱顶石"的作用，连接起了美、道德和宗教，是批判期"美象征着道德"这一思想的雏形。由此可见，康德关于"美—道德—宗教"之关系的思考，有前后一贯的特点。

进入批判期之后，受"三大批判"体系严谨、体例一致这一原则的制约，康德对情感问题的处理已不处于"明显"的地位了，"第一批判"里基本没有情感的位置；"第二批判"里的道德情感变得很特殊，很冷峻，它不能充当道德的基础，只能作为一种"动机"将道德法则与任意的自由（Willkuer）连接起来；"第三批判"谈（审美）情感也尽量与英国经验论者的"美感"保持着距离，他的审美情感必须要找到其先天法则——主观的无目的的合目的性，这样一种情感不单纯是一种"感受"，不像"一批"里的经验杂多那样由外感官获得后需与范畴相连而建构起"对象"，它无需概念来保证其普遍性（因为它有自己特殊的先天法则，这和"一批"里"人为自然立法"的先验范畴及其诸原理、"二批"里意志为自由立法的道德律，是一样的；由此而使"三大批判"都找到了其普遍的先天法则）。康德提出的审美情感也不和审美主体的利害相关，既无功利性的考量，也无对审美对象之质料的关心，就此而言，审美情感是纯粹的，没有既定的目的，在"无目的"中合乎了主体（审美）的目的；换言之，审美活动不是先刻意设定一个"美"的目标而后追求之，而是（知性和想象力）"自由"地谐和一致，于不经意间"获得""生成"了美的愉悦。就此而言，Moment 翻译成"契机"，契合了康德的原意，因为 Moment 既有"要素""时刻"之意，也有"契机"之意，"契机"一词，体现出康德心目中美的"自由""生成"之特质，是在某一时机之下被引发出来的，是"无意于佳乃佳"的效果。

由是言之，"三批"中对美的分析与批判，虽然受"一批"的"建筑术"之影响，写作上遵循"建筑术"的体例要求而显得拘谨，将美感那生动活泼的"契机"硬塞进严谨的"体系"之中而有"削足适履"之感，但通过知性与想象力的"自由"配合而"生成"美感的冲动还是能跃然纸上的，就此而言，"康德的美感开出了胡塞尔现象学的'生活世界'"（引用叶秀山先生的观点），这也是本书以海德格尔的生存论分析"解"康德审美情感的立论依据之所在。

康德提出"美是德性的象征"这一论断，亦非自出机杼。西方美学史上，美、善、崇高等情感历来就是有亲缘关系的，康德的贡献在于为这些情感，尤其是以美、崇高为代表的趣味判断夯实了哲学基础。他从

"技术""艺术"入手，指出"技术""艺术"意义上的"实践"不同于纯粹实践理性意义上的"实践"，前者虽然也有其"绝对命令"，但不如后者的"绝对命令"严峻，因为技术的绝对命令"既没有确定客体的性质，也没有确定产生客体的方式，而只是按照与艺术的类比来判断自然本身。"（《康德美学全集》，第 309 页）换言之，技术的"绝对命令"通过艺术可以更好地被理解，它有被人为嵌入目的的特征，故而，"目的论"从主观方面承担起了从美向善的过渡，从客观方面承担起了从善向圣的过渡。

在康德的恩典观中，存在一个很棘手的逻辑困境，本书提出"信任情感实在性"这一理论，这是在经验实在性、常识实在性、科学实在性、形而上学实在性基础上的一大创新，较好地解决了康德的上述逻辑困境。

以"信任情感实在性"的视角来反观宗教语言，就会有"别开洞天"之感，即：不同宗教中的语言，从经验主义的立场，显得悖谬，不合常理。但从"信任情感"的角度观之，它们的"实在性"属于另一类，不是靠经验来证实的；在此情景之下，"说者"的"言说"，需要"听者"带着一种信任情感把自己"摆进去"；没有这种情感，就难以理解"说者"所传达的意义。设若再进一步追问这种情感及其"说者"所传达的意义之源头，海德格尔的生存论语言观给出了一种很好的回答：它们源于Dasein 与外物打交道的切己体验，并共同构成了"世界"。在这个意义上的切己体验也就是生生不息的生存，它和语言是一而二、二而一的，这个意义上的语言具有本体论的地位，其余的语言观都是工具论的。以此来反观宗教语言，信仰对象是在信仰者的切己体验中被"建构"起来的；由此就给我们两种解释语言意义的途径：情感意义和认知意义。

2021 年 6 月 19 日

于山工艺长清校区

目　录

导　　论

第一节　基于研究现状的选题依据

本书的选题依据下面所梳理的国内外研究现状而确定（在撰写该部分的时候，拙著《情感与理性：康德宗教哲学内在张力及调和》尚未出版，所以参考了那里的内容，特此说明）。

一　国内研究现状

1. 谢舜的《神学的人学化——康德的宗教哲学及其现代影响》。该书立论的基础是康德的宗教哲学或神学，作者认为康德以人本主义为基调展开了对宗教问题的研究，这与启蒙运动高扬理性的大旗、进一步强调人的主体地位是分不开的。同时作者指出，康德以其"哥白尼式的哲学革命"之思路与方法对基督教进行了"革命性"的变革，具体表现在他对《圣经》的核心概念如"创世""原罪""救赎"等，进行了重新解读。该书与本书的密切关联之处在于，该书用一节分析了康德宗教哲学的内在矛盾，而本书在此基础上提出了康德宗教哲学内在矛盾具体表现为一种张力，即理性与感性的张力，且情感的作用不仅在于疏解、缓和这种张力，而且情感本身也有其实在性，具体而言，在疏解康德恩典观的内在逻辑矛盾（下面行文中以语境不同，有时也称其为逻辑困境）方面起到了很好的作用。

2. 李艳辉的《康德的上帝观》。该书从康德关于上帝的论证入手剖析康德的宗教哲学思想，作者分四个层面予以分析，一是对上帝的存在如何把握，二是信仰上帝在康德道德哲学中的必要性，三是剖析上帝的属性是什么，四是指出康德道德宗教（康德有时也称他意欲创建的宗教为理性宗教、理性神学，本书在同一个意义上使用它们）的核心问题，即应如何信仰上帝。与本书密切相关的问题是最后一个，本书指出，康德对上帝的态度是理性的，由此形成他的理性宗教观，但此举会陷入逻辑上的困境，所以我们应找到康德理性宗教观的哲学基础，其"实在性"在信任情感这里；因为纯粹以理性的方法看待康德心目中的宗教信仰，有逻辑上的不通达处。

3. 戴兆国的《明理与敬义：康德道德哲学研究》该书指出，以康德的观点来看，道德行为不能有任何外在目的，但在具体的道德行为实施过程中不可避免地会有一个目的出现，这是康德道德哲学中的一个矛盾，根据作者的研究，康德是用目的论来化解这一矛盾的。这就涉及康德《判断力批判》中的目的论思想，而遗憾的是该书并未对此予以深究；本书则对此问题，即目的问题进行了进一步的研究，也就是说，目的在主观性方面是由康德的美学问题来处理的，是关于审美情感的判断问题，由此就过渡到本书的主题——情感的实在性问题；目的在客观方面康德是用自然的合目的性来讨论的，自然的合目的性最后引向了理性神学，这就和本书宗教哲学的情感问题联系了起来。本书关注的焦点在于康德理性宗教的内在逻辑困境问题，其"实在性"基础是信任情感。

4. 曹俊峰的《康德美学引论》。曹先生是国内康德美学研究领域里的领军人物和集大成者，他翻译了康德美学的全部著作（《康德美学全集》），《康德美学引论》是曹先生几十年如一日翻译、研究康德美学的结晶，梳理了康德美学思想发展的全过程：康德美学思想的来源、前批判期的美学思想、批判期的美学思想以及康德美学对后世的影响。曹先生认为康德美学思想里有一以贯之的思路贯穿其内。本书与曹先生的美学研究相关联的地方在于——康德哲学体系里的情感因素——该如何看待的问题，曹先生是从审美判断的角度来分析的；而本书则借鉴了曹先生的研究及其他翻译作品，从形而上学所探讨的问题之一——实在性这一角度来解读康德哲学里的情感因素，最终推论出康德哲学里的审美情感和崇高感、道德感、宗教（信任）情感有连续的"过渡"，情感能力也是如西方哲学史上实在论者所提出的实在论那样，有其特殊的实在性。实际上康德为审美判断所寻找的先天法则（主观的、无目的的、合目的性）就是其实在性的表现，以此为基础，来解决康德宗教哲学里恩典观的逻辑困境，就会有一个较好的出路。

5. 拙著《情感与理性：康德宗教哲学内在张力及调和》。该书从康德哲学里情感与理性相对立的角度分析了康德认识论、道德哲学、美学里的情感因素，并指出康德是用审美情感来缓和其宗教哲学里情感与理性的对立之张力的；换言之，缓和康德宗教哲学内在张力是当时的重点。和目前的论著相比较，那时笔者并没有提出情感的实在性这一核心概念，这一概念也可以说是对前面研究的进一步深化，并用情感的实在性来解决康德恩典观的内在逻辑困境与矛盾。同时，本书深入梳理、解读了康德前批判期相关情感论述的著作，并提出崇高感是从审美情感向道德情感过度的"拱顶石"这一论断，这是原来所没有研究过的。

二　国外研究现状

国外的研究现状以手头资料为限，梳理了英语圈内的学者，如艾琳·伍德（Allen W. Wood）、普兰丁格（Alvin Plantinga）、罗伯特·马瑞修·亚当斯（Robert Merrihew Adams）、约翰·希尔博（John R. Silber）和托马斯·倪农（Thomas Nenon）的观点。至于德语圈内相关学者的研究，当然有很重要的参考价值，但由于笔者只是处于初级的德语水平，只能对照英文本解读德文文献，所以只是参考了有关康德哲学情感问题的一篇文章。

1. 艾琳·伍德对康德宗教哲学的相关研究情况。伍德作为英语哲学界有名的康德专家，曾经组织并亲自翻译了很多康德的著作（即剑桥大学出版社在 1999 年出版的一系列康德著作）。*Kant's Rational Theology* 是他的一本专著（笔者于十多年前硕士刚毕业时已译出，但一直没有时间修改出版）。*Kant's Rational Theology* 一书主要围绕上帝的观念和关于神学的三个证明展开其相关研究。与本书关系密切的问题主要在"所有可能性的根据"这一节里，在这一部分，伍德认为：康德心目中的上帝是"逻辑意义上的原初存在"（ens logice originarium，拉丁文），如此一来，上帝就靠这个逻辑意义上的原初存在而成为自足的了，根据伍德的研究，康德以此原初存在来保证他的理性宗教的成立，或者说来保证道德行为不需要上帝就能有其原初动力。但对上帝自身的认识这一问题并没有解决，这是本书将重点研究的问题。本书指出，康德在认识论上否定了上帝被认识的可能性，在道德哲学上否定了上帝的作用，但在其理性宗教观里却又说，人在尽全力做出了道德上的努力后，若不能实现至善，也可以求助于上帝的恩典，就此而陷入了逻辑困境，本书通过信任情感实在性来解决这一困境。

2. 普兰丁格（Alvin Plantinga）对康德宗教哲学的相关研究情况。作为基督教哲学家中成就卓著的一位，普兰丁格在此领域内写了 7 部颇有影响力的著作，发表论文 110 多篇。他的《基督教信念的知识论地位》一书，试图从经典基础主义的角度为基督教信仰找到普遍的论证方式，以此使基督教信仰能被普遍讨论。在该书中普兰丁格认为按传统观点，上帝的概念已被预设出来，但存在着难以用语言表达的困境，或者说它的意义不好界定；尽管康德通过划分现象与物自体的做法而使得上帝在物自体领域有了立足之地，但又没法用知性范畴来表述，只能用智性直观来把握，由此普兰丁格论证说，通过康德的努力，知识论的基础是牢固了，但既然用范畴不能谓述上帝，那么用其他的概念也不能谓述它。本书的观点应该说是对普兰丁格这一说法的进一步研究：我们承认普兰丁格对康德的解读，康德是否认用知性范畴谓述上帝的可能性的，所以康德用狭义的理性所对应的理念（不同于柏拉图的理念，康德是指一种特殊的、只能由狭义的理性来使用的概念）来指称、谓述上帝，我们进一步通过情感分析的研究而指出，康德这种理念其实在性基础是信任情感的实在性。

3. 罗伯特·马瑞修·亚当斯的研究。我们重点关注他在由艾琳·伍德主持翻译的新译本 Religion within the Boundaries of Mere Reason （《纯粹理性限度内的宗教》）导言中的观点，他说康德"担心恩典概念会败坏了道德需求的严峻性；但他认为道德信仰或许要承认一种确定的恩典"（该书导言，p. xxx.），只不过康德觉得这种恩典只能在人做了该做的事情之后才能考虑要信靠它。实际上亚当斯这个地方揭示了康德宗教哲学中处理上帝的恩典和信仰者个人的道德努力这二者之间的逻辑悖论，即在道德行为和宗教信仰中到底存在一种什么样的关系，是否完全靠个人的德行修养就能实现至善，这是康德在《实践理性批判》里遇到的大问题，康德无奈之下搬出来上帝作为中保，以此保证有德之人在做出了道德上的努力后若没有实现应有的幸福，那么就在来世再获得应有的福报。但这样的观点只是一种逻辑上的设定，在现实面前是苍白无力的。究其实，答案就在康德已于《纯粹理性批判》里所说的，道德的自由意志是不可知的，上帝、恩典等对象也是不可知的，不能用知识论的、逻辑的方式来阐述它们，因为它们是情感的对象，其能否实现，其实在性只在信任情感那里，但康德却忽略或否定这一点，这是本书的重点研究对象。

4. 约翰·希尔博的相关研究。希尔博在 *Religion with the Limits of Reason Alone*（《单纯理性限度内的宗教》）1960 年的英译本导言里指出，从实践的层面看，恩典还是有存在的可能性的，康德并未完全否定这一点；但从人不断地趋向自我完善而言，最好还是靠每个人道德上的努力，而不是指望上帝的恩典来完善自己。康德将这个问题归结为"心灵改善"，其关键处就在于重建向善的原初禀赋。也就是说，人虽然会因感性欲望的驱使而作恶，但只要心中那个向善的原初禀赋尚未泯灭（康德将其作为人格性的东西，并称之为禀赋，是人之为人的根本，只要人具有理性能力，这种禀赋就不会泯灭），就有希望靠这种禀赋来强化道德努力而弃恶从善。至于恩典所起的作用，康德将其放在道德宗教里，指出迄今为止所有的宗教可以分为两类，一类是祈求神恩的宗教；另一类是道德的宗教。前者只一味地邀功祈福，对于成为一个道德上的善人无益，他反对之；后者才是他心目中最好的宗教。但既然是一种宗教，就免不了要谈恩典，他认为道德宗教的基本原理是"每一个人都必须尽其力所能及去做，以便成为一个更善的人。只有当他不埋没自己天赋的才能（路 19：12 – 16）利用自己向善的原初禀赋，以便成为一个更善的人时，他才能够希望凭借更高的援助，补上他自己力所不能及的东西。人也完全没有必要知道这种协助存在于什么地方"①。希尔博在他的研究里清晰而深刻地揭示了康德宗教哲学讨论恩典问题时所遇到的逻辑困境，但并没有分析如何解决这个困境，本书是在第六章展开详细分析并予以解决的。

5. 托马斯·倪农的相关研究。倪农在英语学界及德语学界以研究现象学著称，其关注点重在康德与胡塞尔、海德格尔哲学之间的关系，其对康德宗教哲学的研究，集中在他于德国弗莱堡大学做的博士论文里，但遗憾的是该书没有英文本，笔者只是在赴美国孟菲斯大学访学期间聆听倪农

---

① ［德］康德：《单纯理性限度内的宗教》，李秋零译，邓晓芒审校，中国人民大学出版社 2003 年版，中译本导言第 45 页。

教授的相关讲解。倪农指出海德格尔的生存论分析这一方法与他所受的宗教神学训练有关，在一定意义上有神秘性，包括海德格尔对自己思想道路的开启，都离不开其宗教神学思路的影响，这是需要注意的。本书把从倪农教授那里得到的启发融入了方法论部分。

6. 德语圈内对康德哲学中情感与道德行为的研究，只是参考了一篇翻译文章，即 H. F. 克莱默（Heiner F. Klemme）的《在康德视角中的实践同一性和意志薄弱》。该文作者认为，在康德的道德哲学中，作为选择模式，情感和理性是相互冲突的，但它们都能成为人类行为的动机之源，也就是说："感情很可能是间接地理性的。这种间接的理性，就像我想称呼它的那样，比方说在同情那里变得清晰。"换言之，人类的这种同情心，首先是人类理性的产物，在这个意义上说，该文作者的视域仍是以康德三大批判的主题——知、情、意——为参照。说感情仍是一种间接的理性，这和康德提出物自体概念时所使用的"纯粹理性"一致。因为康德在区分了现象与物自体后，指出物自体只能靠人的智性直观来把握，且这种能力和人的狭义理性功能相一致，只有它们才能使人意识到有物自体的存在①，这和本书所分析的康德哲学中的情感因素其作用是一致的，具体来讲，此处是一种信任情感在认识论中的作用之发挥。

通过上面这些相关研究文献的梳理，我们发现，对康德哲学中，尤其是与其宗教哲学有关的情感因素进行分析，已有一些学者做出了一定研究，但集中探讨情感因素在康德宗教哲学中的作用，特别是在解决康德恩典观的逻辑困境、矛盾方面的研究不多见，我们所要进行的研究，就是在上面这些学者所提出观点的基础上"接着说"，尤其是突出康德哲学中审美情感、道德感、崇高感向宗教信任情感的过渡这一线索，并指出崇高感是这一过程的"拱顶石"，信任情感是解决康德恩典观逻辑困境的"钥匙"。

---

① 关于康德的物自体概念，它的提出到底是逻辑推论的结果，还是一种预设，学界有争论。前一种观点的理由在于，康德认为感官只能认识现象，刺激感官的东西不可被认识，但我们可以推论，一定是有"X"刺激感官，那个"X"就是物自体；后一种观点的理由在于，康德提出感官受刺激产生属于现象的经验杂多，必定是预设了有刺激感官的东西存在，谓之"物自体"。受主题所限，此处不展开讨论这个问题。

第二节　研究方法：生存论分析

　　关于本书的研究方法，主要是采用"生存论分析"这一方法。其原因在于，康德在其宗教哲学思想中遇到了逻辑上的困难从而陷入了逻辑困境（详见本书第六章），究其实还在于他仍沿用传统的认识论思路；按海德格尔的观点，康德所使用的"普通的知性由于只追求存在者层面的知识，因而根本无法理解存在论上认识的东西"①。这在康德的"三大批判"中是很明显的，亦如其三部著作的书名所示，"三大批判"对应着"知、意、情"三种心灵机能，特别是"知"，是指知性所应对的知识，主要包括自然科学知识的哲学基础，或曰对自然科学知识的哲理阐释，为数学和物理学奠定形而上学的基础。这是康德面对时代问题的必然选择，他要拯救形而上学于水深火热之中。"第二批判"的主题"意"的研究范围已超越了知性所应对的现象的领域，进入了物自体的领域，"情"的研究内容是为这两个领域的分裂所做的弥合性的工作，其间发挥作用的心灵机能既有知性，也有狭义的理性，有综合性、折中性的特点。康德的这种做法，具体而言，他对知性和（狭义的）理性的区分，实际上已隐含着他对后来被海德格尔进一步揭示出来的形而上学问题的洞察，他认为像自由、上帝、灵魂这些形而上学要研究的对象，知性无能为力，必须用狭义的理性来应对。在这个意义上我们可以说，"康德和黑格尔已经发现了这个问题（指海德格尔对存在与存在者的区分——引者注），他们区分知性和理性，就是因为知性无法进入形而上学和存在论的领域"②。以此思路来分析康德的宗教哲学思想，那么我们上面所提出的康德在宗教哲学上遇到的逻辑困境，要想得到充分解决，就必须超越这种对人的心灵机能区分知性和理性的做法，以更高的角度考察人的思维、人与世界打交道的方式乃至哲学问题，就此意义而言，海德格尔提出生存是人（海德格尔在《存在与时间》里用 Dasein，即"此在"）与其他存在者，与世界打交道的方式，"此在能以这种或那种方式与之发生关系，甚或常常与之发生关系的存在

① 张汝伦：《〈存在与时间〉释义》，世纪出版集团、上海人民出版社 2014 年版，第 496 页。
② 张汝伦：《〈存在与时间〉释义》，第 496 页。

（Being），我们称之为'生存'［*Existenz*］"①。也就是说，和康德相比，海德格尔是在一个更高的层面——生存——上来探究哲学问题；在这个层次上，解决哲学问题就不仅仅是人的理性了，而是包括了感性、理性、意志、情感等的生存境域；当然，海德格尔已把哲学研究的视域引进了前存在领域。从对人的心灵机能进行区分与综合的角度来看，实际上康德也做过这方面的工作，如《判断力批判》从主观目的论过渡到客观目的论，再过渡到道德宗教的整个过程就是为此付出的努力，他甚至明确提出："这个批判（指《纯粹理性批判》——引者注）按照其他每一种能力或许会自以为出于自己的根芽而在知识的现金资产中所拥有的份额，对所有这些能力加以审查，它没有剩下别的，只有知性先天地为作为对自然，即诸现象的总和（这些现象的形式同样也是先天被给予的）的规律而制定的东西。"② 康德在这个地方是说，知性这种心灵机能和其他心灵机能一样，同出自一个根芽，这个根芽作为一个共同根据，它是知性以及其他心灵机能所由以产生的根基："但这方面（按照类比来判断）还应该有一个新的根据来把判断力和我们表象能力的另一种秩序联结起来，这种联结看起来比和认识能力家族的亲缘关系还更具重要性。因为所有的心灵能力或机能可以归结为这三种不能再从一个共同根据推导出来的机能：认识能力、愉快和不愉快的情感和欲求能力。"③ 由此可以看出，康德在"三大批判"中所划分的三大心灵机能"知、意、情"，虽然是分离的，即他分别对其予以深刻考察，但他随着研究的深入，还是想把它们统一起来，这种"自己的根芽""共同根据"的表述已表明这一点，尽管不是很彻底。由是言之，海德格尔接着康德、黑格尔区分知性、理性的做法而用"生存"

---

① 本书在涉及海德格尔《存在与时间》的文本分析时，采用的是 John Macquarrie 和 Edward Robinson 的英译本，其原因在于本人于 2016 年去美国孟菲斯大学访学，跟随 Thomas Nenon 教授学习现象学，其中的一门课是跟着他给他的博士生开设的《存在与时间》课程进行精读，一共16 次课，一次三个多小时，直至读完该书。本人认真精读此书三遍，并做了课堂录音，课后精听相关内容。其中的第 34 节，本人在回国后给研究生上《语言哲学》课曾进行了精读精讲，并重新将其译成中文发给学生使用，特此说明，后不赘述。Martin Heidegger, *Being and Time*, Translated by John Macquarrie & Edward Robinson, New York：Harper Collins Publishers, 2008.

② ［德］康德：《判断力批判》，邓晓芒译，杨祖陶校，人民出版社 2002 年版，第 1 页。凡是引文中下加点的部分，本书一律用黑体字代替，特此说明，后不赘述。

③ ［德］康德：《判断力批判》，第 11 页。

来统一它们之间的分裂，是有思路上的一贯性的。本书采取生存论分析的方法，其用意也在此，即康德在宗教哲学思想中遇到的逻辑困境是他区分知性和理性的必然，康德按自己的理路要想解决这个困境，无异于抓着自己的头发而把自己提起来，这是不可能的，但也是整个西方形而上学发展的必然，因为康德解决形而上学问题的思路也是遵循形而上学内在发展的一致性的，所以康德宗教哲学的逻辑困境只能从海德格尔生存论分析的方法论高度才能得到更好地解决。当然，关于对康德原著的解读方法，就像张汝伦先生在《〈存在与时间〉释义》里"以海解海"的方法一样，我们也是"以康德解康德"，尽量从康德的相关著作里来寻求解释线索。之所以选取海德格尔的生存论分析这一方法，一是因为海德格尔将生命、情感作为哲学研究的"源始"来源，与我们对康德的情感分析相契合；二是因为海德格尔的生存论方法也是一个一以贯之、颇成体系的方法，我们试图以此精神来疏解康德的情感因素。

　　海德格尔的生存论分析是一个颇有体系性的方法，在一定意义上可以说，对这个方法的阐释涉及对他整个哲学体系的理解。所以本书不打算也不可能对其整个哲学体系进行论述，只是从"生命、生存、生存论分析"三个方面对这一方法进行剖析，以此为康德宗教哲学的情感分析奠定方法论基础。关于对康德宗教哲学的研究，从"情感分析"的角度切入，原因在于：第一，从康德的整个哲学体系来看，他集中讨论宗教问题是在《判断力批判》出版之后，即《单纯理性限度内的宗教》这本著作着重探讨宗教问题（当然此前的著作里康德也会涉及宗教的相关问题，但不如在这部著作里集中、深入），在《判断力批判》这部著作里，他提出目的论是神学的入门，[①] 之所以如此，是因为像自然界的因果律、机械作用之类的知识，我们可以用概念表述出来（这也是《纯粹理性批判》列出的范畴表的作用，它们都是用来为经验对象订立法则的，即人为自然立法），而超出经验对象之外，像自然的目的，从有机物到无机物，再到整个自然界，原来适用于经验对象的范畴、概念难以奏效，康德是用类比的方法，以艺术品做类比，找到自然界的目的的，这之间的逻辑思路是从艺术品到自然物，否则会发生逻辑上的跳跃；那么既然引入了艺术品的概

---

① ［德］康德：《判断力批判》，第 234 页。

念，就不得不讨论审美问题，不过康德不纯粹是在陶冶审美情感的意义上谈论美学问题，而是在哲学的高度为审美情感找到先天法则，他说："对于作为审美判断力的鉴赏能力的研究在这里不是为了陶冶和培养趣味（因为这种陶冶和培养即使没有迄今和往后的所有这类研究也会进行下去的），而只是出于先验的意图来做的。"① 基于此，研究康德的宗教问题不得不将情感作为一个重要因素。第二，康德的宗教观是理性的，或曰他是用纯粹实践理性来裁剪基督教，所以他称自己心目中所建立起来的宗教是理性宗教或道德宗教，这和基督教传统是不一致，甚至是为前者所不容的，所以他的《单纯理性限度内的宗教》出版遇到了波折，他也因这部著作受到了宗教当局及国王的斥责，康德为此也做出了保证："作为陛下你的忠实臣民，为了回避嫌疑，我将绝对保证完全放弃一切有关宗教题目的公开学术活动，无论是有关自然宗教，还是启示宗教，无论是在演讲中，还是在作品中，都是一样。这是我的誓约。"② 康德的宗教哲学思想是其道德哲学的延伸，其主要目的是想让宗教为道德服务，尽管康德的道德是自足的，不需要外部力量的保证，但在康德看来，只停留在仪式崇拜层面的宗教是没有意义的，宗教的核心在于改善人的心灵，亦即弃恶从善，做一个有道德的人。这是他提出道德宗教的用意之所在。当然，康德还没有明确提出宗教信仰是情感的事情、不是理性的事情这种观点，但他对知性和理性之区分，并认为自由、灵魂和上帝是狭义的理性所处理的对象，已经为后来由施莱尔马赫发展出的宗教的本质在于直觉式的情感这一理论奠定了基础，他认为宗教既不同于形而上学那样是思辨的事情，也不是如道德那样靠自由意志的力量来推动人的行动，但他还是用理性宗教来称呼他心目中的理想宗教模式，并试图仍用人的理性来推动它，但在不自觉中，他已陷入了逻辑困境。所以，究其实，宗教正如施莱尔马赫后来所论断的，它是一种情感式的直觉，所以"宗教的本质既不是思维也不是行动，而是直觉和情感。它希望直观宇宙，专心聆听宇宙自身的显现和活动，渴望在孩子般的被动性被宇宙的直接影响所抓住所充实"③。从这个

---

① ［德］康德：《判断力批判》，第4页。

② ［德］康德：《单纯理性限度内的宗教》，中译本序言第7页。

③ ［德］施莱尔马赫：《论宗教：对有文化的蔑视宗教者的讲话》（*On Religion：Speeches to Its Cultured Despisers*，Cambridge University Press，1996），第22页，转引自张志刚《宗教学是什么》，北京大学出版社2002年版，第186页。

思路来看，康德宗教哲学的逻辑困境就表现为一个认识论问题，即宗教信仰的对象，如上帝，从知性的角度没法认识，它是不可知的（如康德在《实践理性批判》里所提出的自由意志不可知是同样的问题），不是知识的对象，是施莱尔马赫所说的情感的对象。对这个问题从认识论上加以剖析，康德的理性宗教观给了我们深刻启发，所以这是我们从情感的角度研究康德宗教哲学的主要原因。

但我们所采用的生存论分析这一方法是现象学的方法，海德格尔试图沿着胡塞尔所开创的"回到事情本身"的道路来达到人的切己的生存体验本身，以此找到思想的本源。从这个角度来看，如果能够揭示在康德的思想那里也有现象学意蕴，那么必将为本书所采用的生存论分析方法奠定基础，我们下面的分析就是以此为目的展开的。

一　康德"Schema"概念的现象学意蕴对生存论分析的奠基①

康德以"哥白尼式"哲学革命的方法论变革，让"对象"依照"知识"成为可能，由此而使西方哲学史上"个体"与"普遍"相统一的认识论难题有了突破性的进展，其中"Schema"概念对联结经验对象与先验范畴起了很重要的作用。胡塞尔也是在统一"个体"与"普遍"的意义上推进了上述认识论困境的研究，这二者之间在问题意识、研究方法等方面有前后呼应的连贯性和思想史上的承接性，由此可以说，Schema 概念已富含现象学的意蕴，康德在一定意义上开创出了现象学之维。

康德哲学，尤其是他的认识论部分，对整个西方哲学关于认识问题的探索，其贡献是显而易见的。即使在今天看来，安倍能成当年做出的那个论断仍然是恰如其分的，"康德以前的哲学概皆流向康德，而康德以后的哲学都是从这里流出的"②。也就是说，康德采取折中调和的做法对唯理论和经验论所做的"建筑术"式的融合，颇有承前启后之功，这已为学界所公认；康德对其后哲学的影响，尽管相关的研究也已很详尽，但康德

---

① 该部分已经以"康德'Schema'概念的现象学意蕴"为题发表于《齐鲁学刊》2016 年第 4 期，第 96—102 页。

② ［日］安倍能成：《康德实践哲学》，于凤梧、王宏文译，福建人民出版社 1984 年版，第 3 页。

在联结经验对象与先验范畴时所使用的"Schema"① 概念，和胡塞尔现象学中关于认识如何"切中"客体的问题，颇有前后贯通、相互呼应的内在关联性；或者也可以说，康德当时所提出的 Schema 概念，富有胡塞尔现象学的意蕴，在一定意义上已经开出了现象学之维。本节拟对此作一探讨。从二者的内在关联性来看，首先有赖于对胡塞尔现象学思路的产生作前后贯通的梳理。

（一）胡塞尔对自然主义的质疑

对胡塞尔思想产生的来源，学界的研究可谓多矣，在此不必赘述，诸如从胡塞尔知识结构构成的角度看，他对每门学科都想追溯到其根本的理论根据，由天文学、数学、物理学而上诉至逻辑学②，在追问逻辑研究的心理事实与其内在根据的关系时，循着"意向性"研究的思路而开拓出现象学；从师承关系的角度看，他深受其老师布伦塔诺的影响，将哲学作为一门严格的科学，以面对实事、回到实事本身去的态度与勇气，采用"将所有哲学概念都回溯到它们在直观中的原初源泉上去的做法"③，将现象学作为哲学研究的新方法，从而开一代新风。但本节关注的焦点在于，胡塞尔深切感到西方哲学自巴门尼德在本源论语境中提出"Εστιν"（它是），即存在问题以来④，一直没有很好地解决认识与外在对象如何"相即""切中"的统一问题，尽管胡塞尔在当时对西方哲学史的资料掌握得不是很充分，"了解胡塞尔的人通常都会认为，胡塞尔想成为一个彻底的开启者，因此他对哲学史并不很感兴趣，且在其中也鲜有涉猎。然而在这里应当有所区分：胡塞尔对传统的经典哲学家的文字的认识可能的确比较单薄，尽管如此，对于思想史上那些至关重要的决定，他的感受力要比一般所以为的更强烈"⑤。同时他的思维是敏锐的，对这个问题的理解是深

---

① ［德］康德：《纯粹理性批判》，邓晓芒译，杨祖陶校，人民出版社 2004 年版，第 139 页，A139 = B178。

② ［美］维克多·维拉德－梅欧：《胡塞尔》，杨富斌译，中华书局 2014 年版，第 3 页。

③ ［德］胡塞尔：《胡塞尔全集》（XXV，305），转引自倪梁康《意识的向度》，北京大学出版社 2007 年版，第 2 页。

④ 谢文郁：《巴门尼德的 Εστιν：本源论语境中的"它是"》，《云南大学学报》2012 年第 2 期。

⑤ ［德］克劳斯·黑尔德：《胡塞尔与希腊人》，载于黑尔德《世界现象学》，孙周兴、倪良康等译，生活·读书·新知三联书店 2003 年版，第 3 页。

刻的，他认为"现象学可以说是一切近代哲学的隐秘的渴望"①。西方哲学一开始虽然是受古希腊神话思维的影响而探讨那个变中之不变的本源（巴门尼德之前是在时间意义上谈论"本源"，之后是在结构意义上谈"本原"，对此区分富有哲学意义），但其根本问题是想解决个体与普遍、个别与一般、现象与本质的结合问题。按胡塞尔的看法，这个问题在笛卡尔之前并没有获得突破性进展，比如毕达哥拉斯的数本源论，并不能把个体统一到"数"这一边；柏拉图的"分沾"②（μεθεξις）说有想象的成分，并不能保证个体被理型（希腊文为 ιδεα/ειδος，英文为 idea，意指某个对象"看上去的样子"，按谢文郁教授的观点，译为"理型"更符合柏拉图的原意）分沾出来；亚里士多德虽然发现了柏拉图分沾说的不足，但他提出的纯"形式"的"本质"说，把这种形式推到了不动的推动者——神那里去，仍未能解决个体与普遍的统一问题。胡塞尔之所以特别看重笛卡尔，并指出"在过去的思想家中，没有人像法国最伟大的思想家笛卡尔那样对现象学的意义产生过如此有决定性的影响"③，是因为他觉得笛卡尔的方法和态度已出现现象学的端倪，笛卡尔借助那个"我思"（ego）的"我"而把个体与普遍结合了起来。但胡塞尔觉得这个"我"是一个孤立的点，里边没有主动性的加工过程，缺少了生发结构，"我"和世界之间不能沟通，中间必须有个上帝做担保，所以后来的哲学家并未将此贯彻下去，"具有令人惊异的深刻性的笛卡尔的基本性思考，已迫近现象学；然后它又出现在洛克学派的心理主义；休谟几乎踏上了它的领域，但失之于盲目性"④。

　　胡塞尔通过对上述问题进行反思后认为，要想彻底解决个体与普遍的统一问题，必须来一个思维态度上的转变，对此也可以称之为"哥白尼式"的转向⑤。基于此，他提出了"自然的思维态度和科学—哲学的（反思的）思维态度"⑥（对后一种思维态度将在第三部分讨论），这种区分

---

① ［德］胡塞尔：《纯粹现象学通论》，李幼蒸译，商务印书馆 2012 年版，第 185 页。
② ［古希腊］柏拉图：《柏拉图对话集》，王太庆译，第 639 页。
③ ［德］胡塞尔：《笛卡尔沉思与巴黎讲演》，张宪译，人民出版社 2007 年版，文本 A 第 1 页。
④ ［德］胡塞尔：《纯粹现象学观念通论》，第 185 页。
⑤ 朱刚：《胡塞尔的"哥白尼式转向"》，《中山大学学报》2014 年第 3 期。
⑥ ［德］胡塞尔：《现象学的观念》，倪梁康译，上海译文出版社 1987 年版，第 19 页。

是奠基于方法论上的，即胡塞尔和康德一样，在从事哲学事业之前，把"批判"本身当作一种方法，他提出："认识论的任务或理论理性批判的任务首先是一项批判性的任务。……（它）必须严厉谴责对认识、认识意义和认识客体之间的关系的自然反思几乎不可避免要陷入的那种谬误。"① 他认为自然态度的反思方式试图想从数学及其相关自然科学的方法中借鉴一些东西，这里面有不妥之处。比如 17 世纪的哲学就从数学、自然科学那里得到启迪，但数学和自然科学并未对认识何以可能的问题加以研究，当这些学科在面对自己的研究对象时，只是秉持自然思维的态度，认为它们已被自然而然地给予了主体，并进入主体的经验当中，被感知、直观或回忆，也被用来去"推演出未被经验之物"，主体再将其予以概括，就得出了一般性知识，也可以进一步把"一般认识运用到个别情况中"②。随着这种认识范围的扩大，"它在不断扩展的范围中获得从一开始就显而易见地存在着的被给予的、并只根据范围和内容、根据诸要素、关系、规律进一步研究的现实性。于是这样就形成和成长出各种自然的科学"③。这种自然态度下的认识方法，在胡塞尔看来，存在一个很大的甚至说是根本性的问题，即"认识如何能够确定它与被认识的客体相一致，它如何能够超越物自身去准确地切中它的客体？"④ 胡塞尔在这个地方把他之前西方哲学认识论的核心问题进一步凸显了出来：若把有待于被认识的外在事物当作既定的、被给予的对象设定下来，它是自明的吗？我们有何根据能做如此断定？胡塞尔认为这种做法会使认识"进入迷宫"，他以具体的例子发起了诘问：

> 在知觉中，被知觉之物应当是直接被给予的。这时事物出现在我们对它进行知觉的眼睛面前，我看见它、抓住它。但知觉仅仅是我这个知觉主体的体验。……我这个认识者从何知道，并且如何能够确切地知道，不仅我的体验、这些认识行为存在，而且它们所认识的东西也存在，甚至存在着某种可以设定为与认识相对立的客体的东西

---

① ［德］胡塞尔：《现象学的观念》，第 23 页。
② ［德］胡塞尔：《现象学的观念》，第 19 页。
③ ［德］胡塞尔：《现象学的观念》，第 20 页。
④ ［德］胡塞尔：《现象学的观念》，第 22 页。

呢？……我是否应当说：只有现象对于认识者才是真实地被给予的。……我在，一切非我都只不过是现象，都消融在现象联系之中？①

胡塞尔此处的这个发问是深刻的。持自然态度的自然主义者的确如此，他们在进行科学研究时，并没有去追问所研究对象被呈现出来的内在根据，或者他们认为也没必要去这样做，只是把这些对象接受下来即可。但哲学的反思态度却不能如此，因为一旦进入反思的状态，就会涉及当下的对象及其存在根据问题，这是由作为后思之思的反思方式所决定的。哲学的质疑性就表现在这些方面，当然，怀疑主义者用无穷后退和循环论证进行的绝对怀疑所带来的消极影响，与此还有不同。哲学反思式的怀疑精神更多地表现在"某一认识何以可能？其内在根据何在？"等方面，是具有积极作用的。胡塞尔这个思路和当年康德提出"对象何以依照知识"②的思路如出一辙，正是由于这个原因，本书的主题才落脚于康德 Schema概念的现象学意蕴上。

（二）康德 Schema 概念的作用

对于西方哲学史上个体与普遍如何统一的问题，康德在《纯粹理性批判》"先验要素论"第二部分第二卷第一章"纯粹知性概念的图型法"中，是从表示普遍性的概念与表示个体的对象是否"同质"这一角度来进行联结的。也就是说，只有当概念与个体同质时，二者才能被统一起来。根据康德之前相关哲学家的理论，不管是唯理论还是经验论，都囿于各自的局限性而未能将二者真正地统一起来。所以在康德看来，"这个如此自然而又重大的问题真正说来就是我们必须建立一门判断力的先验学说的原因，为的是指出纯粹知性概念如何能一般地应用于现象之上这种可能性"③。此处康德所说的判断力是"规定性的判断力"，乃至他在《判断力批判》中提出"反思性的判断力"并用以寻求审美判断的先天根据时，所欲解决的仍是作为审美对象的个体与作为具

① ［德］胡塞尔：《现象学的观念》，第 22 页。
② 高懿德、贺方刚：《"对象"何以依照"知识"？——康德"哥白尼"式哲学革命意义之重估》，《山东社会科学》2007 年第 11 期。
③ ［德］康德：《纯粹理性批判》，第 138 页，A138 = B177。

有普遍性的美感如何统一的问题（对其展开探讨已经超出此处讨论的范围，将另文分析）。

　　基于这种寻求同质因素的思路，康德的做法虽是煞费苦心，但分析起来也不很复杂甚至说"很简单"（所谓的"大道至简"是否在这里也适用？颇值得进一步研究），且富有创新精神，他找了个"第三者"，让它既有知性范畴的特质，也有经验对象的特质，这个东西就是"Schema"（图型），它的"表象必须是纯粹的（没有任何经验的东西），但却一方面是智性的，另一方面是感性的"①。这个图型之所以兼具范畴和经验对象的两种特质，其根源在于它的形成与时间有关。按康德的时间观，时间是人的内感官的一种形式条件，同时知性范畴在通过图型而与经验对象联结时，也是奠基于先验时间规定的统一性当中，即："一种先验的时间规定就它是普遍的并建立在某种先天规则之上而言，是与范畴（它构成了这个先验时间规定的统一性）同质的。"②也就是说，时间作为一种先天的直观条件，参与了范畴与经验对象相互联结的过程。康德的时间观与胡塞尔有相同的地方，当他说时间是主观的、一维的时，与胡塞尔讲的内时间意识有异曲同工之妙，胡塞尔指出："就完整的时间表象和无限的时间表象而言，它与无限的数字序列、无限的空间以及如此等等一样，是一个概念表象的构成物。"③（具体展开分析放在第三部分）基于先验时间的规定性，图型具有了知性范畴的特质，换言之，图型是在一维的时间绵延中依据范畴的内容大致形成了模糊的雏形，再与对经验对象的直观相契合而完成二者的联结；另外，图型还具有现象的特质，康德指出："就一切经验性的杂多表象中都含有时间而言，先验时间规定又是与现象同质的。"④此处，康德的意思很明确，外感官所捕捉到的经验杂多都是在时间的绵延中形成的，或者从另一个角度来看，只有以时间作为人的表象能力之基础（当然并不否认外感官的直观性生成能力），才能将外部刺激转化成内直观的经验对象，因为，"如果不是有时间表象先天地作为基础，同时和相继甚至都不会进入知觉中来。只有在时间的前提之下我们才能想象一些东

① ［德］康德：《纯粹理性批判》，第139页，A138 = B177。
② ［德］康德：《纯粹理性批判》，第139页，A139 = B178。
③ ［德］胡塞尔：《内时间意识现象学》，第49页。
④ ［德］康德：《纯粹理性批判》，第139页，A139 = B178。

西存在于同一个时间中（同时），或处于不同的时间中（相继）"①。这个地方和胡塞尔讲的在时间绵延中的"赫拉克利特之流"颇为相似，第三部分展开分析。

为进一步说明图型的作用，康德举了三角形和狗的图型的例子。对于经验对象中的三角形，它们的数量不管有多么大，都找不出一个符合三角形这个概念所要求的具体实例，那么这种理想的模型就只能停留在想象中，康德认为那是人的先验想象力发挥作用的结果，所以"三角形的图型永远也不能实存于别的地方，只能实存于观念中，它意味着想象力在空间的纯粹形状方面的一条综合规则"②。这种存在于观念中的图型，按胡塞尔现象学的观点，就是一种意识。关于狗的图型，康德认为它是人的想象力根据狗的范畴勾画出来的；经验中外感官所获得的每一个具体的狗的形象都各有特点，不能完全具备狗的范畴所描绘出来的形象之要求。至于人的先验想象力何以就能根据范畴的要求而想象出这么一个能与经验对象相一致的图型，康德说："我们知性的这个图型法就现象及其单纯形式而言，是在人类心灵深处隐藏着的一种技艺，它的真实操作方式我们任何时候都是很难从大自然那里猜测到，并将其毫无遮蔽地展示在眼前的。"③由此我们可以看出，康德在天才般的设想中，为个体与普遍的联结打通了一条道路，找到了一个过渡的中介。他提出时间的主观性这一特点，以及图型产生于时间绵延的意识中这个学说，已闪现出胡塞尔现象学的思想火花。尽管康德认为其间的奥妙隐藏在人的心灵深处，难窥其貌，但毕竟为我们理解从康德到胡塞尔思想的发展提供了一些线索。

（三）康德与胡塞尔处理此问题的方法之相似

从方法论的角度看，就康德和胡塞尔都追问自然科学何以可能这个问题而言，我们可以认为康德已在胡塞尔悬搁自然态度的意义上开出了现象学之维。在第一部分我们曾提到，胡塞尔将认识态度做了自然态度和哲学态度的区分，他的目的是要为饱受自然科学质疑、折磨的哲学学科寻找新的出路，在这一点上，他和康德拯救形而上学于水深火热之中的目的基本

---

①　［德］康德：《纯粹理性批判》，第 34 页，A31 = B47。

②　［德］康德：《纯粹理性批判》，第 140 页，A141 = B180。

③　［德］康德：《纯粹理性批判》，第 141 页，A142 = B181。

一致。只不过在方法论上，康德更多地倚重自然科学，从自然科学取得成功的方法里汲取灵感，从数学、物理学那里加以借鉴并进一步发挥，比如他在"一切纯粹知性原理的体系"中就重点探讨数学、物理学之所以可能的哲学根基——它们在人的知性里存在着先天的原理，并使这些知识具有客观性和普遍性，它们"正是先验统觉的本源的综合的客观统一性以其诸范畴通过时间图型实现于经验对象的结果"①。按裴顿的研究，康德提出的这些知性原理已经预先假定那些相关的经验对象预先存在，它们是知性原理有效的内在根据，且同时必须满足三个条件，即：时间和空间作为感性条件形成直观；感性直观和想象性的综合能力一并发挥作用；判断力参与其中。② 但在胡塞尔这里情况有所不同，他认为对自然科学的研究所采取的是自然主义的态度，这里面存在一些缺陷，"它根本就不会想到要提出关于认识可能性的问题"③。要想解决这个问题，就必须来一个态度上的转变，采取一种新的"哲学的（反思的）思维态度"，这种哲学态度"将处于一种全新的维度中，它需要全新的出发点以及一种全新的方法"，以此观之，康德仿照自然科学的成功做法，虽然能靠图型这个中介使知识切中对象，但仍是不彻底的，胡塞尔认为"哲学必须漠视在自然科学中和在尚未科学地组织的自然智慧和知识中所进行的思维工作，并且不能对它作丝毫运用"④。这种方法和态度构成了他所发起的现象学的主导精神，其主旨在于"阐明认识和认识对象之本质的任务……这就构成现象学的第一的和基本的部分……现象学同时并且首先标志着一种方法和思维态度：典型哲学的思维态度和典型哲学的方法"⑤。对于康德和胡塞尔所秉持的这种对哲学工作的批判性精神，张祥龙先生称前者为"自然理性批判"，后者为"意识理性批判"⑥，或许更能清晰地概况我们上面所要表达的意旨。亦即，胡塞尔认为康德的理性批判仍带有自然态度的痕

①　杨祖陶、邓晓芒：《〈纯粹理性批判〉指要》，人民出版社2001年版，第184页。

②　［英］H. J. 裴顿：《康德的经验形而上学》，韦卓民译，华中师范大学出版社2009年版，第662页。

③　［德］胡塞尔：《现象学的观念》，第21页。

④　［德］胡塞尔：《现象学的观念》，第25页。

⑤　［德］胡塞尔：《现象学的观念》，第24页。

⑥　张祥龙：《朝向事情本身》，团结出版社2003年版，第16页。

迹，而他自己的理性批判已完全是纯粹哲学、第一哲学意义上的。当然，胡塞尔是否真正做到了这一点，还有待于进一步研究。

康德称自己在方法论上发动了一场哥白尼式的哲学革命，其革命性在于，一改传统认识论从对象那里获得知识，即知识依照对象的模式，来了一个逆转，让对象依照知识，只不过他这个"对象"并不是经验论者所认为的那些外在的客观经验对象，而是由主体靠感性、知性，凭借范畴和图型建构起来的，正是通过这种主动的"建构"过程，个体和普遍才得以统一起来。但这里有一个对外在对象进行"剥离"的问题，他将传统认识论中的外在对象剥离为现象和物自体。十二范畴表中的范畴就是为现象准备的，对外感官所触及的现象背后的那个东西——物自体，我们凭感性、知性和范畴没法认识，其原因在于："假如与我们的知识发生关系的对象是自在之物本身的话，那么我们对它们就根本不可能有任何先天的概念了。"① 对于物自体刺激外感官所形成的现象，"感性表象（直观）的杂多隶属于一个意识之下的那种方式，是在一切对象知识之前作为其智性的形式而先行的"②，亦即，知性靠范畴及其相关知性原理预先为主体认识现象织就了一张知识之网，"通过纯粹想象力而对感性表象的综合，以及一切表象在与本源的统觉的关系中的统一，是先行于一切经验性的知识的"③。康德将知性对感性的经验杂多进行规整，并以上文述及的图型将其与范畴相统一，这种做法与胡塞尔在意向性中统一个体与普遍（本质）的做法极为相似，"先验想象力产生出的这个图型在康德那儿……意味着原本意义上的时间"，从这个意义上可以说，"胡塞尔这里康德的痕迹是很重的……他最重视的是康德的《纯粹理性批判》中的演绎部分。演绎部分重要的问题是先验的想象力，（它）构造出来的最纯的是时间，这个意义上的时间当然是纯粹境遇性的东西，它非常生动，是沸腾的，它在不断构成的内时间意识的境遇里面"。④

（四）康德 Schema 概念的现象学意蕴

顺着这个思路，我们很自然地就将康德与胡塞尔的时间观联系了起

① ［德］康德：《纯粹理性批判》，第 132 页，A128。
② ［德］康德：《纯粹理性批判》，第 133 页，A129。
③ ［德］康德：《纯粹理性批判》，第 133 页，A129。
④ 张祥龙：《朝向事情本身》，团结出版社 2003 年版，第 78 页。

来。在康德看来，时间是人的一种先天内直观能力，它不能独立存在，也不附属于外在事物，是人在进行直观活动时的一种内部存在状态。① 由此我们可以看出，康德谈论时间时重在凸显它参与人的意识活动时的能动性，这就为先验想象力把图型与经验杂多联结在一起奠定了基础。换言之，康德的时间是纯内在的，是意识发挥建构作用时的一条绵延之流。对这一点，胡塞尔也非常看重，他将时间做了"现象学时间"与"'客观的'即宇宙的时间"之分（因后者与本书关系不密切，将不做专门分析），前者是"在一个体验流内的（一个纯粹自我的）一切体验的统一化形式"②。也就是说，它是我们体验某物的基本方式。比如，当我们观看某一对象，或倾听某一声音时，在意识中从一个把握到另一个把握的过渡"并未将其作为一个单个体验来把握，而是以一种康德意义上的观念之方式来把握……没有任何具体的体验可被看作是在完全意义上自足的体验。每一体验……都'需要补充'"③。在这里，胡塞尔一方面指出，人的意识从内时间意识上来看都有回忆、滞留和期待三个方面，是永远向未来敞开的，需要补充新的内容；从另一个方面来看，人在当下的意识只是在生发的、主动建构中的重构，"它的内容、在此即体验流的充分规定是不可达到的"④，外在对象始终如康德所提出的物自体一样，不能被我们完全解蔽，意识和外在对象的统一、相即，是有条件的、不充分的。当然，胡塞尔并未完全步康德后尘，他并未将物自体直接等同于主体所感知到并建构起来的经验对象的直接原因，而只是"将其等同于充实我们意指意向的东西"，"知觉的被给予性被等同于对象的自我—呈现（self-presentatiion）（Hua19/614，646，666）"。⑤ 由此也可以看出，康德的思路虽然很重视主体建构对象的主动性，但仍留有认识论中反映论的痕迹；而胡塞尔已经不受此影响，其意向性理论的最大特点在于在意识中呈现的自明性。

胡塞尔对这个问题的详细讨论在《内时间意识现象学》中得到进一步展开。他指出，对时间进行现象学分析，"必须完全排除任何与客观时

---

① ［德］康德：《纯粹理性批判》，第36—37页，A33－34＝B50－51。

② ［德］胡塞尔：《纯粹现象学通论》，第234页。

③ ［德］胡塞尔：《纯粹现象学通论》，第240—241页。

④ ［德］胡塞尔：《纯粹现象学通论》，第241页。

⑤ ［丹］丹·扎哈维：《胡塞尔现象学》，李忠伟译，上海译文出版社2007年版，第27页。

间有关的设想、确定、信念……与每个实在的存在和存在因素一样，每个体验都在一个唯一的客观时间中有其位置"①。在这点上，他和康德设定物自体的做法一样，即都认为进入意识内为主体所建构、所意向的都是意识流内主观的东西，至于那个存在于意识之外的"某物"，应暂时搁置起来。对胡塞尔现象学分析来说，它的"素材是时间立义（Zeitauffassung），是客观意义上的时间之物显现于其中的体验"②。这里的"时间立义"是说主体在内时间意识中所体验到的都是主观性的东西，如果和上面提到的客观时间相比较来看的话，处在主观意识中的"这些因素中没有任何东西是客观时间"③。那么我们应如何看待外在的客观对象呢？胡塞尔认为这里有一个超越的问题，当然，这也是我们在本书一开头就提出的传统西方哲学的认识论困境问题，康德和胡塞尔对此都深有体察，其解决个体与普遍的统一问题之方式也颇为相似（本书立论的基础即在于此）。胡塞尔在这个地方指出，在内时间意识中所要进行的超越，即它"超越的空间……而恰恰是……显现的时间形态是超越"④。也就是说，这种内时间意识中的超越主要是"对意识的超越"⑤，并未实现对外物的超越与切中，仍是"实项的超越"，限制于意识之内。但我们应注意胡塞尔"超越"意义的另一面，即"对非实项内容的超越"，也就是"认识如何能够超出自身而达到在它之外的东西？"⑥沿着这个思路往纵深处进发，胡塞尔进一步发展出主体间性和生活世界的问题，这虽然已超出了本书的范围，但毕竟是在这个意义上，胡塞尔和康德都对西方哲学史上的认识论困境有所突破，且存在着思路上的一致性、连续性。

　　关于《内时间意识现象学》中的时间立义概念，除了时间问题外，还涉及立义问题。这里的立义，基本相当于《逻辑研究》第一版中的"赋义"（Deutung），在第二版中才称为"立义"⑦。从该词（Auffas-

①　［德］胡塞尔：《内时间意识现象学》，倪梁康译，商务印书馆 2014 年版，第 38 页。
②　［德］胡塞尔：《内时间意识现象学》，第 40 页。
③　［德］胡塞尔：《内时间意识现象学》，第 40 页。
④　［德］胡塞尔：《内时间意识现象学》，第 41 页。
⑤　倪梁康：《现象学观念通释》，生活·读书·新知三联书店 2007 年版，第 468 页。
⑥　倪梁康：《现象学观念通释》，第 468 页。
⑦　倪梁康：《现象学观念通释》，第 62 页注释［3］。

sung）的构词法上看，"auf-"指"向上"的意思，"fassung"指"把握""理解"，也就是说，通过 Auffassung，意识内杂乱无序的感觉材料被按意义的线索而统一起来，建构起一个对象。① 胡塞尔在《逻辑研究》中对这种"立义"情况作了细致的分析，他举了对颜色的感知这个例子，"颜色这个感觉因素构成了一个具体的看（在现象学的视觉感知显现意义上的看）的一个实项组成部分"②。也就是说，当一个外在对象被意识到、体验到，并被赋予意义时，它才是"在这个特别属于它的感知组元中（在'对象色彩的显现'中）经历了客体化的'立义'"，否则一个有颜色的物即使被外感官捕捉到，但若未被赋予意义，或通俗地讲，并未被主体刻意加以思维、反思，那么，"即使这个对象被感知到，它也没有被体验到或被意识到"③。当然，胡塞尔这个地方的"立义"是运用了《逻辑研究》第一研究中的符号表达功能与意义给予行为做铺垫的，囿于篇幅，不再展开分析。由此我们可以看出，这和康德使用图型来建构"对象"极为相似，只不过胡塞尔用"意向性"来代替了图型而已。在对"立义"的功能有所交代后，我们再回到《内时间意识现象学》的相关思路上来，胡塞尔用现象学的分析方法来"看"一段粉笔，首先是观看这段粉笔，然后再闭上眼睛。如此，就会产生两个感知：一个是直观中的感知，另一个是回忆中的。对于外在于我们的粉笔来说，它并不会因为我们的直观和回忆而产生什么变化。但从现象学的角度来分析，我们"直观到一个现象学的、时间性的相互离散（Ausseinander），一个分离"④，由此就可以将作为外在对象的粉笔（此处和康德使用的物自体概念在一个层面上）分离开来：一侧是被体验到的内容，它被"客观化"，同时建构起一个胡塞尔意义上的"客体"（对应于康德的"对象"），于是，"客体便从被体验到的内容的材料中以立义的方式被构造出来"，这个客体是由意识中的实项的经验材料所构成的，胡塞尔认为在这个构成中有一种统一性（大致可对应于康德的知性原理），在这个客体中显现出一种"客观性"，这个客观性属

①　倪梁康：《现象学观念通释》，第 61 页。

②　[德] 胡塞尔：《逻辑研究》（第二卷），倪梁康译，商务印书馆 2015 年版，第 689 页。

③　[德] 胡塞尔：《逻辑研究》（第二卷），第 689 页。

④　[德] 胡塞尔：《内时间意识现象学》，第 43 页。

于"'经验'并且属于经验的统一，属于自然的经验规律关系。从现象学上说，客观性并不是在'原生的'（primär）内容中，而是在立义特征中以及在属于这些特征之本质的规定性中构造起自身"①。在将外在的粉笔分离开来的另一侧，那个相当于康德的物自体的外物——粉笔，在立义过程中所建构起来的关于它的"客观性"，其内容只是在意识中所显现出来的部分，它本身的情况要丰富、复杂得多，但在当下的"看"中只是显现出来这么多，所以"对象不只是这些'内容'的相加或集合，内容并没有进入对象中去，对象要比内容多，并且在某种程度上与内容不同"②。

综上所述，康德所使用的 Schema 概念，在将外在对象剥离为现象和物自体后，又用这个概念将经验杂多和先验范畴联结起来，从而建构出为范畴和知性原理所主导的"对象"，并最终形成知识，这在西方哲学史上颇有创建性，为联结个体与普遍做出了很大的贡献。但按胡塞尔的观点，康德并未真正踏上现象学的征途，也并未真正解决这个难题。在他的"立义""意向性"等相关现象学方法中，个体与普遍才能更好地得以统一。不管胡塞尔的结果在多大程度上解决了这个问题，康德 Schema 概念对胡塞尔的影响是不容忽视的，在这个意义上我们可以说康德的 Schema 概念富含现象学意蕴，他也在一定程度上开出了现象学之维。

在论述了康德哲学中，尤其是他的 Schema 概念里所蕴含的现象学意蕴后，我们就可以从思路的一致性上来运用现象学的生存论分析这一方法对康德宗教哲学里的情感因素加以分析了，其间首先要关注的是生存论分析中对生命的看法。

二　生命

关于"生命"概念在哲学中的地位，海德格尔是从"元科学"（Ur-wissenschaft）的高度来看的，他在 1919 年的讲课中将哲学看作是"前理论的元科学"③。也就是说，这种科学是最原始的，也是最根本的，是其

---

① ［德］胡塞尔：《内时间意识现象学》，第 43 页。
② ［德］胡塞尔：《内时间意识现象学》，第 43 页。
③ Heidegger, *Zur Bestimmung der Philosophie*, *Gesamtausgabe*, Bd. 56/57, Frankfurt am Main: Vittorio Klostermann, 1987, S. 63. 转引自张汝伦《〈存在与时间〉释义》，引言第 6 页。

他一切科学的基础，其他科学由此而派生、发展出来。当然"元科学"的提法也不是海德格尔的首创，新康德主义者以及海德格尔的老师胡塞尔都有这种观点。对新康德主义者而言，"元科学"是指那些为知识和科学提供基础的事实，对胡塞尔来说，则是意识本身。对海德格尔而言，他所研究的"科学"是哲学，主要是现象学，他心目中的现象学"就是研究生命本身。尽管有生命哲学的外表，实际上它与世界观相反。世界观将生命对象化和固定在一种文化的生命的某个点上。相反，现象学绝不是封闭的，由于它绝对浸润在生命中，它总是临时的"①。也就是说，海德格尔强调指出，现象学的起点在人的生命本身，而不是概念化的、理论性的对象，这种对象已被从活生生的生命体验中隔离出来，被纯化了，这是反思型的哲学工作，也是形而上学一再被引入歧途的方式，他后来的《形而上学导论》就是对此思路的展开，在海德格尔的眼中，"形而上学首先不是一门抽象的哲学学科，而是我们人类在自然宇宙大化中的一种具体生活和生命存在的方式"②。也可以说，形而上学本身就是我们生命的展开方式，它是前科学的。

海德格尔对形而上学的这种看法，当然是对传统形而上学的反叛和批评。不过这种批评也是有前人的理论依据的，除去西方哲学史上大大小小的对形而上学的批判与完善不说，对海德格尔影响较大的当属狄尔泰的"生命"概念。狄尔泰从黑格尔的《精神现象学》和德国浪漫主义反对理性主义所使用的"生命"概念那里受到启发，并赋予这个概念以新的含义，即他认为"生命"本身就含有历史性和事实性的意义，以此来代替传统形而上学所使用的基本概念。按传统形而上学的做法，人类的认识必须建立在一种"绝对的客观知识""绝对的真理"之上才牢靠，这本身就是一个形而上学的假定，无异于"本体论的承诺"一样让人陷入对此类知识无谓的追求之中。这样的知识将外在对象限定在静止的"现在"这一孤立的点上，逼迫知识进入一个"普遍的王国"，忽略了人的生命是一个有自己的特殊体验、有特殊境遇的事实，这种状况被海德格尔称为

---

① Theodore Kisiel, *The Genesis of Heidegger's Being and Time*, Berkley Los Angeles London：University of California Press，1993，p. 17. 转引自张汝伦《〈存在与时间〉释义》，引言第 6 页。

② ［德］海德格尔：《形而上学导论》，王庆节译，商务印书馆 2015 年版，第 238 页。

"事实的生命"（faktisches Leben），即它是一个活生生的、生生不息的涌动状态，若将其固定住，那么就不是原本的它了，而胡塞尔的做法（主要指早期胡塞尔，当然胡塞尔讲发生现象学时已对此有所改变，但仍不如海德格尔在这种方法的使用上来得更彻底）就是想通过意向性来处理这种纯粹的意识，胡塞尔之前的形而上学，如康德的范畴学说，更是将对象当作一个固定的、能用范畴来加以表述的东西。海德格尔认为这种"复活形而上学"的做法意味着哲学的堕落①，在他看来，哲学所要关心的对象应该是生命，而不是什么"绝对的知识"。

海德格尔以生命作为其哲学研究的主题，当然与其所处的学术环境有关，诚如伽达默尔所言，海德格尔不仅仅是把亚里士多德的相关理论看作一个历史上的哲学研究对象来看待，"而是从当代的哲学问题出发，从这几十年开始越来越支配德国哲学的生命概念阐释的问题压力出发，激进地提出问题"②。在海德格尔看来，不仅哲学的基础在于生命，而且哲学本身"就是生命，即来自生命本身的自我表达"③。只不过海德格尔把生命当作"此在"（Dasein），此在的存在不同于存在者的存在，它本身具有"释义学的性质，释义学是事实性本身的一个本质构成要素"④。这是海德格尔的现象学不同于胡塞尔现象学的地方，因为我们在前面已经说过，胡塞尔的现象学是用具有反思性质的意向性来使流动的意向对象的意识静态化，这样的描述性的现象学仍然是一种"反思的描述"，⑤ 其所导致的结果就是使生生不息、涌动着的生命之流被孤立起来，成了一些碎片，失去了活脱脱的动态性，变得僵化、呆滞了。基于此，新康德主义的代表人物那托普（Von Paul Natorp）曾提出质疑：（1）一旦进入反思状态，实施反思活动的主体就没法体验自己的生命之流，只能处于静观当中，迫使正常

---

①　Heidegger, *Ontologie（Hermeneutik der Faktizität）*, *Gesamtausgabe*, Bd. 63. S. 5. 转引自张汝伦《〈存在与时间〉释义》，引言第 7 页。

②　Hans-Georg Gadamer, "Heidegger's 'theologische' Jegendschrift", *Phänomenologische Interpretationen zu Aristotles*, *Gesamtausgabe*, BD. 61, S. 76. 转引自张汝伦《〈存在与时间〉释义》，引言第 26 页。

③　张汝伦：《〈存在与时间〉释义》，引言第 26 页。

④　张汝伦：《〈存在与时间〉释义》，引言第 27 页。

⑤　Heidegger, *Zur Bestimmung der Philosophie*, *Gesamausgabe*, Bd, 56/57, S. 100. 转引自张汝伦《〈存在与时间〉释义》，第 33 页。

的生命之流中断开来，用那托普的话说，就是"让生命之流静止"①。也就是说，胡塞尔的现象学所采用的反思活动或获得的关于某物的意识是不完整的，是一个关于"过去的"某物的意识片段，不能保证意识的流动性。（2）胡塞尔的现象学声称使用了直接描述的方法，将意向性中的反思对象描述出来，在一定意义上它与此前的传统哲学，比如康德的范畴学说有所不同，甚至超越了后者，但同样未能跳出的一个窠臼在于，它仍必须将其对象纳入一个范畴体系才能进行描述，仍需一个构成意义的抽象语境，如此一来，就远未达到直接描述的目的。胡塞尔的本意虽然是想通过直接描述的手段，来摆脱用范畴联结对象的静态化（如康德的"范畴"加"经验杂多"经过"Schema"这一图型作为中介来"建构"知识的过程），但一当进入描述状态，就又落入了范畴织成的"藩篱"而流于抽象化。由此可见，并不存在直接描述这样的方法，因为一旦用语言表达某一对象，都免不了要将其对象化、一般化的流弊，② 这种做法难以和生命事实真正结合，其所面对的哲学问题是：永远处于流变之中的生命事实，如何能用语言表达出来？这是哲学研究，确切地说，是现象学研究所要解决的问题。

为解决此问题，海德格尔启用了"形式指示"（die formale Anzeige）这样的一个概念，以使那些处于流动当中的生命事实，在被用语言描述时，保持其当下的在场和动态的特性，从这个意义上来讲，如果胡塞尔的"回到事情本身"意味着回到意识本身的话，那么海德格尔的"回到事情本身"就意味着回到生命本身。这在他 1919—1920 年的冬季课程《现象学的基本问题》中已有所体现，他那时主要想解决作为前理论的"元科学"如何切近其所研究的领域，而不使生命像被从生命之流中"掏出来"这样的问题，③ 也就是说，生命是一个源始地不断展开的过程，在描述它的过程中所使用的语言只起到了一种"指示"的作用，只是一种表现"形式"。海德格尔的"形式指示"描述出来的是生命本身，不同于康德

① Heidegger, *Zur Bestimmung der Philosophie*, *Gesamausgabe*, Bd, 56/57, S. 100 – 101. 转引自张汝伦《〈存在与时间〉释义》，第 33 页。

② Heidegger, Zur Bestimmung der Philosophie, Gesamausgabe, Bd, 56/57, S. 100、111. 转引自张汝伦《〈存在与时间〉释义》，第 33 页。

③ 张汝伦：《〈存在与时间〉释义》，第 33 页。

意义上的"范畴"加"经验杂多"就等于"对象"的做法，也不同于胡塞尔的对意识的描述；他甚至说，像"生命、生命经历、我、宾格的我（mich）、自我"等这些概念，我们并不能简单地从一个意义上将其固定下来，"它们只是暗示某些现象，它们指入一个具体领域，因此，它们有一种纯粹形式的特征（'形式指示的意义'）"[1]，如果和传统的范畴学说（尤其是亚里士多德和康德意义上的范畴学说）相比较，那么可以认为后者是用范畴来描述对象的本质、共相或普遍特征；而前者，即海德格尔的"形式指示"只起到一个 index，即索引的作用，这个 index 把我们的意义引向丰富的生命领域，指示着一个有待充实的、生生不息的生命之流，用范畴、语言描述出来的关于这个领域的意义，是开放的、不断完善的（这种"形式指示"的做法，也可以说是海德格尔"生存论分析"的一大特色，这对于分析宗教语言很有说服力，本书"结语部分"会再回到这个问题上来）。

　　问题在于，这个"形式指示"就是完美、无懈可击的吗？它有没有以"形式"代替原来的范畴之虞呢？不深入海德格尔现象学的内部，深刻领会其思维方式，是难免会提出上述疑问的。实际上海德格尔早在其 1920 年夏季的"直观现象学和表达现象学"课程里，就已对此做出了说明，他指出，这里的"形式"虽然是必不可少的，但也有一定的风险性[2]，人们可能会将其与一般的范畴学说中的形式，或语言学中的指代符号同日而语；作如是观，那么他的现象学就没有什么深刻之处了。为了进一步解释"形式指示"的深刻含义，海德格尔又将其"与哲学的关系"作比较，从这个角度做了进一步的阐释，这在他 1921—1922 年冬季学期"对亚里士多德的现象学解释"课程里有所体现，他认为哲学也是一种"形式指示"，表现为一种与事物之间的认识关系。[3] 如果仅停留在这个层面，那么海德格尔所揭示的"认识关系"就没有什么新意了，因为任何一门科学与其研究对象之间都存在一种认识关系。海德格尔对此做了进一

---

[1]　Heidegger, *Grundprobleme der Phänomenologie*（*Wintersemester* 1919/20）, *Gesamtausgabe*, Bd. 58, S. 198. 转引自张汝伦《〈存在与时间〉释义》，第 34 页。

[2]　张汝伦：《〈存在与时间〉释义》，第 34 页。

[3]　Heidegge, *Phänomenologie des religiösen Leben*, *Gesamtausgabe*, Bd. 60, S. 64. 转引自张汝伦《〈存在与时间〉释义》，第 35 页。

步的解释，他说"形式指示"与传统形而上学中的范畴、概念的不同之处在于，它可以"指示、指引"我们的理解，所以"哲学作为认识关系所指向的东西，必须不断重新规划，重新描述"①。这种重新规划和描述的"重新"意味着一个不断充实、不断更新的过程，它不是静止不动的，而是历久弥新、"日日新，又日新"的发展过程。同时，这种"形式指示"不同于传统的范畴学说的地方在于，它并不"指称"具体对象，而只是指明方向，将有待理解的内容置于"与……的关系"中，让不断展开的生命体验来持续地充实这个"与……的关系"，在这个意义上，毋宁说"形式指示"指向了一个"空洞"的缺项，但不是"无"，是有待填充、充实的领域。对生命与哲学之间的关系做这种理解，已然预设了这样一个前提：生命过程和哲学事业/研究之间有一个"鸿沟"，传统形而上学有这个问题——外在于认识主体的对象和进行认识的主体之思维，这两者之间是分离的，彼此对峙，存在着认识与被认识的关系，传统形而上学主客二分的模式昭然若揭——如何克服这个问题一直是传统认识论中的主要任务之一；胡塞尔的现象学通过内在和外在的超越来解决之，虽说比传统形而上学有很大的进步，但在海德格尔看来仍不彻底，不过他也意识到问题的难度之大，在《宗教生命现象学》中他指出："哲学从事实的生命经验中产生。然后它要在这生命经验中跳回到生命经验。"② 这句话初看上去好像是同义反复，既然已在"生命经验中"了，为何还要再"跳回到生命经验"里去？实际上海德格尔是在强调，哲学的研究对象来自生命体验，它不是孤零零的被主体隔离的"客观对象"，也不是如康德所说的那样是在彼岸的物自体，毋宁说它就和"此在"（Dasein）的生命是一体的。之所以说还需要跳回到生命经验，是因为一旦哲学研究将生命经验纳入自己的范围时，就会有一种"隔离"的情况发生，真正将二者融合为一，只有在前科学的"称手性"中才会存在。但前科学的称手性毕竟是哲学研究的源始境遇，它是一种理想状态，所以海德格尔才会强调"跳回到生命经验"中去，这就类似于进行现象学地"看"这种方法，上

---

① Heidegge, "Phänomenologische Interpretationen zu Aristoteles", *Einführung in die Phänomenologische Forschung*, *Gesamtausgabe*, Bd. 61, S. 56. 转引自张汝伦《〈存在与时间〉释义》，第 35 页。

② Heidegge, *Phänomenologie des religiösen Leben*, *Gesamtausgabe*, Bd. 60, S. 8. 转引自张汝伦《〈存在与时间〉释义》，破题第 34 页。

面提到的"形式指示"就提供了一个"跳回到生命经验"的索引。

关于上面提及的海德格尔在引入生命概念时所受到的来自狄尔泰的影响，海德格尔在《存在与时间》的 43 节有更进一步的说明，这个说明始于狄尔泰对实在的讨论。在海德格尔看来，"即便没有明确的生存论——存在论基础，实在事物的实在性确实也可以在确切的范围内具有现象学——存在论上的特征。这就是狄尔泰在上述文章中所提到的。他认为实在事物在冲动、意志中被经验到，这一实在是种阻抗，或者更确切地说，具有阻抗的特征"①。引文中所提到的狄尔泰的文章，是指他于 1890 年发表的题为"论解决我们关于外部世界的实在性的信仰起源及其权利问题"的论文。在这篇文章中，狄尔泰专门讨论实在性问题，即外部世界在何种意义上是实在的。狄尔泰首先坚持生命哲学的立场，他认为人的生命不是什么具有神秘色彩的形而上学式的思辨实体，也不是如先验哲学家所提出的先验的理念，而毋宁说生命就体现为每个人当下正在经历的经验实在，概言之，生命即实在，它本身就具有终极的实在性，舍此无他。狄尔泰的观点是说，我们每个人能感知，能体验；从再高一级的层面来说，我们能想象，能认识外物全在于我们有生命特征，这是一个不言自明的事实，不需要额外的证明，他甚至认为像笛卡尔由"我思故我在"来推论"我"的存在也是不必要的，所以他提出"生命就是他自己的证明"，对于这个命题根本不需要什么前提或基础，也不需要推论，"生命是一个基本事实，它必须形成哲学的起点。我们从内部认识它。它是我们无法走到其后面的东西。生命不能被带到理性的法庭前"②。也就是说，生命是人的认识起点，也是哲学事业的阿基米德点，这是自明的，不需要理性的推论和逻辑的证明，我们对生命不是用知识学、认识论的方法来认识到它的存在，而是从"内部""认识"到它，这种所谓的"认识"，实际上是一种直接的体验，在自己的生命之流中从内部径直感觉到它，用海德格尔的话讲，生命具有"源始性"。按张汝伦先生的研究，狄尔泰在这篇文章中的核心论点可归纳如下：

---

① Martin Heidegger, *Being and Time*, Translated by John Macquarrie & Edward Robinson, New York: Harper Collins Publishers, 2008, p. 252.

② Dilthey, *Gesammelte Schriften*, Bd. VII, Stuttgart: B. G. Teuber Verlagsgesellschaft, 1979, S. 359. 转引自张汝伦《〈存在与时间〉释义》，第 545 页。

（1）自我和对象的经验是在一个独一无二的、不可分割的行动中产生的；在这个行动中这两个东西没有一个另一个也就不可能。

（2）只是因为人是一个欲望—有意志的生物，人才产生这样的经验（即实在的经验）；一个纯粹思维—表象的生物不可能有实在的经验。①

　　根据张汝伦先生的看法，狄尔泰在这里的意思很明确：自我和自我所产生的对外在对象的经验，是一而二、二而一的，二者浑然一体，统一在"我"的生命体验中，做传统形而上学那样的主、客二分是没必要的；这种统一的基础在于"我"有欲望和意志，而不仅仅是会思维、会表象事物（这种观点隐含着批判亚里士多德的"人是理性的动物"这一观点；也隐含着将思维归于欲望和意志之内的意思，与康德平等划分"知、意、情"的做法不一致，这也是生命哲学的必然结果）。我们做这种理解，在狄尔泰那里可以得到明确的印证，他说："我不是从一个思维的关联整体来解释外部世界的信仰，而是从一个在冲动、意志和感觉中给予的生命的整体关联来解释的。"② 在这里，狄尔泰用"生命的整体关联"来代替传统形而上学所使用的主客二分的认识关系，因为后者必然由于外在对象与"我"的认识之分离而走向现象主义和观念论，使得个体与一般的统一始终停留在意识层面，不预先假定"我"的存在就没法确定外部世界和外在对象，这也是笛卡尔所遇到的难题，"外部世界的存在从我出发才能达到。笛卡尔以来人们一直在架这道桥梁"③。对于这种思路，在狄尔泰看来根本行不通，死路一条；张汝伦先生总结道："从思维—表象行为出发必然导致一个自足的意识概念，但不会超越意识达到一个现实的实在关系。"④ 也就是说，从思维、表象的角度出发来揭示"我"与外部世界、外在对象的关系，始终触及不到"实在"，始终跨越不了两者之间的鸿沟；狄尔泰

---

① 张汝伦：《〈存在与时间〉释义》，第 545 页。

② Dilthey, *Gesammelte Schriften*, Bd. V, Stuttgart：B. G. Teuber Verlagsgesellschaft, 1979, S. 95. 转引自张汝伦《〈存在与时间〉释义》，第 545 页。

③ *Briefwechsel zwischen Wilhelm Dilthey und dem Grafen Paul Yorck von Wartenburg*, Halle, 1923, S. 55. 转引自张汝伦《〈存在与时间〉释义》，第 545 页。

④ 张汝伦：《〈存在与时间〉释义》，第 545 页。

的生命概念就是针对这种分离性的关系而提出的。在狄尔泰看来，只要人从自己的"欲望和意志"出发，而不仅仅是从思维出发，去与外在对象打交道，那么就获得了一种自足性，由"最为不同的追求和意愿发散出去"①，其所导致的一种状况就是，"人的意志力似乎冲出它的囚牢四下寻求实现和满足"②。这种"实现和满足"体现的是意愿的需求之被满足的状况，有一种主动出击的特性；它不像单纯的认识过程中意识对外在对象的反映与摹写那样，是被动的。正是在这个意义上，狄尔泰说我们才能经验到那"独立于我们的东西的实质上活生生的实在"③，这种实在当然不是认识论意义上的，而是源于生命本身的体验，在这一的过程中来看人的本质的话，那么它就体现为："意志、斗争、劳动、需要、满足是始终一再发生的实质因素，它们构成精神事件的支架。生命本身就在于此。"④

　　海德格尔在《存在与时间》里评论狄尔泰的生命观时，还提到了"阻抗"一词，这实际上是指狄尔泰从生命的意愿、冲动受到阻碍的角度来谈论生命的实在性，狄尔泰将其称为"阻力"（Widerstand），是指来自生命中的原始冲动和意愿冲向现实世界时，没有得到实现而被弹了回来，正是在这种受阻挡的过程中，人体验到了实实在在的"存在感"，这可以说是狄尔泰从相反的方向来呈现生命的实在性，即从一个方向来看，生命的原始冲动和意愿向外部世界发散出去；从另一个方向来看，这种冲动和意愿因未被满足而反弹了回去，恰好是在这一来一回的过程中，生命使得实在性体现出来，所以"阻力"就表现为"一个极为强大的外部世界的压力……它阻挡了人自己的生命，限制和似乎挤压它。……阻力成为压力，似乎在我们周围围起了一堵我们无法冲破的事实性的墙"⑤。

---

　　① Dilthey, *Gesammelte Schriften*, Bd. V, Stuttgart：B. G. Teuber Verlagsgesellschaft, 1979, S. 102. 转引自张汝伦《〈存在与时间〉释义》，第 546 页。

　　② Dilthey, *Gesammelte Schriften*, Bd. V, Stuttgart：B. G. Teuber Verlagsgesellschaft, 1979, S. 96. 转引自张汝伦《〈存在与时间〉释义》，第 546 页。

　　③ Dilthey, *Gesammelte Schriften*, Bd. V, Stuttgart：B. G. Teuber Verlagsgesellschaft, 1979, S. 104. 转引自张汝伦《〈存在与时间〉释义》，第 546 页。

　　④ Dilthey, *Gesammelte Schriften*, Bd. V, Stuttgart：B. G. Teuber Verlagsgesellschaft, 1979, S. 131. 转引自张汝伦《〈存在与时间〉释义》，第 546 页。

　　⑤ Dilthey, *Gesammelte Schriften*, Bd. V, Stuttgart：B. G. Teuber Verlagsgesellschaft, 1979, S. 105. 转引自张汝伦《〈存在与时间〉释义》，第 546 页。

　　海德格尔对狄尔泰的这种将生命置于首要位置并在阻力中体验生命的实在性的做法，当然是持基本肯定的态度的，并从中吸收了不少合理成分。但对于其理论基础问题，海德格尔并未完全接受。也就是说，海德格尔认为，被狄尔泰直接拿来用作哲学基础的"生命"这一概念，虽然是作为"事实"得到了确定，但从哲学研究的方法论上看，还应该为这种生命观提供存在论的基础，否则将会有地基不牢之虞。上面我们已经分析到，海德格尔是用"形式指示"的做法来指示生命的，即在表达思想的范畴、概念，和人的生生不息的生命之流这两个范围之间，范畴、概念具有指示的作用，指向了一个不断展开的生命方向，范畴、概念不是凝固、静止的。到了《存在与时间》里，海德格尔用"此在"（Dasein）来表述生命，"Dasein"之"Da-"主要表示"展示、展开"的意思，这种展示才是生命的主要特征。海德格尔称这种分析方法为基础存在论分析，其目的在于为生命奠定存在论基础，生命的"实在性"就奠立在这种分析之中，就在生命的展开过程里，在此过程中，正是由于意愿、意志的需求受到阻碍，才彰显了生命的实在；正如海德格尔所说："它们想要的东西在存在者层面上是不固定的，但我们不能在存在论上忽略这种不定性，或把它理解为完全的无。因为欲望和意志向外想要什么遇到了阻碍，只能碰到阻碍，它自己已经处在应手相关性全体中。"① 此处海德格尔沿用了他的存在论区别，将存在者与存在做出了区分，也就是说，生命之流中的意志、愿望想要什么，在存在论层面上有一种冲动，指向了一个大的方向；但进入存在者层面上，并不固定，像张汝伦先生所举的一个例子，在饥饿中的人，其生命冲动是指向能果腹的食物的，但具体到存在者层面，不管是面包、大米、羊牛肉等精细食品，还是地瓜、土豆等粗茶淡饭，是待定的，要依具体情况来看。② 需要注意的是，存在论层面解除饥饿的愿望虽然不能指向存在者层面的某一具体食物，但这种愿望不是"无"，它仍有一个确定性，这就是海德格尔提醒读者不能忽略它的原因；存在者层面的某种食物被选定所依赖的具体环境，总是处于一定的条件与关系当中的，这种条件和关系，在海德格尔看来是一种"意义的相关性"，所以"应手

---

① ［德］海德格尔：《存在与时间》，转引自张汝伦《〈存在与时间〉释义》，第549页。
② 张汝伦：《〈存在与时间〉释义》，第550页。

相关性全体的发现基于意义全体全部相关性的展现"，就成了一个基础，
"只有在世界展现的基础上，阻力经验，也就是在追求中发现阻力，才有
可能。阻力状态描述了世内存在者的特征"。① 海德格尔此处的思路明显
受到我们上面提到的狄尔泰的观点之影响，换言之，阻力的凸显映衬出了
生命的实在性，但海德格尔对狄尔泰的观点又有所发展，他认为："阻力
经验在事实上只规定了我们揭示世内相遇的存在者的广度和方向。并不是
它们的总和首先展现了世界，而是它们的总和以世界为前提。已然展现的
在世存在才使（我们在遇到阻力时感到的）那种'阻碍'和'反对'在
存在论上可能。"② 这段话有些费解，里面涉及世内存在者与世界的关系
问题，按通常的理解，存在者存在于世界中，由此而构成了整个世界。但
海德格尔的观点与此不同，他心目中的"世界"不是普通的物质主义的
世界或物理世界，而是存在论意义上的"存在"基础，是理解存在者的
前提，毋宁说它是一个意义给予者，类似于一个"境遇"，并不存在"世
界"与存在者谁先谁后的问题，二者是相互依存的。做这种理解只是不
得已而为之，这里面隐含了海德格尔的"前科学"经验的说法，即我们
已有的科学知识，或类似康德意义上的为科学奠定基础的哲学知识，都是
依赖于前科学的经验才产生出来的，但我们又必须要用"科学"的语言
（范畴、概念）来表达这种思想，其间就存在一个困难：用科学的语言来
界定前科学的经验何以可能？这有点像罗尔斯解读康德的物自体思想时设
定的无知之幕一样，这种前科学的经验虽然是用科学语言做出的一个设
定，但它确实是一个事实，即海德格尔的"生命事实"，这就是他从存在
论的高度为生命事实所做的哲学上的奠基工作。以此思路来分析上面提到
的海德格尔使用的"欲望"和"意志"，它们也不是存在者层面的东西，
或人类学、生物学意义上的欲望和意志，而是存在论层面的，即欲望和意
志只能在触及存在者时才在阻力中被体验到，但这种体验的"源始性"
是存在论意义上的，否则就会落入人类学、生物学的知识框架之"窠
臼"，错失了海德格尔的存在论意义。这种意义上的"实在性"之于生
命，在海德格尔看来，"'实在意识'本身是在世存在的一种方式。一切

① ［德］海德格尔：《存在与时间》，第 550 页。
② ［德］海德格尔：《存在与时间》，第 550 页。

'外部世界问题'都必然要回到这个生存论的基本现象"。海德格尔以此方式来引出他的生命概念，不是像狄尔泰那样径直将生命作为哲学的基础，而是以此过渡到他的生存论分析，但全面分析他的这种方法论还必须对"生存"概念予以介绍与剖析。

三　生存

海德格尔所从事的现象学研究，其所使用的方法上的独特性在于，他采用的方法"不是一套外在的操作程序和规范，而就是人类存在本身"①。也就是说，他要从人的生存本身来为现象学奠基，也正是因为这一点，他才把现象学理解为生命的元科学。当然，这不是在普通的学科分类意义上的科学，而是将问题意识集中在对"我存在"（ich bin）的讨论上。对于"我存在"这一问题，胡塞尔是将其集中到纯粹意识中去的，在意向性的指向中，关于外在对象的意识是被孤立起来的"我的意识"，"我存在"所凸显出来的是"我"这一"极"所给予的意识。但在海德格尔看来，这种"我存在"的呈现方式虽以一种不同于传统认识论的做法，将"我"与外在对象统一了起来，但仍有脱离现实、脱离人的具体生存之嫌，所以他认为这里"得把我理解为是完全具体的、历史的、事实的自我，在历史的、具体的自身经验中才能接近"②。在这个意义上的"我"就不仅仅是被局限在认识活动中的主体了，而是一个在具体展开生存过程中的"我"，它"实施"（Vollzung）着种种生存活动，是生命、生存的冲动推动下的行为实施者，这种活动不需要传统哲学的"反思"，不需要专注于对象某一方面的"科学"研究，是"前科学"的。所以在海德格尔看来，"我"存在的意义首先在于我生存着，"我"是实施着的自我（vollzie-henden Selbst），这是传统哲学的研究方式所忽略的地方，"从事哲学者本身及其尽人皆知的不幸同属……哲学的事情"③。在海德格尔的心目中，现象学的"回到事情本身"这一宗旨主要是指回到人的生存本身。

---

① 张汝伦：《〈存在与时间〉释义》，引言第9页。

② Heidegger, *Wegmarken*, *Gesamtausgabe*, Bd. 9, Frankfurt am Main：Vittorio Klostermann, 1996, S. 30. 转引自张汝伦《〈存在与时间〉释义》，引言第9页。

③ Heidegge, *Wegmarken*, *Gesamtausgabe*, Bd. 9, Frankfurt am Main：Vittorio Klostermann, 1996, S. 29. 转引自张汝伦《〈存在与时间〉释义》，引言第10页。

当然，海德格尔所强调的人的生存问题，不是人类学、生物学意义上的人，而是从存在论的高度理解的人，这就涉及存在问题，同时也是西方哲学的根本问题。按照张汝伦先生的研究，《存在与时间》的根本问题就是基础存在论的问题，其间涉及的"人"是从一般存在的意义上来说的，正是因为人、因为人的"自我实施"的生存，才揭示出"存在"本身的意义，而以往西方哲学的研究，由于没有从这个问题入手，所以把"人的活生生的存在，变成了一个死的对象"。① 按海德格尔的观点，这种存在方式指的是存在者，它阉割了"人"生存的动态性、展示性和规划性，没有区分开存在者与存在本身的差异。做如是解，是否就意味着把范畴、概念意义上的"人"和生物学意义上的人割裂开来了呢？或者说一谈到人的问题，要么就是如传统哲学所做的那样，在处理人的问题时，只从范畴、概念思维的角度去理解人的问题，从而忽略人的实际生存状况；要么就是如生物学、人类学那样仅仅从自然科学的角度"剖析"人。这确实是个值得关注的问题，就连康德将"三大批判"的主题归结为一个问题时，他追问的"人是什么？"这一问题，也仍然靠判断力、靠审美和目的论的过渡而引向宗教问题，依然是在"真、善、美、圣"的逻辑框架内来处理人的问题，并没有像海德格尔那样从存在论的高度来看待这个问题。不过这里仍需注意的是，如果从认识论所讨论的一般与个别的关系这一角度来看，海德格尔的存在本身还不是亚里士多德意义上的"一般"，因为在亚里士多德那里，"一般"是类、属意义上的一种抽象和概括，如他在《形而上学》中所指出的："然而一并不是存在物的种，一不是，存在也不是。因为，每一个种必然有一些属差，而每一个属差都是一，但种的属不能表述自身的差别，没有自己的属，种也不能被表述。"② 在这里，亚里士多德是从寻求本原的角度来界定"一"，也就是"一般"的，这里的"一般"显然是从类、属的意义上来加以说明的。他所指出的"一般"，是把对象当成了现成事物（Vorhandene）来看待的，即将其看作是存在者。康德的范畴学说也是在这个思路上进行的。海德格尔对此颇为不

---

① 张汝伦：《〈存在与时间〉释义》，引言第 11 页。
② ［古希腊］亚里士多德：《形而上学》，苗力田译，中国人民大学出版社 2003 年版，第 46 页。998b。

满，他认为此举是传统形而上学之所以忽略存在问题，或曰漏过存在问题的主要表现，如他在《存在与时间》开篇所说的那样："很明显，当你使用存在（Being）这一表述时，你是已经知道你要表达的意思的。我们曾经以为理解了它的意思，然而现在却颇感困惑。"① 海德格尔所指出的这个困惑，表现在我们想当然地、自以为是地假定已经知道了"存在"所表达的含义，并以此去解释存在问题。殊不知，我们是混淆了存在与存在者的区别，只是用范畴来表达我们所"经历"过的东西，如亚里士多德所说，所有存在的东西都有"本原"，即原初存在者（*prote ousia*），他的十大范畴——实体、数量、性质、关系、位置、时间、姿势、状态、活动、受动当中，只有实体"在一切意义上都是最初的，不论在定义上、在认识上，还是在时间上。其他范畴都不能离开它而独立存在。惟有实体才独立存在"②。换言之，除实体外，其他范畴都是为实体起解释、辅助作用的。尽管康德批判亚里士多德发现十大范畴是"一件值得一个目光锐利的学者去做的事。但由于他不拥有任何原则，所以他碰到它们就把它们捡拾了起来"③。也就是说，在康德看来，亚里士多德是随意将范畴罗列起来的，并未遵循什么内在的逻辑，对于康德的这个说法我们当然可以进一步进行研究，我们在此想指出的是，如果亚里士多德的范畴指的是海德格尔哲学中的存在者，那么康德的范畴也是如此。康德用范畴界定外在对象时，最明显的特征是将其限定在经验对象的范围内，它们只能是人的外感官所能触及、所能捕捉到的东西，至于那些不能为外感官所感受到的东西，如上帝、灵魂、自由意志等，则被康德划归到不可知的领域里去了。在这个意义上，康德为以物理学为主导的自然科学奠基，为解决自然科学何以可能的问题所做出的努力，是颇有见地的。但海德格尔更为看重的是："以范畴来解释存在者的存在，从未超出对诸存在范畴共同的一般特征的概念来问存在的问题：它从未将存在的问题阐述和展开为与范畴阐释的存在者之存在的多样性不同的存在单一性问题。"海德格尔要追问的是，我们用范畴来解

---

① Martin Heidegger, *Being and Time*, Translated by John Macquarrie & Edward Robinson, New York：Harper Collins Publishers, 2008, p.1.

② ［古希腊］亚里士多德：《形而上学》，第127页，1028b。

③ ［德］康德：《纯粹理性批判》，第72页，A81 = B107。

释存在时，必须考虑到这样一个问题："我们从哪里、根据何种存在单一的本质理解存在者的范畴存在的多样性。"① 也就是说，存在者的形态有各种样式，范畴与存在者的联结方式、联结结构也有多种，或用传统形而上学"主词 + 谓词"的方式来理解，处于命题左边的主词和处于命题右边的谓词有基本对应的关系，按数学上的极限原理来分析，就是说命题左边和命题右边在趋向于无穷大的意义上近乎一致。② 海德格尔提出质疑的关键在于：这种表述事物的方式仍缺乏共同的根据，即当我们表述这些存在着的对象是什么时，它们"存在着"的"存在"是什么意思？的确如此，当我们说"一只狗存在"时，容易产生表象中的狗；当我们说"语言存在"时，能形成交谈、写作中的人们使用语言的表象；当我们说"上帝存在"时，虽然会形成上帝信仰者在祷告的表象，会有《圣经》里的上帝形象之表象，但在这三种情况下，"存在"一词的含义是不同的。所以在使用"存在"一词之前先搞清其含义是很有必要的，虽然它一直以来就是西方传统形而上学的主要任务，但却一直处于晦暗中，就像老子讲的"百姓日用而不知"的"道"一样，人们只是在习以为常、皆以为如此的前提下使用它，但却放过了对它进行更严格审查的机会。就此而言，海德格尔仍然有康德提出的"理性批判"之精神，这也是德意志民族的精神特质之一。

海德格尔在《存在与时间》第 4 节里就从存在与存在者的优先性上来讨论此问题。这一节的标题已说明了这一点，即"存在问题在存在者层面上的优先性"。在海德格尔看来，对存在问题本身的追问，为存在者的存在奠定一个存在论基础，都是"此在"才能做得到的，这是后来出现的所谓不同学科构成的"科学"之基础。此在之所以能找到这一点，其根本原因在于此在的"行为方式"的特殊性。海德格尔在分析这种行为方式时，使用的是"Verhaltungen"，它是由"Verhalten"变来的，其本意是指"举止、行为、态度"，英译本将涉及该词的一句译为"As ways in which man behaves, sciences have the manner of Being which this enti-

---

① 张汝伦：《〈存在与时间〉释义》，引言第 12 页。

② 引用数学上的极限原理来理解形而上学命题的主词和谓词之关系，受到了与济南市委党校的曹连海教授交流的启发。

ty——man himself——possesses. "① 中译本用"存在者（人）的存在方式"，综合这几种意思，我们将其称为"行为方式"，Verhaltung 在胡塞尔那里有一种关系结构的意思，即意向性活动对某一对象产生的意识是"关于"它、指向它的，海德格尔对其进行了改造，他认为，此在存在于世，首要的是生存，这种状态下不需要先行的意识、打量，而径直就会有一种活动，产生一种相互关系，这是一种"此在在世基本关系结构的行为，它总是先于意识已经与其他存在者及存在处于某种关系中，并继续发生着种种关系"②。这是此在在前哲学、前科学意义上的一种存在结构、生存方式。

此在的这种生存结构是由此在的独特性决定的，亦即："此在并不是一个仅仅发生于其他存在者中的存在者。相反，在存在者层面上它由这一事实而被区分开来，即正是在其存在（Being）中，存在（Being）对它构成了需要探究的问题。"③ 也就是说，此在不同于其他现成的存在者，如山川、树木、河流、小溪等，后者尽管也各有其存在方式，但它们的共同特征在于都是现成地存在在那里，以河流为例，虽然如赫拉克利特所言："人不能两次踏进同一条河流"；如孔夫子所感叹的："逝者如斯夫，不舍昼夜"；但它们作为河流的本质不会因为时间的流逝而改变。或者换另一种说法，它们不会主动地想成为某一如其所是的样子；而此在就不同，它可以有所选择地成为某一状态，海德格尔随后用"本真性"与"非本真性"来指称这种状态，当然海德格尔也提到了此在的"被投性"，即被投入生存中，有一定的被动性，但在这种被投性中，此在仍然有自己的主动性、选择性。这种主动性、选择性的背后存在着一种生存中的驱动性力量，海德格尔称其为"操心"（Sorge），这种操心不是"一种纯粹意识状态，而是完成一个必须完成的任务的方式意义上的'关心'或'操心'，是一个存在行为"④。也就是说，它不是康德意义上的自我或与自我相关、

---

① Martin Heidegger, *Being and Time*, Translated by John Macquarrie & Edward Robinson, New York：Harper Collins Publishers，2008，p. 32.

② 张汝伦：《〈存在与时间〉释义》，第31页注释①。

③ Martin Heidegger, *Being and Time*, Translated by John Macquarrie & Edward Robinson, New York：Harper Collins Publishers，2008，p. 32.

④ 张汝伦：《〈存在与时间〉释义》，第33页。

自己关心自己的自我意识的反思，而是"es geht ihm um sein Sein"，即
"关心自己的存在"。① 因为自己是在不断展开、不断生成着的存在，在这
种存在中有着对"存在"的理解，这是不同于现成存在者的地方；同时，
此在的这种操心也不同于亚里士多德意义上的自己与自己存在的实践关
系，亚里士多德在《尼各马可伦理学》中提出："实践属于个别的范畴，
而这类个别行为是出于意愿的。究竟选择哪种行为更好，这很难说清楚。
因为，具体情境中有很多差异。"② 也就是说，这类实践是通过意愿来自
主做出选择的，而按海德格尔对此在的观点，此在还有一种被投性，如有
的学者所归纳的，"人不得不是它的存在"。③ 上面这两种意义上提出的操
心和意愿的选择，都是从实践论的角度来谈的，即从生物学意义上的人的
角度或主体意义上的人的角度来对外在对象施加影响，海德格尔认为，做
这种分析仍然处于存在者的层面，而他的做法则是"首次试图把存在论
的资本算在这个现象上"④。在这个意义上我们可以说，此在是在一种对
存在有所理解的前提下展开自己的，这种理解不同于传统形而上学认识论
上的意识活动或单纯的心智思维，而是存在论意义上的此在的存在方式，
是一种生存模式。

　　此在的这种存在方式还有一个需要注意的特殊之处，即"随着和通
过它的存在，这存在自己向自己展示。"⑤ 按照冯·赫尔曼的研究，海德
格尔在这里所指的"随着和通过它的存在"可以分开来理解，即"随着
此在的存在"以及"通过此在的存在"两种方式，"存在"向此在展示
着，在这个地方必须用前面提到的"形式指示"的方式来解读此在的展
示、展开过程，它的具体含义是在《存在与时间》的第 29 节和第 30 节
中讲的"被投"和"投开"的过程中展开的。被投指 Geworfenheit，投开
是 Entwurf，Geworfenheit 与 Entwurfen 之间有亲缘关系，它们都与 werfen

---

① 　张汝伦：《〈存在与时间〉释义》，第 32 页。

② 　[古希腊] 亚里士多德：《尼各马可伦理学》，廖申白译注，商务印书馆 2003 年版，第
60 页。

③ 　Ernst Tugendhat, *Selbstbewuβtsein und Selbstbestimmung*, *Sprachanalytische Interpretationen*,
Frankfurt am Main：Suhrkamp, 1979, S. 179. 转引自张汝伦《〈存在与时间〉释义》，第 32 页。

④ 　Ernst Tugendhat, *Selbstbewuβtsein und Selbstbestimmung*, *Sprachanalytische Interpretationen*,
Frankfurt am Main：Suhrkamp, 1979, S. 180. 转引自张汝伦《〈存在与时间〉释义》，第 33 页。

⑤ 　张汝伦：《〈存在与时间〉释义》，第 33 页。

有关，指"投""抛"的意思。Entwerfen 是中古高地德语中织画方面的一个专业术语，指"织成一幅画"或将梭子在纺织的织物上投过来抛过去，以此方式织成一幅画。① 海德格尔以这个词为基础，借用来与 Gewor-fenheit 和 Entwurf 相互关联，表示他的"被投"与"投开"的意思，主要是指此在在其生存中的两种状态。在理解其意义时，冯·赫尔曼认为应从"纯存在论的意义，而不是存在者整体的意义上"来进行。② 也就是说，"随着此在的存在"，"存在对此在展示"，存在之被展示出来是依托于此在的存在这一现象的；换言之，此在在自己的实际存在中来理解存在（Being），但这又不是一个此在"可以通过认识加以固定的客观事实"，③这种理解不是一个纯粹认识的事实，毋宁说此在在存在、生存中已经前理解地拥有对存在（Being）的领会了，这两者间，即存在向着此在展开，和此在在它的展开过程中，展示着存在（Being），具有同样源始的地位。"不存在谁起源于谁的问题，它们共同构成了此在的存在结构，构成了一个关联结构。只要此在被投入它存在的展示中，它就能向这个存在和这个展示本身展开。"④

　　此在对存在的理解与此在自身的存在（生存）这两者间是一个互为前提、相互涵括的关系，如果说这是海德格尔的本意或者说是冯·赫尔曼解释下的海德格尔的此在观的话，那么这里面有没有一个循环论证的问题？或者说，我们作为文本的解读者，到底应该如何看待海德格尔这里的思想？因为二者相互缠绕在一起、互为前提是一个不争的事实，如果按传统认识论的观点，不能将存在看成是一个现成的、客观的存在者，它是处于不停地生成、发展，处于不停地自我理解的过程中的，那么这在笛卡尔那里就会有一个无穷后退的追溯过程，不设定先验的"我思"的"我"，就难以推论出"我思故我在"；按康德的观点，对"我"的自我意识进行的反思，其最终是源于"先验的自我统觉"的，这两种典型的对"我"

---

① 张汝伦：《〈存在与时间〉释义》，第 33 页。

② Friedrich-Wilhelm von Hermann, *Hermeneutische Phänomenologie des Dasein*, Bd. 1, S. 108, 转引自张汝伦《〈存在与时间〉释义》，第 33 页。

③ 张汝伦：《〈存在与时间〉释义》，第 34 页。

④ Ernst Tugendhat, *Selbstbewuβtsein und Selbstbestimmung*, S. 180. 转引自张汝伦《〈存在与时间〉释义》，第 33 页。

的认识都是设定了一个关于我的"现成者"才能成立的。但对于海德格尔来说，这种情况是不行的，也是他所反对的；毋宁说他要超越的就是这种将"我"看成是现成的存在者的做法，所以他用 Dasein 而不用"我"或"人"，Dasein 之 Da-的特点之一就在于它的"被投"的生存已包含对存在（Being）的前理解，在这种前理解结构之中，它不断展开自己的以对存在（Being）之拥有这种方式的生存；同时这种生存又展现出来存在（Being）的特质。但海德格尔的这种思路是很令人费解的，或者还会遭人误解，为防止这一点，他指出："此在对存在的理解本身就是此在之存在（Being）的确切特征。它在存在者层面上是有其特殊之处的，在那种情况下它也有存在论的特征。"① 按张汝伦先生的研究，此在对存在的理解不仅包括此在对自己本身的存在之理解，也包括对其他"非此在"的存在者之理解以及对整体的存在之理解，② 他还以海德格尔自己在《存在与时间》的自用书上的札记作为旁证："但这里存在不仅作为人（生存）的存在。这从上下文可以看得很清楚。在世存在自身包括了生存与整体存在的关系：存在理解。"③ 从海德格尔在自己用书的札记里我们可以很清楚地看出，他重在强调此在的生存特征，即此在对存在的理解，对其他非此在的存在者的理解，是在它的实际生存、具体展开过程中进行的，其核心之处就在于它在其生存过程的展开之际，就已经有了对"存在"（Being）本身的前理解了，这是此在不同于非此在的存在者最大的不同。当然，从生物学、人类学的角度看，其他高级动物也有思维、有理性，但它们是否会有如此在那样的前理解结构，有对"存在"（Being）之本质的前理解，我们不得而知。即便它们有对存在、世界的理解，至少是和我们不一样的，不是我们的存在理解意义上的"存在""世界"。按海德格尔的观点进行推论，它们是没有这种理解结构的，它们更没有对"存在"（Being）的前理解这种结构。海德格尔的用意当然不在这里，他所凸显的 Dasein之 Da-的展开过程是一种前理解的生生不息的展开过程，此乃"生存"之要义。"此在在它的存在中始终已经对存在有一种模糊的理解，在这种理

---

① Martin Heidegger, *Being and Time*, Translated by John Macquarrie & Edward Robinson, New York：Harper Collins Publishers, 2008, p. 32.

② 张汝伦：《〈存在与时间〉释义》，第 34 页。

③ 张汝伦：《〈存在与时间〉释义》，第 34 页。

解的引导下，它才可能追问它的存在。"①

这种对存在的模糊理解，被海德格尔称为所谓的"前存在论的"理解，以示与传统形而上学中的理解不同。不管海德格尔再怎么澄清其差异性，再怎么强调其在生存论分析中的重要性，它和休谟所提出的自然信念还是有相似之处的，容易使人产生混淆，如休谟所言："相似的对象在处于相似的环境下时，永远会产生相应的结果；……所以它不论应用于什么信念上，都会以明白性和稳固性赋予那个信念。……在一切情形之下，我们总是明白地或默认地、直接地或间接地把我们的经验转移到我们所没有经验过的例子上。"② 我们对自然的理解就是因为有了这样的信念才得以可能的，它们就是知识积累的结果与传承这些结果所造成的状况，实际上康德为自然科学奠基的范畴学说也是在这个框架内来进行的。既然我们的理解就是建立在这些所谓的信念系统之上的，那么我们也可以离开这些信念来另起炉灶，胡塞尔在其巨著《欧洲科学的危机和先验现象学》里对此做出了努力，他提出："在休谟那里，这整个心灵及其'印象'与'观念'，以及属于它的力量（被认为与物理力类似）和他的联想定律（作为引力定律的类似物！），产生出整个世界，世界本身，……意识生活是具有成就的生活，是成就着存在意义（正确地或错误地）的生活；意识生活固然是作为感性直观的生活，但更是作为科学的生活。"③ 也就是说，胡塞尔是想离开休谟的所谓"信念"，用他的纯粹意识来代替之。现在的问题在于，这种"离开"目前已有信念的做法何以可能？即我们能否抛开这些既定的信念而进行理解？胡塞尔晚期提出的"生活世界"概念虽然不是一个清晰的概念，但至少说明了一点，即离开了这些所谓的"信念"是不可能的，海德格尔提出的"境遇"（Gegend，region）概念也揭示了这一点，也就是说，我们的生存是在一个境遇里展开的，这个境遇就构成了我们理解的背景，是我们理解的前提条件。但海德格尔在这里所要做的是要追溯这种理解的内在结构，在他看来，"我们不可能弄清那些前存在论理解结构，因为那不是信念，而是信念的条件。我们只能不断地对

①　张汝伦：《〈存在与时间〉释义》，第34页。
②　[英]休谟：《人性论》，关文运译，郑之骧校，商务印书馆1980年版，第121页。
③　[德]胡塞尔：《欧洲科学的危机与超越论的现象学》，王炳文译，商务印书馆2001年版，第117页。

我们的存在方式进行解释，但这种解释不是主观理智的操作，而是新的存在理解"①。这种理解既然不纯粹是从理性方面展开的理智操作，那么它的内涵就比理智意义上的理解要多，海德格尔在这个意义上指出，它是一种存在方式，"此在自身能够以这种或那种方式向其展开，或经常以某种方式向其展开的存在（Being），我们称其为'生存'（Existenz）"②。这里需要注意海德格尔所使用的"生存"，即 Existenz 一词的特殊含义。按这个词的来源 existentia 的本意，它是个拉丁词，在中世纪时代主要指事物在现实中的存在，和它从意义上相对的一个词 essentia 则从抽象、概括的角度指现实存在事物的本质。但以此思路来理解海德格尔的 Existenz 则难以疏解他的思想，因为他的 Existenz 不仅指现实存在的事物，也指一种存在结构、理解结构，即 Dasein 之 "Da-"，Dasein 在存在、生存中已经包含了一定的理解——对存在（Being）之理解——并且在对存在的理解中展开自己的生存。当然，海德格尔的生存概念也受克尔凯郭尔的影响，按海德格尔在一个注释中详加阐发的观点，克尔凯郭尔"在 19 世纪明确将生存问题看作一个根本问题并以透彻的方式加以考量"③。也就是说，克尔凯郭尔的生存概念更多地局限于人的实际生活，并未从存在论的高度予以剖析，其所导致的结果就是："生存的问题对他是如此陌生，以至于（就此而言）谈到他的存在论，他仍完全处于黑格尔的影响之下，也处于黑格尔所理解的古代哲学的影响之下。因此，我们应该更多地从其有启迪作用的著作，而不是从其理论著作中汲取营养——他关于焦虑（anxiety）概念的著作除外。"④ 由此可以看出，海德格尔对克尔凯郭尔从"生存"的角度考察哲学问题是有所借鉴的，但后者所采纳的"实际生活"的层面、神学—人类学的视角，是被前者在进行存在论分析时摒弃了的。

海德格尔扬弃 Existenz 的现实存在这层含义的主要原因，除了凸显他

① 张汝伦：《〈存在与时间〉释义》，第 35 页。

② Martin Heidegger, *Being and Time*, Translated by John Macquarrie & Edward Robinson, New York：Harper Collins Publishers，2008，p. 32.

③ Martin Heidegger, *Being and Time*, Translated by John Macquarrie & Edward Robinson, New York：Harper Collins Publishers，2008，p. 494.

④ Martin Heidegger, *Being and Time*, Translated by John Macquarrie & Edward Robinson, New York：Harper Collins Publishers，2008，p. 494.

的存在论用意外，还包含着一种"可能性"的意思，即"此在经常以其生存——以其自身的可能性——来理解它自己：成为它自己或不成为它自己。此在要么已选择了这些可能性自身，要么已融入这些可能性当中，要么已在这些可能性中得到了发展。只有那个别的能抓住可能性或拒斥可能性的此在才能决定其生存"①。根据张汝伦先生的研究，海德格尔"对此在的讨论将预示后来的生存论分析。"②

四　生存论分析

关于现象学的方法问题，如海德格尔自己所说，我们不是提供那被称为现象学的哲学运动所产生的问题的历史知识，"我们将不仅仅应对现象学的事情，而且要应对现象学本身靠什么来解决问题的事情"③。也就是说，海德格尔心目中的现象学不仅仅是要考察外在对象，而且也要考察作为主体的人是如何进行哲学考察的。④ 海德格尔此举虽然明显体现出一种哲学思考的新动向，但在具体的研究过程中，他仍然没有脱离开之前的哲学家所思考的主题，比如时间问题，他也承认，自古希腊哲学家至黑格尔，时间问题更多的是和（自然）科学连在一起，或者在一定意义上也可称这样的哲学为科学哲学（当然，中世纪宗教神学的视角另当别论，但其间也有很多和科学紧密衔接的细节问题）；黑格尔的时间已有历史的视角，海德格尔在《存在与时间》（自第 5 节开始）已涉及。但他的视野已不仅仅局限于纯粹的认识论，而是把哲学看作关于"世界和生活的智慧"，或用当下流行的表述，哲学被认为是提供了一个 Weltanschauung（世界观），因此科学哲学也就和哲学相区别而被看作是世界观。⑤

---

① Martin Heidegger, *Being and Time*, Translated by John Macquarrie & Edward Robinson, New York: Harper Collins Publishers, 2008, p. 33.

② 张汝伦：《〈存在与时间〉释义》，第 31 页。

③ Martin Heidegger, *The Basic Problems of Phenomenology*, Translation, Introduction, and Lexicon by Albert Hofstadter, Revised Edition, Indiana University Press BLOOMINGTON&INDIANAPOLIS, 1988, p. 1.

④ Martin Heidegger, *The Basic Problems of Phenomenology*, Translation, Introduction, and Lexicon by Albert Hofstadter, Revised Edition, Indiana University Press BLOOMINGTON&INDIANAPOLIS, 1988, p. 2.

⑤ Martin Heidegger, *The Basic Problems of Phenomenology*, Translation, Introduction, and Lexicon by Albert Hofstadter, Revised Edition, Indiana University Press BLOOMINGTON&INDIANAPOLIS, 1988, p. 3.

按海德格尔所提出的世界观，那些我们在日常生活中经常遇到、司空见惯但又不以为然的所谓存在（Being）的存在者（entities），实际上我们是以"打交道"（dealings）的方式和它们交往、照面的，进而言之，在这种打交道中，我们的一些关切、操劳（concern）已渗透于其中了。这种"操劳"，按海德格尔的观点，不同于传统认识论中靠感知所获得的知识，而是另有其特点的一类特殊"知识"——对事物进行操作、加工和使用。

和康德所要解决的"数学、物理学何以可能"这类问题相比，现象学以"回到事物本身"的目标所发起的现象学运动，其哲学研究的旨趣发生了很大改变，先是胡塞尔以质疑自然主义的态度这一方式，对自然科学的研究方法进行了批判；后来海德格尔以对古希腊一些关键的哲学术语进行重新解释的方式，提出了生存论分析，使现象学的哲学研究旨趣发生了迥异的变化。

当然，在海德格尔对存在（Being）进行展示和说明时，存在者被当作了一种先行的、伴随性的主题来处理，因为他的真正主题是针对存在（Being）本身的。我们可以尝试着这么来理解，海德格尔之所以将对存在者的分析当作是先行的主题，其原因在于，它是我们在与周围环境打交道并在这种环境中进行操劳时的实施对象，它不仅是我们在传统认识论中去认识这个世界的对象，而且也是我们所使用、生产的对象。也就是说，在做如此分析的过程中，涉及现象学的方法问题，即现象学的'看'，如海德格尔所说："在我们如此与存在者相遇时，它们是作为'认识'范围内的先行主题的，这种认识，作为现象学的'看'，一开始就朝向了存在，也因此使得存在成了它的主题，存在者是它的附属主题。"[1] 海德格尔把这样一种解释不仅看作对存在者特点的阐释，而且也看作对存在者所拥有的存在的一种结构上的确认。他之所以很看重这种结构，是因为他的研究方法不同于传统认识论中主、客二分，对客体沿着感知—范畴—统觉这样一种思路进行认识的进路（该思路以康德为代表），而是一种体验式的、综合性的生存论分析，换言之，我们是在一种活生生的"生存—生活"

---

[1]　Martin Heidegger, *Being and Time*, Translated by John Macquarrie & Edward Robinson, Harper Collins Publishers, 2008, p. 95.

中与存在者照面的，海德格尔用"打交道"这个说法的用意就在这里。他举了一个例子，比如我们用门把手去推门，这是一个习以为常的动作，我们并不会在推门之前先打量门把手的位置、查看其结构、忖度其功能……然后再去推。只有在推把手仍然打不开，或在门把手与我们原来所使用的不一样，或进入一个陌生的环境时，我们才会打量、"看"这个门把手。① 再比如，我们每天都会习惯性地做到自己的椅子上，并不是在坐上去之前先考虑椅子是否安全，是否能承受得住我们的重量；或者如开车，只是习惯性地打火、发动、挂挡、松离合、加油门等等，并不会事先要对这些功能去质疑。②

　　在海德格尔看来，我们在上面所列举的例子中之所以不会提前对那些对象、存在者予以打量，质疑其存在状况、功能属性等等，是因为那些对象、存在者"已为我们所使用，或已在生产过程中被发现了——当我们以如此这般的方式将自己置身于为自己操劳的位置上时，我们已接近它们了。严格说来，'将我们自身置于那样一种位置上［Sichversetzen］'的说法有误导之嫌；因为我们不需要首先将自己置身于那样一种属于操劳性打交道中的存在（Being）上去"③。此处海德格尔做出了两个层次上的区分，即存在和存在者，后者是我们日常打交道的对象，我们对其"熟视无睹"，因为已司空见惯，这也是在海德格尔看来属于自然科学所研究的对象。而前面提到的现象学方法中现象学的"看"，是要超越这个层面，看到存在的层面的，要追问、揭示存在的"源始性"。因为传统认识论的哲学考察方式，忽略或隐藏了我们生存中操劳的一面，只把对象当成了一个客体加以认识、剖析，以康德为例，他在从事哲学研究时，遵循着知、情、意三分法的思路，分别从认知、意志、情感（审美）的角度展开，

① 例如笔者在美国孟菲斯大学访学期间，从哲学系的楼出来时，他们的门把手像一条横梁贯穿于门的中间，需要拉一下，随着"咔啪"一声，再去拉门才能打开，这种情况下我们才会去"看"、去"关注"门把手，也就是海德格尔所说的现象学的"看"。

② 这两个例子是孟菲斯大学的 Thomas Nenon 教授在 2016 年秋季学期的现象学课程上研读、讲解《存在与时间》时所举，笔者在访学期间参加了该课程的学习，在此加以引用；后来在每隔一周一次的请教、讨论中，笔者又在 Nenon 教授的办公室里再次请教了该问题，特做出说明并表示感谢。

③ Martin Heidegger, *Being and Time*, Translated by John Macquarrie & Edward Robinson, Harper Collins Publishers, 2008, p. 96.

虽然康德在完成"第二批判"的写作后意识到前"两个批判"使得知识
和道德、理论理性和实践理性之间存在着裂痕，他用（反思性的）"判断
力"来弥合、连接这个裂痕，由此而使他的哲学大厦根基更加牢固；尽
管他也承认知性、理性（尤其是狭义的理性）和判断力是出自同一个根
芽的，《纯粹理性批判》作为康德的第一部对人的理性能力（确切地说是
知性）进行批判的巨著，"这个批判按照其他每一种能力或许会自以为出
于自己的根芽而在知识的现金资产中所拥有的份额，对所有这些能力加以
审查"，"那么，在我们认识能力的秩序中，在知性和理性之间构成一个
中介环节的判断力，是否也有自己的先天原则，……这些正是目前的这个
判断力的批判所要讨论的"①。也就是说，康德的三大批判分别对知性、
理性和判断力进行批判，其目的在于找到它们分别为其领域（领地）的
对象所订立的先天法则，从一个方面看，康德将人的心灵机能割裂了开
来；但他也有想将其综合起来的意思。诚然，康德此举对于综合知性、理
性和判断力，并将人类心灵机能的作用看作一个整体，已经进行了有益而
艰深的探索；但真正以一个整体的方式来看待人的思维，尤其是从人的生
存意义上来考察人的思维方式，是由海德格尔进行的（当然，胡塞尔的
"内在超越""投射"等方法，已迈出了重要的一步）。所以在海德格尔这
里，有一种明显的综合倾向，具体而言，上面提到的"操劳"，既有理性
的因素，也有情感的因素，甚至说情感的成分更多些，从而凸显了情感的
重要性。当然，这里的"情感"更多的是一种纯粹的人生体验，是在纯
时间意义上的绵延，表现为一种"纯相"，亦即"纯思想"，它比康德所
使用的"图型"（Schema）更纯粹，在这个意义上，我们说海德格尔的贡
献主要在于"揭示出了'存在'和'自由'这类终极问题的性质。它们
不能通过提交某种'什么'，不管它是概念的还是表象的来解决"②，这种
"什么"就像康德之前的上帝本体论证明来佐证上帝的存在，从而为信仰
提供基础；或像康德的道德法则，为道德行为提供基础等等，都不是海德
格尔所揭示的"意义"之源泉，海德格尔所要追溯的是终极性的源泉，
"这类终极问题与人如何在生存经历中完全境域式地构成自身的问题是不

---

① ［德］康德：《判断力批判》，第1—2页。
② 张祥龙：《海德格尔思想与中国天道》，中国人民大学出版社2011年版，第275页。

可分的"①。也就是说，在海德格尔这里，生存体验提供了最终极的人生意义之源泉，这里面情感和理性等诸心灵机能是一体化的，以整体性的方式对意义的赋予起作用。

按海德格尔的生存论分析，如果我们把存在者当成"物"的话，那么我们在与它打交道时所遇到的就只是"物性"（Dinglichkeit，Thinghood）和实在性（Realität，Reality），这是传统哲学从存在论上予以揭示的结果。以这种方式，在海德格尔看来，就会错失很多东西。比如，它不能揭示我们在操劳中所"照面"的存在者的"存在"（Being）。当然，导致这种情况出现的原因由来已久，因为从古希腊开始，就把物称作"πράγματα"，即"Ding"（英译 thing），正是"它的具体的实践层面的特征被古希腊人遗留在晦暗之中；他们'仅仅'把那些 πράγματα 从'实践'的角度称作'物'"②。所以我们才忽略了它的生存论意义上的"存在"。按海德格尔的观点，应把它们称作"用具"，比如对于写作、缝纫、工作、交通、测量等等，这些日常操劳中遇到的东西，我们可以通过其"用具性"（equipmentality）来展示它们在现象学上的存在（Being）之特性。

至于到底该怎么展示，当然可以从不同的角度来切入，但采用传统认识论的方法肯定不是最好的方法。海德格尔是通过现象学的生存论分析予以展示的，即，人们是在一种操劳、照面中与这些用具打交道的，人与用具之间最主要的关系，是一种"为……之用"（in-order-to）［etwas un-zu］的关系，而不仅仅像传统认识论所认为的那样，是一种"主—客"关系。当然我们也可以说，传统认识论在通过主—客关系对客体加以分析、认识之后，也可以呈现一种"物为……所用"的关系，但海德格尔这里凸显的是"in-order-to"这种关系的根本性，将其上升到了存在（Being）的高度，而不仅仅是将其看作存在者。因为按海德格尔的观点，这种"为……之用"的结构体现了"物—物"之间的一种指派（assignment）或援引（reference）关系。比如说，像墨水、笔、纸、桌

---

① 张祥龙：《海德格尔思想与中国天道》，第 275 页。

② Martin Heidegger, *Being and Time*, Translated by John Macquarrie & Edward Robinson, Harper Collins Publishers, 2008, p. 97.

子、灯、家具、窗户、门、房屋等，它们并非仅仅只是一些物件，而是作为一些用具存放在屋子里的，况且屋子也不仅仅是数学上的几何空间或物理学上的结构属性等，而是体现出一种用具性——不同物件—物品之间因相互指派相互援引才能派上用场，它们以一种整体性、结构性而"在场"。也就是说，它们当中有一种"为……之用"的结构内蕴于其间。比如上面提到的墨水和纸、桌子之间，不是一种孤立的关系，因为墨水靠"援引"了纸，才彰显出"为……之用"的结构；它们和桌子之间的关系亦复如是。

正是基于上述观点，海德格尔才说："用具只有在与其自身相适切（cut to its own）的打交道中，才能真切地显现出来"；"但在这种打交道中，这样一种存在者不是被当作一种现成存在在那里（occuring）的物而从理论上被把握住的，用具结构也不是在使用中被了解的"。① 单从字面上我们很难理解海德格尔的要旨，从他所举的锤子的例子中，我们可以窥其端倪。他说，在使用锤子时，我们越不仅仅从锤子作为一个物而去打量它，而只是着眼于它的有用性、工具性，径直去使用它时，我们与锤子之间的关系才会变得更具源始性，它作为一个用具才越会被彰显出来。更进而言之，锤子的这种特性所被揭示出来的是一种具体的操作性（manipulability），海德格尔从存在（Being）的层面将其称为"称手性"（readiness-to-hand）。需要注意的是，这种称手性不是靠理论的方式所能把握的；相反，只有在使用、操作中，才能将其彰显出来。在海德格尔看来，这也是一种洞见，能够对具体的操作、使用进行指导。

为了对"实践的"（practical）和"理论的"（theoretical）活动做出区分，海德格尔启用了"审慎"（circumspection）这一概念。在海德格尔看来，理论活动或理论研究只会"看"对象的外在表象，难以理解"称手性"这一特点；而生存论分析的"打交道"就能做到这一点；同时，在与存在者打交道的过程中所彰显出来的"称手性"也是一种洞见，我们的操作就是在这种洞见的指导下进行的，"靠用具去打交道（的活动）使自己适应'为……之用'这些任务的多方面要求。对打交道进行指导

---

① Martin Heidegger, *Being and Time*, Translated by John Macquarrie & Edward Robinson, Harper Collins Publishers, 2008, p. 98.

的这一洞见就是审慎"①。而这种审慎正是理性的活动所缺乏的。海德格尔的这一思路有弥合理论和实践二分，甚至二者脱节的倾向，因为"称手性"更本真的（authentical）意义蕴含在作品/产品（work）中，我们从更源始的意义上所关切、操劳的正是作品，它们有一种"趋向于（它）"（towards which/wo zu）的特性，即趋向于它们的有用性、被使用性。比如制作鞋子是为了穿它，制作钟表是为了看时间……正是由于这种使用性才使得我们在与产品照面时，体验到它们的"趋向于"被使用这一特性之所在。

当然，经过人工加工的产品很明显地体现出一种使用性，这和传统理论中的目的论，尤其是和"人为的目的"非常契合；除此之外，海德格尔还引申到非人工制品上，比如一件皮衣，其皮革来自兽皮，兽皮取自人工饲养的动物或野生的动物；对于后者，当然没有人为加工的有用性在里面，但在海德格尔看来，仍有一种有用性、称手性在其中。实际上这和自亚里士多德以来的目的论传统一脉相承，康德就曾经以此为基础发展出自然目的论的思路来。海德格尔的用意在于，从生存论的角度加以审查，整个自然也是有一种在手性。但这种在手性不能简单地将其理解为整个自然在那儿现成地为我所用，或将其看作一种自然之力，如将森林看作采伐之林，将山峦当成采石场，或将河流当作水力之源，把风看作扬帆之力，等等。这种态度，在海德格尔看来，隐含着一种攫取、利用甚至掠夺自然之嫌，是他所拒斥的。他从这些现象里"看"出了现象学的新洞见，他要从存在（Being）的高度来重新解释这些关系，他说："如果这种作为称手的存在（Being）被弃之不顾的话，'自然'就仅仅简单地从其纯粹的现成称手性那里被发现。"② 他所说的"纯粹称手性"（pure presence-at-hand）就是指单单从利用自然的角度来对待它，那么如此一来，那个曾威胁着我们却也作为风景吸引着我们的自然就会藏而不露，从而也使得植物学家眼里的植被就不再是山花烂漫的丛篱，地理学家将其作为（动能）来源的河流也不会是山谷幽泉之源头了。

---

① Martin Heidegger, *Being and Time*, Translated by John Macquarrie & Edward Robinson, Harper Collins Publishers, 2008, p. 98.

② Martin Heidegger, *Being and Time*, Translated by John Macquarrie & Edward Robinson, Harper Collins Publishers, 2008, p. 100.

既然要拒斥、扬弃一味利用自然的"纯粹称手性"这种态度，那么生存论分析中的自然观是什么态度呢？在海德格尔看来，以生存论分析的自然观来看待产品的话，那么它就不仅和"倾向于"（towards-which）其被使用的有用性有关，而且也和它所由以构成的东西有关，透过海德格尔晦涩的语言，我们可以看到，他是在强调产品所指向的一种普遍的有用性。当然这不是平常意义上主—客对立方式下的有用性，而是被置于人的操劳、人与存在者日常照面且已置身于其中但浑然不知的有用性，类似于《道德经》里讲的"百姓日用而不知"的"道"，海德格尔与道家的相通之处即在于此（张祥龙的《海德格尔思想与中国天道》的治思取向也表现出这一点："这种相关性既有事实的支持，又有来自某种哲学的亲缘关系。这种亲缘性不仅表现为家族的相似，还显现为一些相映成趣的区别。"①）。海德格尔是用"随意性、平均性"来表达的，在他看来，产品的这种特性，在工艺简单的产品中指向了使用者和依其特点而量身定制的那个人；在批量生产的产品中，它的特性也是指向使用者的，只不过那些使用者是普通大众而已，即"在产品是大量生产时，并不缺乏被使用者所指派的构成性因素，只不过这是不确定的，它指向了那种随意性和平均性"②。在这种随意性和不确定性中，在这种人与产品的照面中，隐含着此在的存在（Being），也就是说，这种使用性已不再停留于简单的功用，而是一种存在论层面的存在（Being）特性了，海德格尔在这个意义上将生存论自然观下的自然称为"公共世界"，即我们任何人"在对自己的操劳中在手的产品不仅是处于内部（domestic）世界中的，而且也是处于公共世界中的。正是由于这个公共世界，作为环境的自然［die Umweltnatur］才被发现并使每个人都可接近它"③。在海德格尔看来，之所以说此时的自然是公共世界，其公共性不仅体现在它的"为……之用"的特性指向了普通大众（而不是某一个人），如路、桥、街，等等；而且也因为有些产品的"为……之用"的意向很特殊，有特定的用意，比如，路灯

---

①　张祥龙：《海德格尔思想与中国天道》，中国人民大学出版社 2011 年版，"内容简介"部分。

②　Martin Heidegger, *Being and Time*, Translated by John Macquarrie & Edward Robinson, Harper Collins Publishers, 2008, p. 100.

③　Martin Heidegger, *Being and Time*, Translated by John Macquarrie & Edward Robinson, Harper Collins Publishers, 2008, p. 100.

是为了驱除黑暗或为在白天见不到光的地方带来光明，它的指向是太阳；再如钟表，我们靠它来计量时间的同时，实际上已隐隐地知道了太阳在天空中的位置。这一切都预示着：我们的产品所体现出的使用性、称手性，其生存论层面的基础是这个作为环境的自然（environing Nature）已为我们而在手（ready-to-hand）。

通过上面对海德格尔的生存论分析方法进行解读，我们可以发现，对哲学研究，尤其是追究哲学意义的源始性，海德格尔确实给出了一个新洞见：意义不仅仅是如"亚里士多德—康德"一脉相承的范畴学说所能涵括得了的，因为这种范畴学说有诸多问题难以解决（如我们在开篇部分提出的"一般"与"个别"如何切中、统一的问题）；若遵循海德格尔的思路，从存在论的"存在"层面入手，剖析 Dasein（此在）的源初切身体验所赋予的意义，那么范畴学说等困难就可以得到解决（本书最后的结语部分着重解决这个问题）。在这个意义上来看，康德让美感和崇高感作为一个中介性的作用，以此沟通他在知性和理性、知识和道德、现象和物自体之间出现的鸿沟，并使其三大批判成为一个完整的体系，这样的做法已凸显了情感的作用；在海德格尔那里，他所使用的"Befindlichkeit"（陈嘉映译本为"现身"，英译本为 the state of mind，本书理解为"心态""情态"），"指的就是我们常说的情感"[1]，就此而言，我们从情感的角度以海德格尔的生存论分析切入康德哲学中的情感问题，是站得住脚的；同时，康德从美的问题开显出来的关于审美对象的"感性的［审美的］"（aesthetisch）[2] 世界，也是一个意义的世界，和海德格尔的 Dasein 生存体验中带来意义的现象学世界有异曲同工之妙。所以，以海德格尔的生存论分析这种方法所引发的思路来解读康德宗教哲学中的情感因素，以此疏解康德在宗教哲学中的上帝、恩典等问题上所遇到的困境，揭示上帝、恩典等概念的意义来源问题，就颇有研究方法上的创新之处，即上帝、恩典等概念的意义是信仰者在信仰生活的切身生存体验中彰显出来的，而不是靠康德所使用的范畴学说所能给予的（在本书的结语部分将展开详细论述，我们上面提到的海德格尔所使用的"形式指示"也可看作一种突破）。

---

① 张文初、牟方磊：《〈存在与时间〉的情感论》，《中国文学研究》2011 年第 1 期。
② ［德］康德：《判断力批判》，第 37 页注释②。

第一章　对情感和理性的分析

　　情感和理性之间的对立关系，历来是哲学家们所关注的重点，在西方哲学中，柏拉图对此从灵魂的构成这一角度开其先河，此后基本形成了人们对心灵研究沿着"知、情、意"三分法的大趋势前行，康德更是以"三大批判"这些成体系的巨著为代表展开深入探讨并形成了其严谨的哲学体系。在中国哲学尤其是儒家哲学中，情感与理性的关系更是备受关注且亦有争议，一方观点认为儒家不重视情感问题，因为情感的层次较理性为低；另一方则认为情感是儒家思想的理论基础和出发点（以蒙培元为代表），它和理性之间表现为一种张力的关系，但处于更根本地位的是情感，这种分析不是理性主义的，而是一种存在论的，[①] 本书非常赞同这个观点和分析方法，我们采用海德格尔的生存论分析方法就是出于这个原因，但基于海德格尔和康德在思想上的亲缘关系以及相同的思想谱系，我们更多的是倚重于海德格尔的分析方法和思想资源。

　　本章并不打算从心理学上来详尽地界定何为"理性"与"情感"，而主要是基于哲学分析的方法来阐发理性和情感的"要义"、地位与作用。所以我们在行文中并没有出现关于理性与情感的心理学式的定义。

第一节　发凡

　　对康德的宗教哲学进行研究，其间涉及情感与理性的关系问题；若从纯粹哲学的角度切入，则主要是剖析其人性论问题。按胡塞尔的观点，"哲学就其本质而言是关于真正开端、关于起源、关于万物之始的科学"。

---

　　① 　蒙培元：《情感与理性》，中国社会科学出版社 2002 年版，作者自序。

也就是说，哲学所研究的对象在各门具体科学之上、之前，具有为各具体学科奠基的作用，就此而言，仍然含有亚里士多德（Aristotle）所开创的形而上学的意蕴。但胡塞尔所意欲强调的是超越论的（Transzendental）哲学，他称之为"第一哲学"，以此区别于亚里士多德的形而上学。在他看来，"科学是由有目的的劳动产生的劳动构成物；目的的统一性按照相关的有目的活动的合理的连续，创造出秩序的统一性"①。依此秩序，超越论的哲学"按照价值和地位是第一哲学"②，它为形而上学所发起的哲学找到开端、奠定基础。以这种哲学观来分析康德的宗教哲学问题，若按现象学的观点，那么胡塞尔的悬搁是我们不得不考虑的。所谓"悬搁"（epoche），是基于笛卡尔的怀疑精神而言的，在胡塞尔看来，既然怀疑可以施及除"我思"之外的任何对象，"那么每一种设定或每一种可完全自由地去变样的判断，每一种可判断的对象，均可被置入括号中了"③，也就是说，我们可以把既有的获取知识的态度、方法，乃至已有的知识都先存而不论，而只是去直观呈现在纯粹意识中的东西。实际上，这是针对自然主义态度而言的，按自然主义观点，首先设定有一个客观对象存在，然后运用不同的方法、手段（数学的、物理的、化学的，等等）对其加以解释，在一定范围内解释的有效性获得了验证，这种理论就被认为是正确的，康德的"人为自然立法"也是在这个意义上靠知性范畴建立起来的。按丹·扎哈维（Dan Zahavi）的研究，胡塞尔否认"所有须被严肃对待的概念都应该被还原到精密科学的语汇和概念性的构置中"④，因为所谓的精密科学所使用的语汇和概念都是由其所属学科，在特定的时代建构起来的，以库恩（Thomas S. Kuhn）的科学结构理论观之，每一代人所使用的术语都带有时代的烙印，新一代的科学家会以新的视角审视原来的成果，慢慢实现科学范式的转换，尽管个别老一代的科学家坚持原来的范式，但革命性的变革是不可阻挡的，所以科学的语汇和概念的主观性是显而易见的。胡塞尔所要做的是要悬搁所有前提性的知识，还原到一种"纯粹

① ［德］胡塞尔：《胡塞尔全集》XXV，第61页，转引自倪梁康《意识的向度》，北京大学出版社2007年版，第336页。

② ［德］胡塞尔：《第一哲学》（上册），王炳文译，商务印书馆2010年版，第32页。

③ ［德］胡塞尔：《纯粹现象学通论》，第113页。

④ ［丹］丹·扎哈维：《胡塞尔现象学》，第139页。

的"、不带任何预设的意识，从意识的主观性中"显现"客观性，这也是他后期提出"生活世界"的用意之一，即回溯到一种前语言、前科学的世界，以此来印证他前期提出的意识理论的纯粹性。这种纯粹意识中的价值，就不仅仅局限于实用性，而是体现了一种更广阔的视域（Horizont）①，其来源与生活世界密切相关。这个生活世界的提法，后来海德格尔在存在论意义上提出的 Dasein 之源初生存体验，和它有一脉相承的关联性；早期儒家所提出的人本于真情实感而抉择人生的观点，也与此颇为契合。本书在此意义上采用现象学的方法，以此分析人的生活中，真实情感是一种原初性、动力性的禀赋或倾向②，但囿于理性的算计，这种情感的纯粹性会受到污染，受外在功利性、"病理学上的动物性"③ 等因素的刺激而偏离了真实情感的方向。从这个方面来看，情感与理性的关系就成了人在生存选择中的重要问题，也是本书分析的重要方面。

　　情感与理性的关系，在一定意义上可以说是人类生活中的主要关系。仅就情感而言，它和情绪相似，二者所含内容都很宽泛，有的学者指出，我们完全可以忽略其区别而在同等意义上来使用它们，因为"调和众口，给出有关情绪、情感的完美的定义"是很困难的。④ 所以本书也在同等意义上使用情感与情绪。由于人每时每刻都生活在情绪当中，所以斯图亚特·沃尔顿引用 20 世纪的一位作家昆廷的话说，没有情绪的生活"十分

---

① 此处用"视域"这一术语，既有普通意义上"视野或视线所及的范围、思想所涉及的范围"等含义，也有胡塞尔现象学中作为意识的原初性构成作用的含义。对 Horizont 一词的中译，倪梁康先生译为"视域"，李幼蒸先生在《纯粹现象学通论》中译为"边缘域"，王炳文先生译为"地平线"，特此说明。

② 此处用"禀赋"与"倾向"，借鉴了康德《单纯理性限度内的宗教》（李秋零译本）"论恶的原则与善的原则的共居或论人性中的根本恶"中第一、二部分的术语。康德在该著作中用禀赋来说明人的本性中向善的一种基质或因素，它体现了人向善的原初性；"倾向"的用法隐含了可以改变的意思，它是第二位的，非原初性的，进一步的分析详见谢文郁的《性善质恶——康德论原罪》，《哲学门》2007 年第 2 期。正是在这个意义上，康德才能分析人的弃恶从善，其关键在于"重建向善的原初禀赋"，若善不是第一位的、原初性的禀赋，谈何重建？当然，基于康德哲学的纯粹性、先验性，他的禀赋和中国文化语境中的用法相比，先天性、遗传学要淡些，或基本忽略这方面的用意，这是理解康德哲学需要注意的一个地方。康德谈"先天"，用拉丁语 *a priori*，意在强调逻辑上的意义，多指普遍性、必然性。

③ ［德］康德：《纯粹理性批判》，第 434 页，A534 = B562。

④ 孔维民：《情感心理学新论》，吉林人民出版社 2007 年版，第 2 页。

冷酷"，却又"十分完美"。① 其"冷酷"说明，没有情感的生活之乏味、无意义；其"完美"说明那是一种理想境界，没有人能做得到。这涉及如何定义人以及人的生活。虽然不同的哲学家会从不同的角度来给出定义，如亚里士多德说"人是理性的动物"，这凸显了人的理性思维、逻辑推论的能力，侧重于认识；有的哲学家说"人是情感的动物"，这突出了人受情感支配的一面，侧重于自身情感、情绪的感受。

就致思特点而言，中国哲学是注重情感的，甚至有的学者，如蒙培元先生就指出，"中国哲学是情感哲学"②。基于此，我们可以说中国哲学没有产生出自古希腊以来西方哲学的科技理性、工具理性，它所形成的思维方式是综合的、体验式的；与此相反，西方哲学长于理性，更注重对外在对象的认识、认知，张扬人的知性能力，由此发展出知识论，其思维方式是分析的、思辨的。此观点并不否认中国哲学里的思辨精神，如《周易》《老子》等；也不否认西方哲学有重情感分析的哲学思想，如惟情主义等。我们所说中国的情感哲学和西方的理性哲学，只是从各自的主流思潮及思维方式言之。尽管二者各有所侧重，但就情感与理性之间的张力而言，则是共同的。

第二节　对情感的哲学分析

在中国哲学里，情感比理性居于更重要的地位，这与中国哲学所应对的问题有关，因为哲学的致思方向与其所面对的问题意识紧密相连。中国哲学家自古就有很强的"天""人"意识，他们非常强调个人安身立命的涵养功夫，如《周易》的"天地之大德曰生"，《礼记·大学》的"修身齐家治国平天下"，这里面更多的是凸显了一种情感，或者说凸显了情感的形而上学地位，在现象学哲学家中，表现出这种思想倾向的，尤以舍勒（Max Scheler）最为明显，他所追求的"伦常明察"（sittliche Einsicht）即为明证，因为"一个价值（或它的等级）可以在感受活动和偏好中以最

---

① ［英］斯图亚特·沃尔顿：《人性：情绪的历史》，王锦等译，上海科学普及出版社 2007 年版，序言第 3 页。

② 蒙培元：《论中国传统的情感哲学》，《哲学研究》1994 年第 1 期。

不同的相即性程度被给予，直至'自身被给予性'（它就等同于'绝对明见性'）"①。这种对情感的重视，在中国哲学家中，牟宗三做出了回应，他以中国哲学中"智的直觉"来解康德的"智性直观"（intellektuelle Anschauung），并寻求道德认识、伦理直觉的直接性、明见性。而在西方哲学中，古希腊哲学家究天人之际是为了探求世界的本源，为了认识宇宙的运行规律。按《周易》的观点，中国古代的哲学家以阴阳相对的符号推演出六十四卦而预测未来，其目的主要是为了从人生际遇的角度寻求更好的安身立命之结果，表现为一种情感式的诉求。在《说文解字》里，情是"人之阴气有欲者。从心青声。疾盈切"。其所解释的"从心"，主要强调人的情感，或者说是人情，《礼记·礼运》中说："何谓人情？喜怒哀惧爱恶欲七者，弗学而能。"也就是说，由喜怒哀惧爱恶欲所导致的情感，是不需要学习的，人生来就具有表达这些情感的能力。

"情"除了指个人的情感、情绪外，还有"事情""实情"的意思，如《周易·系辞下》中，有"情伪相感而利害生"的提法，此处的"情"，主要表达具体的"情况""实情"，按孔颖达的注疏："情，谓实情。"由此可以看出，"情"不仅有我们今天所熟悉的"情感""情绪"之意，还有"事情、实情"的意思。在《孟子》里，我们可以读道：

> 公都子曰："告子曰：'性无善无不善。'或曰：'性可以为善，可以为不善。'……或曰：'有性善，有性不善。'……今曰'性善'，然则彼皆非与？"孟子曰："乃若其情，则可以为善矣，乃所谓'善'也，若夫为不善，非才之罪也。……仁义礼智，非由外铄我也，我固有之也，弗思而矣！"②

上文中孟子所谓的"乃若其情"的"情"，一方面指个人的内在情感；另一方面也指告子所说的关于"性善性不善"的具体情况。只不过告子在论述时是以"性"来指称的，这就引出了"情"与"性"的关系

---

① ［德］马克斯·舍勒：《伦理学中的形式主义与质料的价值伦理学》，倪梁康译，商务印书馆 2011 年版，第 119 页。

② 《孟子》，中华书局 2013 年版，第 245 页。

问题。从哲学本体论的角度来看，早期儒家认为"性"来自于"天"的"生生之德"，它是一种本体，而情是由性所引起、所生发的一种情感、情绪状态。《中庸》里有如此观点："喜怒哀乐之未发，谓之中；发而皆中节，谓之和。中也者，天下之大本也；和也者，天下之达道也。致中和，天地位焉，万物育焉。"① 在这里，"喜怒哀乐"是一些具体的情感，在"未发"之前，处于一个"中"的状态，可称之为"性"，即"天命之谓性"。② 当"性"表现为一种外在形态时，就成了"情"。

早期儒家对情感与"天命之性"的关系所展开的讨论，深刻影响了后来中国哲学思维方式的发展，所以后来的宋明理学，虽然从形而上学的高度谈论"性理"，将其看作天之性理，但这种性理是不能离开"心"来谈论的，否则就是"有体无用"之学，有"凌空驾虚"之弊。理学家既然是以"心"为基础来谈论"心性"之学，就不能脱离情感，甚至说这种性理是与情感交织在一起，不可须臾相离的。至于陆象山提出的"本心说"、王阳明建立的"良知说"更是表明：情感乃理性之表现，是理性因具体对象、环境而得以实现的表象；也可以反过来讲，情感能够通达理性，这和后来牟宗三讲的"上下其说"是一个道理，都说明中国哲学的情感与理性，不像西方哲学那样泾渭分明，毋宁说二者是一体的，这种理性更多地表现为一种道德理性，其形而上的基础是情感。本书采用海德格尔的生存论分析，所表现出来的 Dasein 之切己的生存体验是一种源始性的情态、心态，③ 其间情感和理性并未分开，在此意义上和中国哲学里的"情感哲学"有相同的哲学治思功能。

西方哲学对情感问题的探讨，最早可追溯到古希腊的恩培多克勒，在其《论自然》一书中，他认为"爱"与"恨"这些情感是万物得以产生的"根"："……'恨'和'爱'这两种力量以前存在，以后也同样存在，我相信，这一对力量是会万古长存的。"④ 也就是说，爱、恨等情感是宇宙间的永存之物，它们不生不灭，是万物的始基。且不论这种观点按

---

① 《论语·孟子》，三秦出版社 2007 年版，第 373 页。

② 《论语·孟子》，第 373 页。

③ Martin Heidegger, *Being and Time*, Translated by John Macquarrie & Edward Robinson, New York：Harper Collins Publishers, 2008, p. 203.

④ 《西方哲学原著选读》，商务印书馆 2014 年版，第 42 页。

现代自然科学的理论来看是否正确，单就其对情感之重视以及辩证地将心灵机能赋予一种能动性而言，仍给今人以启发。此后的哲学家在谈论情感时，往往都会注意到它的能动性及其对人的影响，如柏拉图在探讨情感问题时，就以功能为标准对人的灵魂进行了划分：理性灵魂、激情灵魂和欲望灵魂，"激情这个部分怎么样？我们不是说它永远整个儿地是为了优越、胜利和名誉吗？"① 也就是说，人的灵魂在其内在激情的驱使下，往往会更多地追求外在的声色名利，诸如地位的高低，荣誉的大小，名声的好坏等等。到了亚里士多德那里，他的视角发生了变化，更关注外在变化对某一事物的承受（παθος）及属性的影响，由此而及于人的心灵，就会产生内在感受、情感的变化。在他看来，"对巨大的不幸和痛苦也称为承受"②。他使用的παθος，作为一种承受能力，突出了事物状态、属性的运动、变化；对人的心灵而言，会由外在的变化而给情感造成影响或带来冲击。

　　自此之后，直到康德时代，哲学家们基本都是在经验的层面来探讨情感问题的，分析情感对人的心灵之影响，且突出了情感与理性之不同甚至是对立的特点，由于西方哲学的理性主义基调，所以情感的地位低于理性。康德的一个往往被忽略的贡献，在于抬高了情感的地位，从形而上学的高度来看待情感尤其是审美情感，最终为审美情感找到了"先天法则"——无目的的合目的性③。至于康德为什么要选取审美情感作为代表来分析人类心灵机能，并以之作为弥合他的《纯粹理性批判》和《实践理性批判》导致的哲学体系的鸿沟，除了康德想将美学独立为一个学科的努力外；另一个重要原因，我们认为是这样的，即，人类的情感种类有很多，有的是从日常生活的境况而引发出来的，有的是由艺术的审美体验所产生的，不一而足。但审美的情感是艺术体验中最为复杂且丰富的。④ 所以，康德以其作为所有情感中最值得关注的对象，是有深刻道理的。之后的胡塞尔从现象学的"本质直观"这一角度，主张通过现象学还原来把握每一对象的"艾多斯"，对情感而言，基于本质直观的

① ［古希腊］柏拉图：《理想国》，第367页，581B。

② ［古希腊］亚里士多德：《形而上学》，第110页。

③ ［德］康德：《判断力批判》，第78页。

④ 陈炎主编：《美学》，高等教育出版社2013年版，第9页。

"原初所与物"①，它就是一种原初的生活之源，似乎又回到了古希腊意义上的万物之本源的"对象"，在这个意义上，他认为苏格拉底（Socrates）所追求的好的、高尚的生活是一种"由纯粹理性而来的生活……是通过回溯到彻底的明晰性，'洞察'，'自明性'，而进行的。……每一种这样的澄清，立即就获得示范性的意义"②。这种明晰性、自明性的基础作用，不仅为胡塞尔的意向性理论奠定了坚实的基础，也为情感的自明性提供了实在性，如果说康德的智性直观是对理论理性进行转向的一个拐点，那么舍勒则基本确立了情感哲学的突出地位。总体而言，整个西方哲学的主要特点还是情感与理性的二元分离、相互对立。

第三节　对理性的哲学分析

关于理性与情感孰轻孰重的问题，若从哲学的基本致思方向与特点上来说，上已述及，中国哲学是主情的，而西方哲学是偏重理性的。换言之，前者谈论理性时的出发点更多地仰赖于情感，侧重于探讨价值问题，所以理性在"儒学中被称为义理、性理，属于价值理性"③，其目的不在于创建认识论和知识学，而在于从情、理合一的角度指导人过一种好的生活，在这个意义上，黑格尔说中国哲学表现为一种生活箴言的形式；而后者恰恰相反，侧重于探讨认识问题。尽管古希腊哲学脱胎于神话思维，其思考的基点是一种"信仰的实在性"④，可理解成情感的实在性，但其最终致思目的却是要探求世界的本源（原）（古希腊的哲学家在巴门尼德之前从时间意义上探求"本源"；其后从结构意义上探求"本原"，柏拉图尤甚，二者之异需明确），以此达致认识世界的目的。尽管西方哲学也有惟情感主义、惟意志主义等流派，但其主流是理性的，由此催生出科技理性、工具理性。至于胡塞尔从科技理性之流弊而洞见欧洲科学之危机，认为科学已"丧失其对生活的意义"⑤，那是问题的另一个方面。由此至少

---

①　[德] 胡塞尔：《纯粹现象学通论》，第60—62页。

②　[德] 胡塞尔：《第一哲学》（上册），王炳文译，商务印书馆2010年版，第38—39页。

③　蒙培元，《情感与理性》，中国社会科学出版社2002年版，"自序"第2页。

④　谢文郁：《寻找实在性：古希腊哲学的思维方式问题》，《学海》2013年第5期。

⑤　[德] 胡塞尔：《欧洲科学的危机与超越论的现象学》，王炳文译，商务印书馆2012年版，第17页。

可以说，中国哲学中情感与理性之张力，不如西方哲学中的表现那么明显。或者可以说，在缓和、调节情感与理性之张力方面，中西方哲学有所不同。

中国哲学，特别是儒家哲学，确实没有明确提出如西方哲学中那样的"理性"概念，儒家更多的是在实践的层面谈理性，这种理性主要指具有普遍性、必然性、客观性的道德实践范畴①。这里的实践，既不同于马克思主义哲学所提出的与理论相对应的、宽泛的社会实践活动，也不同于康德的与"纯粹理论理性"同属一个"理性"的、狭义的"纯粹实践理性"——纯形式的、内在的、纯粹的道德哲学意义上的实践——儒家的实践有康德哲学意义上的内涵，但并不指纯思辨的、停留在抽象的本体界的意志活动（康德将其限制在"物自体"的领域，处于与现象界相对立的彼岸），而是延伸到了具体的道德实践活动当中。所以中国哲学中的理性，主要指以心性学说为基础的道德理性，这在孔子那里指"仁德"，即"仁者爱人"，是"仁者"之有"仁德"、能爱人的本体论依据，它具有普遍性。正是因为有了这种"仁"的普遍道德理性精神，才能做到对他人"一视同仁"，在遇到与自己的需求、欲望相冲突的利益之争时，能做到"克己复礼为仁"。如果说孔子关于道德理性的学说更多的是依赖于"仁"这种情感，理性特征尚显不足的话，那么到了孟子这里，其"四端说"则引申出了心性之学。"四端"（恻隐、怵惕、羞恶、辞让）作为人的情感之发端者，表现为一种"心"之所处的状态，是一发端处，由此而引申出人的四种"性"——仁、义、礼、智，这些都是具有普遍意义的理性精神，引导、规约着人的道德生活。在这个意义上我们可以说，中国哲学的"理性"更多地表现为一种道德理性，与西方哲学中认知意义上的理性大异其趣。

西方哲学中的理性，大致而言有四种含义：（1）理性的第一种含义范围最为宽泛，它不仅包括人类的思维活动，还包括与人的思维有关的意志、情感等精神活动，我们一般都按知、情、意划分人的心灵机能之领域

---

① 这只是一个大致的说法，若对中国哲学里面的理性之特征做一分析，远不是这样的地方做这样的解释所能胜任的，故而此处只是一种大致的思路。

（康德的"三大批判"① 是这种三分法的代表），就是基于此观点而言的，亚里士多德提出"人是理性的动物"之理性，就有这层意思，它主要强调，人与动物之不同，在于人的思维、情感、意志的表达，人有目的，会按自己的设计、方案，通过意志而付诸行动，由此而居于"万物之灵长"的优越地位。（2）理性的第二种含义是与"非理性"相对而言的，西方哲学历史上的"非理性"思潮，主要是指凸显人的意志、情感的惟意志主义、惟情感主义，这些非理性的流派弱化了人在理智上的逻辑推论及其主导作用，更多的是强调意志、情感在生命意识中的倾向性。这种意义上的理性强调不同于情感、意志的一种心灵机能。（3）理性的第三种含义主要与知识论意义上的认识有关，在认识论中一般用"知性"来指称，这层意思主要通过康德的"批判哲学"而得到强化，康德在《纯粹理性批判》中指出，知性从消极的方面来看不能形成感性直观，感性直观是由外感官获得的，"但在直观之外，除了借助于概念的认识方式，就再没有任何别的认识方式了。所以每个知性的、至少是每个人类知性的知识都是一种借助于概念的知识，它不是直觉性的，而是推论性的"②。在这里理性（知性）的作用主要表现为对感性经验杂多进行有序化的规整，它以感性经验为基础但又高于经验，是对经验的加工和整理，需要运用概念、判断、推理的功能，由此而形成主要服务于自然科学的知识。（4）理性的第四种含义是与第三种紧密相连的，其特点也主要通过康德哲学彰显出来，它在地位上高于第三种，是人类认识的最高阶段，其发挥作用的范围更狭窄，不涉及经验对象，主要是对第三种理性的进一步规

---

　　① 康德的"三大批判"分别讨论"知"（知识）、"意"（道德意志）、"情"（审美情感）。《纯粹理性批判》重点探讨认识论，围绕确立自然法则的主题，以"哥白尼式哲学革命"的方式确立"对象依照知识"的范式，用先天的知性范畴使"人为自然立法"成为可能，也意欲为"自然科学知识何以可能"的形而上学奠基。《实践理性批判》着重探讨道德哲学，围绕确立道德法则的主题，以感性与理性相对立、背离的方式，揭示了人的"纯粹实践理性"的"二律背反"：顺从感性需求乃本性使然，依据道德法则行事为道德的真正内涵，人的生存悖论、人生的意义即由此而开显出来。《判断力批判》重点探讨目的论，主观的合目的性表现为审美情感，客观的合目的性表现为自然目的论，仅就前者而言，主观上无目的的合目的性足以为审美情感确立先天法则，这是康德将情感提升到形而上学高度的一大贡献；后者则延伸出自然目的论在自然科学与哲学中的作用，也使科学与哲学的划界问题多出了一个思考的向度。

　　② ［德］康德：《纯粹理性批判》，第 62 页，A68 = B93。

约，为"理论理性"（在康德哲学中，本书所说的第三种理性被称为"理论理性"）提供一个发展方向，起调节性作用。比如"纯金"的概念，通过经验观察和相关实验，在感性和知性的作用下，人们通过技术手段可以提炼出 99.99999…% 的黄金，其纯度甚至可以趋向于无穷大，但永远也不能达到 100%，这个方向和思路就是由第四种理性提供的，它"所特有的原理就是为知性的有条件的知识找到无条件者，借此来完成知性的统一"①。它是对人类的整个理性思维起调节作用的一种活动，虽给不出具体的某种知识，却为人类的思维提出了一种趋于无穷尽的理想境界，比如柏拉图的"理型"（希腊文为 ιδεα/ειδος，英文为 idea，意指某个对象"看上去的样子"，译为"理型"更符合柏拉图的原意），它是人类思维得以产生的摹本、原型。

　　通过上述分析可以看出，西方哲学中的理性概念侧重于认知意义上的能力，它更强调对外在对象进行经验观察后的分析、规整，从而得出科学意义上的知识，其间鲜有情感的作用。从这个角度来看，它和情感的张力更明显；不像中国哲学，理性与情感本来就是一体的，相互融合。

　　我们上面对情感和理性所进行的分析，尤其是对情感的分析，基本上是基于哲学的分析，没有从心理学的角度来考察，其主要原因在于，我们所进行的是一种哲学研究，且从海德格尔的生存论分析入手，凸显了情感、情绪、心态对哲学研究的基础性地位，同时我们在方法论部分也分析了狄尔泰等人的"生命"概念、"生命哲学"对海德格尔生存论分析的启发作用，其中的生命意识实际上隶属于人类的整个心灵机能，它和海德格尔所提出的生存论分析中的生命，具有同等重要的地位，就此而言，我们采用生存分析论来重点解释康德的情感问题，其立论根据还是牢靠的。尽管从西方哲学史和西方心理学史的发展过程来看，心理学在独立为一门成熟的学科之前是被包括在哲学研究的范围之内的，但我们在研究中并不从心理学的角度来界定情感，而只是在哲学的高度来思辨性地考察情感，主要是考察康德哲学中的审美情感、崇高感、道德感和宗教情感（对上帝的信任情感），并梳理从美感向崇高感、道德感和宗教情感的过渡。

---

　　① ［德］康德，《纯粹理性批判》，第 266 页，A307 = B364。

第二章 美感—崇高感—道德感

这一章着重分析康德在"前批判期"的著作《对美感和崇高感的观察》里对美感、崇高感和道德感的相关论述，并建设性地提出"崇高感是从美感过渡到道德感的拱顶石"这一观点，其中分析康德宗教哲学的两种思路，也为宗教哲学，尤其是康德的宗教哲学之研究指出了方向。

第一节　分析康德宗教哲学情感因素的思路

康德对情感的界定，在其《〈对美感和崇高感的观察〉反思录》中指出："我所讨论的情感是这样的情况：为了感受到这类情感我不必成为有学问的人［过于理智化］。""美好的情感是那样一种情感，其中理想的东西（不是幻想的东西）包含着舒适性。"① 如果说这是康德在前批判期对情感的过于感性化的界定，更多地注重主观"感受"，注重感官的舒适性的话，那么他在其《人类学反思录》中的情感概念，则上升到了对外在对象之"形式"化的感受，其间已有更多的高于感官的心灵机能的参与，他指出："情感是一种无对象的单纯主观的表象。"② 也就是说，这种情感不再拘泥于外感官的刺激，比如受听觉、触觉、嗅觉等感官的刺激而引起一些较低级的感受；而是脱离开感官感受而仅凭外在对象留下的"形式"就能使不同心灵机能相互协调起来而现成一种"感觉"，或兴奋或忧郁或悲伤等等，不一而足。

---

① ［德］康德：《康德美学全集：美，以及美的反思》，曹俊峰译，金城出版社 2013 年版，第 63 页。

② ［德］康德：《康德全集》第 15 卷，第 110 页，科学院版，柏林，1925 年。转引自曹俊峰《康德美学引论》，天津教育出版社 2012 年版，第 338 页。

就康德的理性宗教观而言，他不用宗教情感来表述对宗教信仰对象的信任情感，而只谈宗教信仰的目的在于增进道德的自律性。分析康德宗教哲学中的情感因素，或曰从情感的角度分析康德的宗教哲学，基本上有两条思路可以选择：一是从康德与基督教传统的关系入手，二是从康德著作本身出发。

遵从第一条思路，绕不开的一个问题是：康德宗教哲学中有哪些情感因素？康德不像施莱尔马赫那样将对宗教的确信建立在信仰情感上，他所倡导的是理性宗教观，即道德的宗教；换言之，宗教是因道德的需要而建立起来的。尽管康德在《实践理性批判》里只是把上帝当作一个公设提出来，不是用来保证道德法则的实施的；毋宁说，道德法则自身就足以能够自我实施（具体原因不是此处分析的任务，故不展开①）。施莱尔马赫的思路代表了基督教信仰的普遍特征——信任情感是基督教的基本确信模式，康德对基督教的态度也是与传统信仰发生了"哥白尼式"的转向的，即不是基督教信仰奠定道德的基础，而是道德为基督教信仰提供基础。所以他的宗教哲学中的情感因素就不是信仰情感，由此可以看出，从第一条思路进行研究，挖掘不出多少有价值的思想资源。

第二条思路直接从康德著作本身入手，即可靠又可行。他对宗教问题的思考，可以说贯穿于其学术生涯的始终，但从情感的角度来分析这一问题的话，就集中在崇高感上面，也可以说它是一块"拱顶石"，因为崇高感一方面与对宗教信仰对象的崇敬感、敬畏感接近；另一方面也与道德感接近，康德在《实践理性批判》里讲道德法则的"自我批准"中伴随着的痛苦感，就是崇高感。这种崇高感和美感有着密切的"亲缘关系"，康德的著名论断"美象征着道德"即为明证。由此一来，本书对康德宗教哲学的情感分析就落脚于对康德崇高感和美感的分析上了。

第二节　作为"拱顶石"的崇高感

康德对崇高感和美感进行成体系的思考，始于《对美感和崇高感的观察》，此处的"观察"，如果说不如他进入"批判哲学"写作期的研究

---

① 可参阅拙文《论康德的"敬重感"》，《齐鲁学刊》2013 年第 4 期。

那样深刻的话，与他自身的哲学素养和"批判哲学"方法的成熟与否有关，他自己也说此时"主要是以观察者而不是哲学家的眼光来考察"。①尽管如此，他在此时却也提出了一些有价值的洞见，比如他对情感与感受之间的关系所进行的思考。他用"Empfindung"和"Gefühl"来表示"情感"或与其有相同意义的"感受"，比如他在篇首提出："与其说快乐或烦恼的不同感受（Empfindung）取决于激起这些情绪的外在事物的性质，还不如说取决于每个人所固有的、由这种激发才带有愉快和不愉快的情感（Gefühl）。"② 前者更多的是指一个人的感官感觉、感受，在这里是指感受者由外在对象所引发的一种感受；后者康德侧重于用它来表达一般意义上的情感，它是人的本性中所固有的诸多情感性的元素或素质，诸如爱好、憎恶、嗜好、道德感、审美感，甚至整个文化素质、精神境界等。按曹俊峰教授的研究，康德此处的意思是说，在没有外在对象刺激、影响时，这种情感处于"零状态，在外物刺激下，零状态被打破，转变为愉快和不愉快的情感"③。我们可以将其表示为："不愉快的感受—零状态—愉快的感受。" 也就是说，在作为感受者的主体与外物之间产生鉴赏性或感受性的关系时，不是我们通常意义上所理解的关系——外物刺激主体产生相应的感受或情感——而是外物刺激了作为人性中固有成分的情感，而后主体才产生了愉快与否的反应。对于情感与感受之间的因果关系，曹教授将其归结为："情感是因，感受是果，情感是本，感受是末。"④ 这就将情感提到了一个本体论的地位，它具有与认知能力、道德能力同等重要的地位。尽管这个结论在此处还是一个推论性的、未被证实的论断，因为康德写作此文时是否已有成熟的思路来以"三大批判"的巨著展开他的运思结果，我们不得而知，况且我们通过他在写作《判断力批判》前的书信也可看出，《判断力批判》的构思是随着前两个批判的完成而发现自己哲学体系的不完备才不断推出的。但我们至少有理由肯定，"情感是本，感受是末"，情感的本体论地位，康德在此处已初步成型且以后的研究不断强化了这一主题。

---

① ［德］康德：《康德美学全集：美，以及美的反思》，第 17 页。

② ［德］康德：《康德美学全集：美，以及美的反思》，第 16 页。

③ ［德］康德：《康德美学全集：美，以及美的反思》，第 16 页，注释①。

④ ［德］康德：《康德美学全集：美，以及美的反思》，第 16 页，注释①。

按曹教授的研究，通过康德所给出的例子，就能证明康德将情感置于"原因"和"本体"的地位之缘由，比如：

> 那些脑满肠肥的人把厨子当作最有才智的作家，他们精致有味的杰作就藏在他们的地窖中。这类人能够在卑鄙下流的亵语和愚蠢的谈笑中获得强烈的乐趣，这种乐趣就如同使怀有高尚情操的人自豪地感受到的那种愉快一样。懒人喜欢听人读书，仅仅因为这样可以使他昏然入睡。……所有这些人，都各有一种能够使他们按自己的方式得到快乐的情感。在这方面，他们都无须羡慕别人，也无法形成一个有关别人的内心感受的概念。①

通过这些例子我们可以看出，康德此处确实预先假设了每个人的人性中都有一种规定其情感的特质或禀赋（康德在《单纯理性限度内的宗教》里称人有向善的"禀赋"和趋恶的"倾向"，② 与此类似），它能决定每个主体对外物因其不同性质而带来的情感或感受。这种观点的优势是能凸显康德的情本体论理论，为《判断力批判》在康德整个哲学体系中的独立地位找到佐证；但其不足之处也很明显：设若每个人都以其各自的情感特质作为判断标准，怎么能保证不同的主体对同一对象得出共同的感受或情感呢？口味面前无争论、"萝卜白菜各有所爱"等常识虽然说明了感受、情感的相对独立性、个别性；但对同一对象，大多数人仍会获得共同或相似的感受，这种现象也是常见的，对此应在理论上做何种解释呢？这表现为一个感觉、情感的"主体间性"问题，涉及感觉、情感判断的共同标准问题。当然，康德在《判断力批判》里将其归结为"共通感"，即每个主体因为都有一个"共通感"而做出了"某一对象是美的"这样的审美判断。不过在《对美感和崇高感的观察》和《判断力批判》之间毕竟还有很长的一段路。所以笔者以为，曹教授在此处得出"情感是因，感受是果，情感是本，感受是末"的结论为时尚早。我们的观点是：康德是想为情感一类的判断找到一个标准，找出形成情感判断的原因，但未

---

① ［德］康德：《康德美学全集：美，以及美的反思》，第17页。
② ［德］康德：《单纯理性限度内的宗教》，第11、14页。

必一定把情感当成了感受的原因，也不一定一概而论地把情感与感受放在了"本"与"末"的位置，因为这种理论不能完全解释康德后面的论述。

康德在谈到上面论及的几种情感后，提出了一种精细的情感，"这种情感之所以被称为精细的，或者是因为人们能长时间地享受它而不至于因满足而生厌，或者是因为它以心灵的敏感为前提，这心灵的敏感能够使精细的感情趋向于道德冲动"①。也就是说，这种情感不会像上面提到的脑满肠肥的人或懒人的情感一样，因为脑满肠肥的人将口腹之欲的满足，当作了阅读中作家给予的精神性满足，懒人以昏昏入睡后惰性的满足代替了阅读的精神享受，这两类人所获得的满足不是精细的，毋宁说是粗疏的，因为此种满足超过一定的程度会使人生厌；而精细的情感就不会有这种情况发生。康德举了这样的例子，"高耸入云的雪峰的景色，一段狂风骤雨的描写，或者弥尔顿关于冥冥世界的一节叙述，都会引起愉快，不过是带有某种恐惧的愉快"，这是一种崇高的情感；另一类例子是："鲜花盛开的草地，溪水奔泻、牛羊遍野的山谷，对天堂的描写，或者荷马史诗中对爱神维纳斯的腰带上的图饰的描绘，也会引起愉快的情感，但与前者不同，这里是赏心悦目的愉快。"② 关于这两种情感，我们认为都好理解，第一种情感里面虽然有愉快的成分，但其间夹杂着恐惧，毋宁说恐惧是人面对高耸入云的雪峰、狂风骤雨和冥冥世界时的第一感受，之后才是经过反思而由恐惧转化成的愉快（康德也在《判断力批判》里谈到了这一点③）；对于第二种情感，虽然说我们面对鲜花、溪流、山谷、天堂时是愉快的，但要称其为美感，还是需要有人文精神渗透进人的心灵方可，从发生学的角度看，尚未开化的原初先民会对上述情景产生愉快感，但美感只是人文精神化育的结果。所以我们认为，曹教授提出的情感为因、为本的观点，是在一定条件下才能成立的，即提出情感的本体论地位和它在整个康德哲学体系中的地位后才成立，否则会陷入"苏格拉底"式的学习悖论，即要想学习某一对象，须有关于该对象的相关背景和理论；但若已

---

① ［德］康德：《康德美学全集：美，以及美的反思》，第17页。
② ［德］康德：《康德美学全集：美，以及美的反思》，第18页。
③ ［德］康德：《判断力批判》，第96页。该节主要是谈在对崇高感的评判中所获得的愉悦的情感之性质。

有关于该对象的背景和理论，就不需要学习它了。① 也就是说，对于情感的判断，必须先有关于情感的判断标准，才能知道主体所获得的是哪种情感；但若已有了关于情感的判断标准，又哪有什么必要来判断该情感呢？这是我们对曹俊峰教授所提出的"情感为本、为原因"这一观点的进一步思考，当然这在分析康德宗教哲学情感因素中不起主导作用，所以我们对此不做过多讨论。

抛开这个悖论式的问题不谈，康德在这里分析崇高感和美感，并提出崇高感可以引发道德冲动的观点，给我们解读他后面的理论提供了很大的帮助，即崇高感和道德感相似，或者说它可以转化成道德感，崇高感又和美感接近，二者同属"精细的情感"之列，都不会因感受者的满足而生厌，它们没有量上的限度，就此而言，它们与感性需求的（愉）快感区分了开来，所以崇高感是一块"拱顶石"，连接了宗教哲学中的敬畏感和美学中的美感。这个论断还来自下面我们要分析的有关此二者的特征之支持。

第三节　崇高感和美感的特征分析

关于人的崇高感和美感，康德从它们和人的品格之间的关系、它们被激起后的持存时间与其强度之间的关系、它们与其表现形式之间的关系、它们与人的外在表现之间的关系，以及它们与道德之间的关系等几个方面进行了阐述，现分析如下。

一　崇高感和美感分别与人的品格之间的关系

在康德看来，人的品格（连同人的部分心灵机能）中有些和崇高感相近，有些和美感相近，比如人的知性能力、人的勇敢的品格、为人正直诚实、对所从事的职业无私奉献并恪尽职守等，这些都是崇高的，能引起别人的敬意；同时，另外一些品格，如人的机智灵活、为人之狡黠、谨小慎微、与人开玩笑或对人的恭维、谦恭有礼、文雅和气等等，都会令别人喜爱，因而是美的。对于第一类品格，由于它们都具有正向的激励作用，

① 陈嘉映：《哲学美学宗教心理学问答录》，华夏出版社 2011 年版，第 55 页。

让对方或别人产生仰慕、尊重的心情，因而将其归之于崇高，并无多大异议；而对于第二类的狡黠、恭维等，则需多加说明，因为康德在行文中对其并无多少解释性的文字。按康德后来对道德哲学的态度，他更强调道德动机在评判道德行为中的作用，尤其突出行为者是否将道德法则作为其行为的规定根据。按照这一标准，那么康德在提出该观点时意在强调狡黠这种行为给对方以快适、愉悦的感觉，而并未顾及行为者的行为动机，亦即未考虑行为者是否有一己之私利的想法；恭维的行为也是如此，只是强调由于恭维行为而使交际双方处于一种和谐的氛围中，这两类品格的共同之处在于营造了各自和谐、愉快的气氛，给人一种"美"的感觉。

二　崇高感和美感被激起后的持存时间与其强度之间的关系

按康德的观点，"崇高引起的激动比美所引起的激动要强烈"[1]。也就是说，崇高感对人的内心有更强烈的触动，而美感要平和得多。这自然容易理解，当我们面对如康德前面所提到的高耸入云的雪峰、剧烈的狂风骤雨，或者阴森森的地狱等画面时，自然会因此类景象的高大威武、突然而至、阴森恐怖等特点而使人内心急剧变化。相比那旖旎的风光、煦暖的威风带给人的惬意，前者自会使人内心无比激动。至于二者的持续时间，康德认为："如果崇高感不和美感相互渗透或没有美感相伴随，它就会减弱，也不可能持续较长的时间。"[2] 对于这种观点，从生理学上我们可以理解为，强度大的、激烈的动作持续时间长，能量消耗大，会对机体的健康产生不利影响，从生物体自我保存的角度，这种感受自然不会持续很长时间。康德是列举了这样的例子来说明的：同优秀的社会名流交谈时，他们的言论所传达出的精神会激起对方的高尚情怀，表现在面部表情上也是严肃的被感动状，但这种状况一定要时不时地夹杂轻松愉快的玩笑话，以让肃穆庄重的气氛变得轻松活跃，否则这种交谈不会持久。

由此可以看出，崇高感是可以向美感渗透的，或者说二者可以相互渗透，由崇高感所激起的高强度的内心波动状态，必须要有美感来时不时地予以平抑、舒缓，才能让崇高感持续地被激起。至于其心理学的内在机理

---

① ［德］康德：《康德美学全集：美，以及美的反思》，第21页。

② ［德］康德：《康德美学全集：美，以及美的反思》，第21页。

当然可由心理学进一步加以研究，但康德所列举的例子，已从经验的层面给予了证明；他后面的研究，如《判断力批判》，则是从哲理上进行了深入的阐释。二者的这种相互渗透性，已在一定程度上证明了我们开头提出的崇高感的"拱顶石"作用的原理，也就是说，它一方面和宗教中的敬畏感、崇敬感有亲缘关系；另一方面和美感接近，所以就沟通了宗教情感和审美情感之间的关系，起到了连接作用（就像《纯粹理性批判》里的理论理性和《实践理性批判》里的实践理性靠自由来连接一样①），这在一定意义上也可以解释宗教情感何以和审美情感之间有亲缘关系。对此观点，美国学者艾伦·拉扎洛夫（Allan Lazaroff）的研究也证明了这一点。在拉扎洛夫看来，崇高感里面包含着愉快的感觉和痛苦的感觉，同时还夹杂着恐惧感，而在宗教情感里面也有这些情感；换言之，崇高感和宗教情感二者都含有这样一些相同的因素：一是都有痛苦、快乐、敬重和恐惧；二是都有令人向往的情怀，如崇高感令人敬仰不已，宗教情感因其神秘性而对信徒有吸引力；三是都有不易用理性（知性、概念性的知识）来把握的难解之处。基于这些原因，拉扎洛夫认为崇高感和宗教情感有密切的亲缘关系。②

三　崇高感和美感分别与戏剧的关系

关于崇高感和美感分别与戏剧之间的关系，康德主要提到了悲剧和喜剧，他认为前者激起了观众的崇高感；后者激起的是美感。其原因在于，悲剧"展现在我们面前的是为他人利益而做出的伟大的自我牺牲精神，以及危难之中的英勇果敢和经得起考验的忠诚"③。从这一点我们可以看出康德在后来的道德哲学中所坚持的观点，即，将道德法则对感性需求的平抑作用这一原则作为道德行为的评判标准，其思想原型就在这里；亦即，只有在一个人为了他人的利益而不惜牺牲自己的利益，或说得更绝对一点，在根本不考虑自己的个人利益而纯粹为他人谋福祉，也就是康德后

①　［德］康德：《实践理性批判》，序言第 2 页。

②　"The Kantian Sublime：Aesthetic Judgement and Religious Feeling"，from Immanuel Kant，*Critical Assesments*，*Volume 4*，*Kant's Critique of Judgement*，London and New York，1992，pp. 356 - 377. 转引自曹俊峰《康德美学引论》，第 397 页。

③　［德］康德：《康德美学全集：美，以及美的反思》，第 22 页。

来在道德哲学中所说的纯粹为义务而义务时，才会给别人以崇高感。以这种精神来对待爱情，那么康德认为，悲剧中所表现的爱情"是悲惨的，并且充满着深厚的敬意，他人的不幸在观众心中激起同情，陌生人的痛苦使公正善良的心房更加剧烈地跳动。观众潜移默化地受了感动，感觉到自身本性的尊严"①。在这里康德之所以说悲剧中悲惨的爱情故事让观众产生一种敬意，其原因在于悲剧中主人公多舛的命运、凄凉的遭遇会让人在感同身受的情境中产生一种同情心，同时又从主人公那不向命运屈服、在艰难困苦中依然保持着对爱情的忠贞、对对方的爱恋这种情境中汲取精神力量，这和对道德法则的敬重一样，是一种从痛苦中超拔出来的情形，所以给人一种崇高的感受。

至于喜剧，康德认为它表现的是"精巧细琐的狡计，有趣的笑闹，善于从任何事态中脱身的诙谐家，总是上当的傻瓜，以及其他笑料和可笑的性格"②。如果说康德对悲剧的论断和道德感相关联，并且因为其间渗透的道德精神而体现出其价值，彰显出崇高感的话；那么喜剧却恰恰不能和道德感联系起来，比如说像那些经过精心设计的狡计、富有情趣的笑话、闹剧甚至是恶作剧等等，只是为了给人一种轻松愉悦的舒适感，让观众在观看的过程中，使神经随剧情的发展而绷紧，但在笑话或闹剧达到高潮的刹那间而放松下来，剧情中的主人公并无道德上的恶意；再比如那些从剧作者精心设计的事态中脱身的诙谐家，他们得以脱身只是为了给观众以愉悦和轻松的心灵享受，而并不是想逃避责任，所以观众和评论家也不会以道德上的责任感来评判他们。康德在这里强调的是这种状态给观众带来的美感，即诸心灵机能因精神放松而产生的自由感、愉悦感，当然在这里康德的这种思想还只是初步的展开，成体系的论述是在《判断力批判》中完成的，他认为之所以如此，其哲理上的原因是这样的，在进入审美状态时，人的知性和想象力自由地结合就会产生审美的愉悦，如康德所言："在一个鉴赏判断中表象方式的主观普遍可传达性由于应当不以某个确定概念为前提而发生，所以它无非是在想象力和知性的自由游戏中的内心状

---

① ［德］康德：《康德美学全集：美，以及美的反思》，第22页。
② ［德］康德：《康德美学全集：美，以及美的反思》，第22页。

态（只要它们如同趋向某种一般认识所要求的那样相互协和一致）。"① 也就是说，在对美的鉴赏判断中，想象力和知性是如游戏中的自由那样的一种状态，二者之和协一致，不以固定的概念为目标，知性虽然会追求某种一致性（这是知性的特点），但不是为了知识的目的，毋宁说是无目的的，只是求得一种愉悦感。这也是人们在概括戏剧时的心态。以喜剧的方式来表现爱情，康德认为这时的爱情"并不感伤忧郁，而是从容自如"②。也就是说，和悲剧里的爱情相比，这里的爱情不会令人伤感，而只是一种两情相悦、情投意合的愉悦和幸福，是美的享受。

除了以悲剧和喜剧的形式来表达崇高感和美感外，康德还提出了一个重要的观点，即在这两种感觉之间，有可以相互结合的可能，当然其条件不限于在悲剧和喜剧中，在其他场合也如此，即："这里和其他场合一样，高尚可以在一定程度上与美结合。"③ 这里的高尚是指因为悲剧中人物品格的高尚而给观众留下的崇高感，也就是说，因高尚而产生的崇高感可以和美感结合在一起。我们认为从学科划分的角度，随着人类知识的积累和认识水平的提高，各学科不断细化，表现在对人类感受能力的研究，就可以为各种感受做更细致的区分，比如心理学上所做的工作，威廉·冯特（1832－1920，德国心理学家，被称为"心理学之父"）就从心理元素和心理混合物的角度对心理现象和心理感受做出了细致的划分和研究。④但从总体上来说，康德从心灵机能的三分法（当然柏拉图那里已将灵魂区分为理智、欲望、激情三个部分⑤）来进行研究，在今天仍有价值，他认为人的知情意都是出自同一个根芽⑥。既然"本是同根生"，那么它们之间相互结合自然就是可能的了，所以我们本章开头提出的观点："崇高感是宗教情感（敬畏感）和美感的拱顶石"，在这里就进一步得到了理论上的支持。

---

① ［德］康德：《判断力批判》，第 53 页。

② ［德］康德：《康德美学全集：美，以及美的反思》，第 22 页。

③ ［德］康德：《康德美学全集：美，以及美的反思》，第 22 页。

④ 参见［德］冯特《心理学概述：情感三度说》，谭越译，湖北科学技术出版社 2016 年版，第 25—127 页。

⑤ ［古希腊］柏拉图：《理想国》，第 369—371 页。

⑥ ［德］康德：《判断力批判》，序言第 1 页。

四　崇高感和美感分别与道德感的关系

关于崇高感和美感这二者各自与道德的关系，康德将其称为三种感情，《康德美学全集》的译者曹俊峰教授将其归纳为"名义上的道德、道德的虚饰之光和真正的道德"①（康德在行文中也是这么称呼的）。康德的用意在于要在分析这三种情感的基础上指出哪些情感才是配称得上具有道德价值的。很明显，从字面上就可看出，名义上的道德和道德的虚饰之光是不具备道德价值的。

对于名义上的道德，康德主要列举了怜悯和迎合两种行为，并指出，它们看上去好像是表现出了优美的特质，也可看作优美行为的根源，"但这种根源也可能被更粗鄙的自私自利的强大势力所毁灭"②。也正如康德在后来的《单纯理性限度内的宗教》中所指出的那样，在这种特质之上可嫁接恶的倾向，所以它们因外表的优美而显得有道德，只是一种名义上的相似。比如，第一种情感：怜悯，由它所产生的心境，"虽然会促成近于善良的行为，但这种善良却只是偶然同美德相合的念头，而按其本性来说它往往与一般的正义和德行相悖"③。康德是用这样的例子来证明该观点的，像那些受怜悯心驱使而用自己的财产去帮助某些穷人的人，因为帮助这些人而损害了另一些人的利益，那么这种由怜悯而表现出来的善良就不是真正的善，因为康德是用"普遍的仁爱之心"来衡量真正的善良的，即只有为了"整个人类的责任心"去关爱别人，才能实现善良的普遍义务；相反，出于怜悯而顾此失彼地关心某些人，只是一种名义上的道德，不符合人的善良意志的普遍要求。对于第二种情感：迎合，康德认为那是一种"以自己的殷勤满足别人的希望，以及使自己的行为符合别人的心情以便使人喜欢的意愿"④。也就是说，这种行为的出发点在于，行为者是为了满足自己的愿望而迁就、迎合对方，或取悦于对方，其动机是利己的、自私的。从表面上来看，这种行为好像给人一种愉悦感、和谐感，双方保持一团和气，其乐融融，其境况是"美"的，符合审美特征的要求，

---

① ［德］康德：《康德美学全集：美，以及美的反思》，第28页。
② ［德］康德：《康德美学全集：美，以及美的反思》，第28页。
③ ［德］康德：《康德美学全集：美，以及美的反思》，第26页。
④ ［德］康德：《康德美学全集：美，以及美的反思》，第26页。

但行为者并不是按一种普遍的行为准则办事，而是遵从了一己之意愿。所以其道德意义是名义上的。

关于"道德的虚饰之光"，康德认为它和名义上的道德相比，其不同点在于能促使人去参与公益事业，尤其是懒惰之人。其个中缘由可能在于，追求名义上的道德之人只是在与个别人的交往中，以名义上的道德来达到个人的一私之利；而道德的虚饰之光表现在，行为者将其交往对象扩大到更大的范围，在参与公益事业中去谋求自己的私利。和前者相比，这种情感会在一定程度上让行为者克制自己的个人利益，正如康德所言："这种情感促使我们去行动，并能够减缓粗鄙的自私自利和对庸俗的享乐的爱好，这就是荣誉感及其结果——羞耻心。"① 也就是说，追求道德的虚饰之光的人，在公益事业中的所作所为，是为了追逐荣誉，以公益事业之名，行沽名钓誉之实；他们同时也会顾及自己的羞耻心，有时会因别人的指摘而使自己感到羞耻。究其实，这种行径不是出于内心的良知和善良意志，而是一种表面上的虚假的道德行为，因为真正的道德是以道德法则为基础的。

关于"真正的道德"，康德说："（它们）只能建立在原则上，而且这些原则越具有普遍性，道德就变得越崇高和高尚。"② 这里的普遍性，是和前面两种行为——即名义上的道德和道德的虚饰之光——相比而言的，第一种的行为对象是个别人；第二种的行为对象是被公益事业惠及的更多的人，而真正的道德所由以建基的原则是针对所有人的，所以具有普遍性，由此康德说，"这些原则不是抽象思辨的定理，而是活在每个人的灵魂里，是对于比怜悯和殷勤更深远的感情的领悟"，也就是说，这些原则不同于单纯的理论说教或抽象的逻辑推论，而是与人的道德生活息息相关的，毋宁说它们推动着道德生活得以形成，属于具有动力的根本情感，所以康德把这种情感看作"'人类本性的美的情感'和'人类本性的尊严的情感'"③，前者是美感；后者是崇高感。由此我们可以看出，康德是将美感和崇高感当作人类道德行为的基础的（这和康德写作《实践理性批判》

---

① ［德］康德：《康德美学全集：美，以及美的反思》，第 28 页。
② ［德］康德：《康德美学全集：美，以及美的反思》，第 27 页。
③ ［德］康德：《康德美学全集：美，以及美的反思》，第 27 页。

期间提出道德以纯粹实践理性而不以任何外在的东西——比如情感——作为规定根据是不同的，所以康德在那里说道德情感是一种特殊的情感①），人的本性中既有怜悯心、同情感、荣誉感、羞耻心等一类不高尚的情感，也有美感和崇高感等高尚的情感，而且后者更重要，其价值表现在它们是道德原则所得以产生的源泉，所以康德在这一节的最后得出结论说："全部道德本性都渗透着美和尊严。"②

第四节　对崇高感和美感的反思
——基于《〈对美感和崇高感的观察〉反思录》的分析

上面的文本分析所依据的《对美感和崇高感的观察》出版于 1764 年 1 月，康德在 1764 年 1 月到 1765 年秋季期间重读这本书时，根据自己的所思所想，随手在书的边页或在插入的白纸上写下了许多感想或评论。普鲁士王家科学院版《康德全集》出版这些内容时称其为"Bemerkungen"（注释），后来的研究者将其称为"Nebengedanken"（随想）。我们依据曹俊峰教授的提法采用"反思录"之说，同时也有对崇高感和美感进行"反思"之意（既有康德当时对自己著作的反思，也有我们对"康德反思"的反思）。其中首要的反思是对情感的利弊之分，在康德看来，"一个人可以引起他人两种有利的情感反应，即尊敬和爱，前者是由崇高引起的，后者是由美引起的"③。也就是说，崇高感和美感是有利的，是正向的，或曰高于"零状态"的；而低于"零状态"的情感就是一些不利的情感（康德在此处并未指出哪些是不利的情感），这在曹俊峰教授的研究中也得到了进一步的解释，如："在没有外在对象时，这种情感（——指人类所固有的情感素质——引者）处于零状态；在外物刺激下，零状态被打破，转变为愉快和不愉快的情感。"④ 或者也可以反过来说，曹教授的观点是有康德文本上的支持的。

---

① ［德］康德：《实践理性批判》，第 98—1211 页。
② ［德］康德：《康德美学全集：美，以及美的反思》，第 35 页。
③ ［德］康德：《康德美学全集：美，以及美的反思》，第 62 页。
④ ［德］康德：《康德美学全集：美，以及美的反思》，第 16 页。

一　对崇高感的反思

康德首先反思的是崇高感和理智的关系问题，如他所指出的："我所讨论的情感（美感和崇高感——译者）是这样的情况：为了感受到这类情感我不必成为有学问的人［过于理智化］。"① 也就是说，对崇高感和美感的感受不需要经过理智的推论或论证，毋宁说它们是一个直接感受的过程。但这样就带来一个问题：对崇高感和美感的感受和对酸甜苦辣、冷热干湿的感受有什么差异？它们和认识论意义上的感性感知（如形状、大小、颜色、软硬等）有何不同？康德对此类问题还是有所区分的，即他认为审美情感和嗅觉、味觉等有所不同，和认识论意义上的感知也有差异，他似乎也打算像对认识论的研究那样，为审美情感的判断找到一些普遍的根据，但对"感性学"（Ästhetisch，译成中文既有"感性学"之意，也有"美学"之意）进行学科意义上的研究，使其独立出来，如鲍姆加通（Alexander Gottlied Baumgarten，1714－1762，主张将美学变成一门独立学科的美学家）所做的那样，康德在《纯粹理性批判》里还认为是不能成立的，他说："惟有德国人目前在用'Ästhetik'这个词来标志别人叫作鉴赏力批判的东西。这种情况在这里是基于优秀的分析家鲍姆加通所抱有的一种不恰当的愿望，即把美的批评性评判纳入理性原则之下来，并把这种评判的规则上升为科学。然而这种努力是白费力气。"② 也就是说，康德在写作《对美感和崇高感的观察》及之后写作"反思录"的"前批判期"，以及在写作《纯粹理性批判》时，虽然认为美感和崇高这类审美情感与单纯的口感味觉等不同，也和认识论意义上的感知有所不同，但把审美情感上升到一门学科，像对待认识论和道德哲学那样来对其进行分析，甚而至于为其找到先天法则，是不可能的；但这种想法随着他整个哲学体系的不断完善，却发生了很大的改变；也就是说，后来专门为审美判断进行哲学分析，并将其上升为一个独立的学科的《判断力批判》的问世，标志着这一重大转折的完成。这是我们从其公开发表的作品来进行的分析，至于康德从事哲学研究的整个过程中，到底从何时开始就思考审美

---

① ［德］康德：《康德美学全集：美，以及美的反思》，第62页。
② ［德］康德：《纯粹理性批判》，第26页。

判断的普遍性问题，我们只能是根据其作品和"反思录"等相关资料进行推测，像有的学者指出的那样，康德在1765年就开始为道德判断和审美判断寻求普遍有效的标准，但因为这类判断不同于为知识奠定基础的逻辑判断，它们更多的是源自人的心灵活动、情绪波动等，主观性更强一些，所以康德面临着诸多困难。① 但他已经为审美判断寻求到了一些不同的规则，虽然不是像先天法则那样，却也有一些普遍性，即："按照聪慧的规则，那些在某些相反的情况下不能按任何规则探讨的东西，却有普遍性。这里我说的是鉴赏，……因为按照鉴赏（审美的）规则我的判断是普遍真实的，尽管准确地（逻辑地）说来，按照准确的理性（逻辑的）法则它们（我的判断）只对一部分人有效。"② 在这里，康德所提出的"聪慧的规则"是和"理性（逻辑的）法则"不同，甚至相对的一些规则，"聪慧"不同于逻辑判断的智慧，它们更多地表现为一种情绪变化或波动，我们需要注意的是，在上面我们提到的康德所面临的困惑，在这段反思录中体现得很明显，也就是说，康德意识到审美判断里面有普遍的规则以供选择，但困难之处在于这种普遍性不能像知识那样靠逻辑来证明。当然，这种普遍性到底该如何论证，进一步的工作是《判断力批判》所承担的，我们此处所着力阐释的是康德对审美判断进行艰辛探索的内在发展轨迹。

除了对崇高感和理智的关系进行反思外，康德对崇高感的反思在这一部分还体现在崇高感与自然景观以及与人的感受之间的关系。对于崇高感与自然景观之间的关系，康德指出："朝阳与落日同样壮丽华美，但朝阳的景象更能引起美的印象，而落日的景象则更能引起悲剧性的崇高印象。"③ 此处康德将落日与悲剧联系起来，它们之所以都指向了崇高感，除了慨叹落日如人生之尽头的无奈外，还激发出一种力量，这和悲剧带给我们的感受有相似之处。关于这种由人生之尽头而引发的对生命现象的思考，康德还将其与坟墓联系了起来，它们都给人以崇高感，"这种理想的情感（指能激起美感和崇高感的情感素质或心灵禀赋——引者）能够在

---

① ［德］康德：《康德美学全集：美，以及美的反思》，第80页。
② ［德］康德：《康德美学全集：美，以及美的反思》，第80页。
③ ［德］康德：《康德美学全集：美，以及美的反思》，第71页。

无生命的自然中看到生命，或者构成一种可以看到生命的素质。……悬崖像巨人一样令人生畏。孤独寂寞由于惹人忧思的阴影而愈益深沉，坟墓显示出永恒的死寂"①。从这一段对情感的反思中，我们看出康德对死亡的态度，即他并没有将死亡后的归宿地——坟墓——看作生理学意义上的生命之终结，而是引出一种崇高感，这是与他的宗教观相一致的，结合他早年在教会学校所受到的压抑的教育，他心目中的理性宗教，是对他所感受到、经历到但却没有皈依于它的基督教虔敬派的反叛，他的理性宗教只有一个目的，那就是促进道德法则的实现，这也是他的理性宗教观的旨归。在他看来，"死的表象之所以没有产生它所能有的影响，原因就在于我们这些按自然本性活动的存在者完全不应该思考那样的事情"②。当然，我们并不是说康德回避死亡问题（因为康德研究者指出，康德对于是否应该讨论死亡问题，态度并不一致），而是说他将其升华到一种崇高的情感，所激发出的是一种敬畏感。对于崇高感和人的感受之间的关系，康德认为崇高感"似乎使心灵消融在一种软弱无力的感觉中，并且由于它使神经受到压迫，因而把情感引入轻微的激动之中，在激动中心灵会相当疲劳，并转变为厌倦与反感"③。康德之所以认为崇高感会由激动的状态而使人厌倦与反感，主要是说这种情感太过于激烈，持续时间长了，身体会自行调节而恢复常态。这主要是一种心理学、生理学上的分析。此外他还指出："当人产生崇高感时，人的力量似乎在扩张。"④ 这也为上面的观点提供了证明。

二　对美感的反思

在这一部分康德对美感所进行的反思，主要从这几个方面展开，即美感的性质、美感与利害（有用性）的关系、美感与外在对象的关系、美感与人的感受的关系。第一个方面是美感的性质。康德认为："美好的情感是那样一种情感，其中理想的东西（不是幻想的东西）包含着舒适性。"⑤ 当然这个地方所说的"美好的情感"也不限于美感，但主要指美

---

①　［德］康德：《康德美学全集：美，以及美的反思》，第 77 页。
②　［德］康德：《康德美学全集：美，以及美的反思》，第 66 页。
③　［德］康德：《康德美学全集：美，以及美的反思》，第 78 页。
④　［德］康德：《康德美学全集：美，以及美的反思》，第 136 页。
⑤　［德］康德：《康德美学全集：美，以及美的反思》，第 63 页。

感，康德将其和舒适性联系了起来，亦即美感最主要的特点是舒适，它和崇高感不同，后者首先是一种痛苦的感觉，而后经与道德情感结合才显出其崇高性；而美感径直就是令人舒适的。同时，美感从感觉上来说是令人舒适的，从理性的角度分析，它是"理想的"，也可以说是"优雅的"（feinere）、无利害的，康德给出的例子是树木、溪水、和风、恋人等。①他特意指出，"幻想的"和"理想的"是不同的，正是由于"幻想。因此才有幻象以及富于幻象的精神"②。也就是说，人们产生不同的幻象并有这样一种精神，是因为人的幻想能力，但幻象不一定是美的（当然康德在别处指出幻象或假象有时也会产生美感③）；而"理想的［因而也就是美的］"④ 这种理想状况，康德基本上将其等同于一种完美性、完满性（这是康德美学思想的核心要素，后面专门展开论述），所以它和幻想不同，康德认为它直接就是美的。

康德对美感所进行的反思，第二个方面是美感与利害（有用性）的关系。他首先从美与艺术之间的关系这个角度切入，并指出："看来艺术与美的特性是十分协调的。实际上因为美与有用性无关，而只与单纯的评价有关，另一方面，因为事物本身不管有多美，如果它不显得新鲜就可能令人反感，因而艺术就应该给事物以一种令人愉快的外观，在这方面自然的单纯永远是美的。"⑤ 这一段反思，康德至少提出了三个观点，即美不表现在事物的有用性上，它与事物的有用性没有关系，是无利害的（康德在《判断力批判》里提出的"审美无利害"在这里已初现端倪）；审美是主体做出的一种评价、判断，既与事物有关，又与判断者有关；审美只关乎事物的外在形式，不关乎其内容或内在的东西。此外，他还举了这样一些例子来证明自己的观点，如"花是美的，果实是有用的""春天和少女是美的，秋天和已婚妇女是有用的"。⑥ 除了用具体的事例来进行阐明"审美不是实用的"这一观点外，康德还进一步解释了美感和实用性这两

① ［德］康德：《康德美学全集：美，以及美的反思》，第77页。
② ［德］康德：《康德美学全集：美，以及美的反思》，第77页。
③ ［德］康德：《康德美学全集：美，以及美的反思》，第145页。
④ ［德］康德：《康德美学全集：美，以及美的反思》，第77页。
⑤ ［德］康德：《康德美学全集：美，以及美的反思》，第109页。
⑥ ［德］康德：《康德美学全集：美，以及美的反思》，第136页。

者与外在目的、与完满性之间的关系，从而更进一步论证了审美不是实用的观点。他指出："美不具有实用性，因为实用性要服从自身之外的目的，自身显示不出任何尽善尽美的完满性，而美则不必屈从外在目的。因此事物越是有用，便越显示出更多的棱角，据说这是由于它要与其他事物相吻合，而圆球则是自身完美无缺的。"① 也就是说，有用性的存在是因为某事物满足了它自身之外的使用者的目的，存在一种"主—客体"间的相互关系，体现出了它的关系质；而美自身就是自足的，不靠欣赏者、评价者的欣赏和评价而存在，自身就是美的。但康德此处对美的看法触及了"美在主观还是客观"的大问题，美虽然不屈从于主体，但离开了主体，对美的批判就无从谈起了，所以美仍然表现出一种主客之间的关系，只不过不如有用性那么明显罢了。由是观之，对康德提出的审美无利害的观点，还有进一步研究的必要。

康德对美感进行反思的第三个方面是美感与外在对象的关系。他认为："在较低的层次上，美与去旧出新不断变换有内在联系。……美与多样性相关……""在最高的层次上，……清晨是前者（指美——引者）的情形。"② 康德在层次上做出了区分，是为了说明较低的层次是指与事物的外在形式及其变化情况，以及事物多姿多彩的形状之间的关系。最高的层次主要是指向了判断者的内心、内在的心灵状态。康德说清晨是美的，在于清晨给人以宁静的心态、平和的气象。比如他还指出："宁静中的自然是最伟大的美（还有潺潺的小溪，因为它抚慰着人们），例如正在放牧的牛羊。因此夜晚比白天更激动人心。"③ 也就是说，潺潺溪流比滚滚波涛更让人宁静，给人以美感，后者更易激起崇高高；"风吹草低见牛羊"的景象比万马齐喑更能使人体验到美。

第四个方面是康德对美感与人的感受的关系进行的反思。康德认为，美感和崇高感在最高的层次上是相近的，"两者在被感受到时都应以心灵的恬静为前提。但它们还是有差别的，这种差别在于：在繁忙活动、兴致勃勃、生机盎然之时，美占主导地位，在与此不同的情况下，安然满足之

---

①　[德] 康德：《康德美学全集：美，以及美的反思》，第 144 页。
②　[德] 康德：《康德美学全集：美，以及美的反思》，第 135 页。
③　[德] 康德：《康德美学全集：美，以及美的反思》，第 141 页。

时，崇高占主导地位"①。在这个地方，康德虽然还没有在《判断力批判》那里形成的更加成熟的思想，认为人的知、情、意同出于一个根芽，处于同一个层次，共同决定了人的心灵机能；但至少已经意识到，就美感和崇高感而言，它们的共同点在于，在最高的心灵层次上，很相近，或者说给人相似的心灵感受，虽然美感从开始就一直是舒适的，而崇高感是先让人感到痛苦然后转向使人满足的高尚感（这种满足也近乎"舒适"给人的感觉，在这个意义上我们说康德认为两者很接近）。当然，康德也没有忽略两者间的差异，即美感更多的是使人兴致勃勃，有益然的生机和活力；而崇高感是由不利的、零状态之下的痛苦转化成满足感、高尚感。此外，从产生崇高感时人对力量的感受来讲，康德认为"当人产生崇高感时，人的力量似乎是在扩张"。② 这与激起崇高感的对象有关，比如像康德所指出的，崇高感的对象往往是那些体积巨大、高耸入云的东西，或是那些带来危险、给人压迫感的东西，或者就是那些本身带有巨大能量的对象，所以这些对象会让人进入或惊恐或亢奋的状态，自然就会在身体上产生巨大的力量。

三　对"美感—崇高感—宗教情感"之关系的反思

康德在关于美感和崇高感的反思录中，涉及了崇高感与美感、崇高感与道德、崇高感与宗教情感的关系之反思，根据这些反思，我们梳理出了这一思路：崇高感一方面和宗教情感（主要指对上帝的敬畏感，由此而引申出道德宗教和单纯对道德法则的敬重感，不考虑对上帝的恐惧、膜拜等情感和对上帝所进行的一系列外在形式的敬拜）相连接；另一方面和美感相连接，所以它起到了拱顶石的作用。下面我们分别对这几种情感及其关系进行分析。

（一）崇高感与美感之间的关系。康德指出："在最高的层次上，美和崇高是近亲。两者在被感受到时都应以心灵的恬静为前提。"在这里，康德所谓的"最高层次"是和"较低层次"相比较而言的，他认为"在较低的层次上，美与去旧出新不断变化有内在联系。崇高与持久稳定、不

---

① ［德］康德：《康德美学全集：美，以及美的反思》，第135页。
② ［德］康德：《康德美学全集：美，以及美的反思》，第136页。

易变化单纯一致有亲缘关系"①。很明显，康德所说的"较低层次"主要指事物的外在形状的变化，关于"最高层次"，他在行文中虽然没有明确指出是什么内涵，但结合康德哲学的整个体系和主旨，我们认为主要是指对人的心灵机能做最高层次上的、形而上学的分析，也就是他惯常使用的从感性上升到知性，再到理性这么一个层层递进的思路，做如此分析符合康德从事哲学研究的运思进路和特点。正是在这个"最高层次"上，康德认为崇高感和美感是很接近的，二者有共同的特点，在内在的质上有一致性，在接受条件上也相同，即感到崇高和美的主体必须是心灵宁静、平和的。此外，从感性和理性的对立、分裂，从二者之间的张力这一角度来看，崇高感和义务相关，而这种义务的履行虽然要做出牺牲，表现为一种痛苦感，但从上面所说的"最高的层次"上来看，二者是相近的，又表现出一种美感，从而有力地论证了上面所说的崇高感与美感的近亲关系，其间，义务起了一定的作用，即"普通的义务不需要以对来世生活的向往作为推动力，但巨大的牺牲和奋不顾身的行为却有一种内在的美。而由此被激发起来的愉快情感本身却永远不可能强烈到如下程度：战胜由于日常生活安排不当而造成的烦恼，除非以关于这种未来的道德之美和幸福的长久状态的观念来加强那种愉快的感情，这种道德的美和幸福会由于人将感到自己更有能力以相同的方式行动而扩大"②。康德在这里区分了两种类型的义务，即普通的义务和需做出巨大牺牲才能付诸实施的奋不顾身的义务，前者不需要期许来世的幸福，一般情况下就能做得到；后者则不同，康德当然不会用来世的幸福作为动力，他认为要培养由崇高感转化而来的美感才能履行此类的义务，因为没有崇高感作为前提，这类义务是难以完成的，它们在被反思时是令人感动的，是激动之余的美感，但其间夹杂着痛苦感，作为与崇高感有亲缘关系的美感，和痛苦感是矛盾中的统一体，辩证地统一了起来。

（二）崇高感与道德的关系。关于崇高感和道德的关系，康德认为，这里面已涉及崇高感、道德、宗教三者之间的关系，在他看来，道德是遵循自然秩序的规则进行教育的结果，宗教是超越自然秩序的幻想

---

① ［德］康德：《康德美学全集：美，以及美的反思》，第135页。
② ［德］康德：《康德美学全集：美，以及美的反思》，第72页。

或主观臆测，前者激起的是有道德价值的崇高感，因为"道德上的善也许会造成更多的理智"①，这种理智使我们认识到崇高感的德性特征；后者若不是一种道德的宗教，则会陷入徒具外在表象的盲目的仪式敬拜。康德虽然认为："在自然秩序之后，有一个最完满的世界（道德的），在这个世界之后，我们还要探寻一个超自然的世界。"② 但这个超自然的世界，决然不同于宗教信仰意义上的幻想的世界，这个超自然的世界是为道德法则深入人心所寻找的理智上的根据，是如康德进入批判哲学阶段所提出的物自体那样的世界（不是感官所能感知的，也不是知性所能认识的），虽然不朽的灵魂和道德法则、自由意志一样，同属于彼岸的世界，是超自然的，但道德意义上的超自然世界所导致的只是具有道德价值的东西，正如他自己所言："我承认，借助于自然秩序我们不可能创造出任何能为我们的行为辩护的神圣性（Heiligkeit），但我们却完全能够创造出面对人类的（coram foro humano）道德价值，而这种道德价值甚至可能促进神圣性。"③ 也就是说，是由于自然秩序使然的道德为宗教的存在提供理由，而不是相反；是道德提高了宗教的价值，而不是道德为宗教服务。由此我们可以看出，崇高感近乎道德情感，它之所以使人感到满足，正是由于它所承载的道德价值使然；它和宗教情感之所以有相似性，是因为二者都对某一对象有崇敬的意思，只不过它敬重道德法则，而宗教情感敬重非实在的、幻想的对象，并会引起流于形式的盲目崇拜，不一定会引起道德意识的增强。所以康德更看重具有道德价值的崇高感和能增强道德意念的理性宗教。

（三）崇高感与宗教情感之间的关系。康德对崇高感与宗教情感之间的关系所进行的反思，和他对崇高感与道德情感的关系所进行的反思，交织在一起，共同构成了他对美感、崇高感、道德情感、宗教情感的思想。在崇高感与宗教情感之间，康德认为："笃信宗教是以神圣性来补充道德之善（Bonitaet——善良、仁慈、同情、公正）。在一个人和其他人的关系中，还谈不到这一点。我们不可能通过自然的途径而成为神圣的，我们由

---

① ［德］康德：《康德美学全集：美，以及美的反思》，第 145 页。

② ［德］康德：《康德美学全集：美，以及美的反思》，第 75 页。

③ ［德］康德：《康德美学全集：美，以及美的反思》，第 136 页。

于原罪而失去了神圣性，但我们完全可能在道德上成为善的。"① 此处明显可以看出康德理性宗教观的思想雏形，即他一直以来就是把宗教看成是道德的衍生物，或者说他是用道德来支撑宗教。如果说康德思想体系中有一些观点是不断变化、不断成熟的，那么他的宗教观和道德观可以说从他在教会学校腓特烈中学读书时就基本成型，"如果敬虔教派对康德有任何影响，那也只是负面的。……康德的道德观与宗教观透漏了明确的反敬虔会的倾向，……康德成熟期的哲学观点，至少就部分而言，其基本方向在于合理化那以自由意志为基础的道德自律性，因此也可以视为抵抗那些征服他人意志的奴役行径。在他年轻时便有了这种抵抗心态，……"② 最新的《康德传》中的这段话印证了我们上面提出的康德那基本保持不变的宗教观，即宗教的作用在于增进道德意识和自律性，它激起的应该是对道德法则的崇高感、敬重感，而不是外在形式的顶礼膜拜和愚昧地盲目信仰。因为他坚信"永入地狱的威胁不可能是道德上的善良行为的直接根源，但却可以是抗衡作恶欲望的有利筹码，这样直接的道德情感就不至于被压倒。根本不存在任何对于恶行的直接意向，只有对于善行的直接意向"③。换言之，宗教信仰中的外在威胁不是道德法则的根源，只是可以阻止一时的作恶欲望，从亲缘关系上来看，善行和崇高感更近，在人的内心表现为善良意志，这是道德使人弃恶向善的内在根据。基于这一点，康德对道德行为的内在动机进行了更深入的反思，他认为："必须提出这样的问题：内在的道德动机能把一个人提高到什么程度？很可能，那些道德动机会使他在自由状态里不必有很大的诱惑就去做善事，成为善良的人。"④ 也就是说，道德动机所能达到的最大效果就是人自由地、不是迫于外在压力去做善事，这种状态从情感上来说，就近于崇高感，感到了道德法则的伟大与崇高，从而自觉地将其作为行为的内在根据。

通过上述三个方面的分析，我们看到，崇高感基于其内在的亲缘关系而和美感很近，毋宁说它们就是由不同的对象激起不同的心灵状态后所趋向的宁静和满足；崇高感和道德情感的相似在于都表现出了对外在对象或道德法

① ［德］康德：《康德美学全集：美，以及美的反思》，第74页。
② ［美］曼弗雷德·库恩：《康德传》，黄添盛译，上海人民出版社2010年版，第86页。
③ ［德］康德：《康德美学全集：美，以及美的反思》，第77页。
④ ［德］康德：《康德美学全集：美，以及美的反思》，第84页。

则的敬重，都趋向于人性中善的一面，即向善的心灵素质或善良意志；若从其内在价值来说，都使人趋于完美；崇高感和宗教情感的内在关联性是通过道德体现出来的，即只有将宗教情感转化为对道德法则的敬重感、崇高感，才有价值。由此可以看出，就崇高感在人的完善性这个方面而言，它居于核心地位，既将美纳入人的完善性之中，又使宗教因其道德动机而有价值并使人性不断完满，所以它就成了美感和宗教情感的拱顶石，共同支撑起了人性的大厦，都指向了康德所最终关注的"人是什么"的问题。

第五节　人类学视阈内的情感因素分析

在人类学视阈内，康德对情感问题的讨论主要是在《实用人类学》第二部分的第二卷，即"论愉快和不愉快的情感"里进行的。这一部分内容主要包括"关于感性的愉快"和"对于鉴赏的人类学说明"，其中各自都从 A、B 两个层面展开。首先康德对愉快与否的情感进行了分类：

愉快情感	感性的愉快情感	通过感官表现出来
		通过想象力（鉴赏力）表现出来
	理智的愉快情感	通过概念表现出来
		通过观念表现出来

在这个分类中，很明显，康德对"感性和理性的二分法"之区分这一做法情有独钟，贯穿到其主要作品之中。感性的愉快这种情感除了包括单纯感官的享受外，还有靠鉴赏能力来做出判断的审美情感，但康德此处的划分也有需要澄清之处，因为他在《判断力批判》中为审美判断寻找先天法则的过程，已显示出审美判断中的理智成分：知性已参与其中，所以这是需要加以说明的地方；另外，"理智的愉快情感"中通过概念表现出来的是道德上的善，它和通过"观念"表现出来的情感有什么区别，此处康德并未多加说明，这是需要进一步研究的地方，下面展开之。

一　情感与生命

对于情感和生命之间的关系，康德是将其建立在对情感的两种主要类型——快乐和痛苦——的分析之上来讨论的，他指出："快乐是生命被促进的情感，痛苦则是一种生命被阻滞的情感，而生命（动物的）正如医生们早已指出的那样，乃是被促进和被阻滞这两种状态的继续不断的对抗性的活动。"① 由此可以看出，康德所界定的生命，是处于快乐和痛苦这两种情感状态所交替进行的一个过程；换言之，人在生存过程中若没有快乐和痛苦，而只是如止水一般平稳地往前推进，则谈不上生命。这和儒释道三家追求生命中的一种"定"的状态是不同的，② 不过康德对生命的看法也不仅仅表现在与快乐和痛苦这两种情感的关系上，此处仅仅是就文本的分析而略说一二，并不代表康德的整个生命观。康德在这里所阐述的生命，是和他的时间观念分不开的，他说若从是否使一个人保持或离开其所处的状态这一角度，来看待快乐与痛苦这些情感的话，那么"直接（通过感官）迫使我离开我的状态的（从我的状态中走出来）对我来说就是不惬意的，这会使我感到痛苦"③；而与此相对照，那"促使我保持我的状态（停留在我的状态之中）的，对我来说就是惬意的，它会使我感到快乐"④。也就是说，作为个体的我之所以会感到快乐或痛苦，是因为处于时间之流中的外在事物，要么仍然使我保持住当下的状态，要么迫使我改变了当下所处的状态。若按因果关系来分析，那么其内在原因是我的关于情感的（鉴赏）判断力，其外在原因就是事物的变化，而这些变化是处于时间中的，这显然坚持了牛顿的时间观念，在康德看来，"我们一刻不停地在时间之流以及与时间之流结合在一起的感觉的变换中前行，虽然离开一个时间点与进入另一个时间点是同一个行动（变换的行动），但在我们的思想和意识中这种变换却是一种时间序列；这是与原因和结果的关系相适应的"⑤。很显然，康德一方面坚持了当时流行的机械的时间观，即认为时间是一维的，它表现为一个前后相继的不可逆的序列，我们感

---

① ［德］康德：《康德美学全集：美，以及美的反思》，第 171 页。

② 儒家所倡导的如《大学》中所指出的："大学之道，在明明德，在亲民，在止于至善。知止而后有定，定而后能静，静而后能安，安而后能虑，虑而后能得。"这是强调人的生存状态中"定"对思维、对人生体悟、对个人境界和道德涵养等功夫的重要性，类似的观点及修身养性的实践方法在道家、释家（尤以禅定为重）传统中也常见。

③ ［德］康德：《康德美学全集：美，以及美的反思》，第 171 页。

④ ［德］康德：《康德美学全集：美，以及美的反思》，第 171 页。

⑤ ［德］康德：《康德美学全集：美，以及美的反思》，第 171 页。

觉、感知事物也是因为有了这样一个时间序列的存在，它是我们产生意识的前提，"如果不是有时间表象先天地作为基础，同时和相继甚至都不会进入知觉中来"①。由此可以看出时间概念在康德分析生命现象与情感之间的关系时的基础地位，他甚至认为："时间拖着我们从现在走向未来（而不是相反），而且我们不得不首先从当下的状态走出来，却不能确定我们会进入什么样的一种状态，只知道那是另一种状态，只有这才能成为惬意的原因。"②康德此处所说的在时间之流中的另一种状态，涉及在这种状态之下的事物是否会使我仍然保持当前的状态，若能够保持，则会使我感到惬意；否则就会产生痛苦。不管这样的未来状态是什么样的，它都是在"我"的期待中的，这当然是一种时间性的分析，且仍然是在人类学的视阈内的，若按海德格尔的观点，这还是处于存在者层面上的分析，没有达到生存论分析的高度。

海德格尔对康德的批判表现在，他认为康德"从未对时间性问题有所洞见。有两件事使他的方式受到阻碍：首先是他忽略了存在（Being）的问题；与此相关联，他未能给此在提供一个作为其主题的存在论，或（用康德的话说）他不能对主体的主体性进行初步的存在论分析"③。海德格尔之所以这么说，是因为他和康德从事哲学研究的基础不同，康德是从拯救形而上学的目的出发的，他的时间观念仍然与当时的物理学保持一致，或者说是为物理学奠定哲学基础，他所质问的是物理学何以可能。从一定意义上可以说，康德已承认形而上学作为一门历史悠久的学问，其基础是牢固的，只不过它的发展遇到了自然科学的挑战，需要对其研究对象进行重新定位。而对海德格尔来说，形而上学的基础尚需追问，因为它已忽略了最基本的问题——存在（Being）的问题，他重启存在问题的研究，其基础就不仅仅是基于前人的工作，而是对这些工作的存在论基础进行重新勘定，所以他才将哲学的研究基础定位于人的生命，也就是此在的生存问题。在这个意义上海德格尔说康德忽略了存在问题，忽略了对此在的主体性进行研究，是有见地的，即康德仍然沿着前人的认识论路径讨论时间

---

① ［德］康德：《纯粹理性批判》，第34页，A31/B46。

② ［德］康德：《康德美学全集：美，以及美的反思》，第171页。

③ Martin Heidegger, *Being and Time*, Translated by John Macquarrie & Edward Robinson, New York：Harper Collins Publishers, 2008, p. 45.

问题以及其他的道德、审美情感问题等。海德格尔称康德尽管在一些基本方面超越了笛卡尔，但仍然固执地坚持笛卡尔的立场，所以康德"虽然将时间现象重又带回到主体那里，但他对时间的分析仍然与传统地将时间做通俗意义上的理解的方式保持一致；从长远来看，这使得他未能对时间以自己的方式和功能提供出'时间的先验规定'这一现象"①。尽管康德的先验哲学对后人产生了深远的影响，但在海德格尔看来，他仍然站在存在者的立场上，其先验哲学的"先验性"并不彻底。对这个看法，若针对康德的认识论，我们认为是有道理的，因为康德将认识论的对象限定在现象界，只有那些可为人的外感官所把握的对象才能被认识，此举是为自然科学奠基，后来的逻辑实证主义者仍然秉承这一理念；这和海德格尔所讲的存在者层面的分析有异曲同工的旨趣。但康德"悬置理性，为信仰腾空间"的做法是将上帝、自由、灵魂等属于不可知领域的东西从另一个角度，用另一种手段（纯粹实践理性）来加以研究，康德所要解决的仍是人的生存问题，② 只不过他所强调的生存、生命，其地位不如海德格尔所提出的生存、生命更具基础性，在这个意义上来说，海德格尔对康德的批判也并未完全切中要害。

　　我们在上面提出，生命在康德哲学中的地位，不如在海德格尔哲学中的地位更具基础性，一方面是因为海德格尔提出了存在论，对存在与存在者进行了区分，在他的生存论分析这一方法的运用中，此在的生命、生存才是哲学研究的源头；另一方面是因为康德谈论生命时大部分是和情感联系在一起的，仍局限在人类学的层面上，比如在谈到快乐或痛苦的情感与生命的关系时，他指出："在每种快乐之前都有痛苦先行，痛苦总是在先的。因为，从不能超过一定限度的生命力的持续不断的促进，除了因愉快而来的更迅速的死亡，还会引出什么其他结果呢？"③ 在康德看来，快乐是在与痛苦相比较的意义上才体现出来的，没有痛苦，就不会有所谓的快乐，他接下来说："没有任何一种快乐能够直接跟随另一种快乐而来；相反，在一段快乐与另一段快乐之间必定会有痛苦。"④ 也就是说，快乐总

---

① Martin Heidegger, *Being and Time*, Translated by John Macquarrie & Edward Robinson, New York: Harper Collins Publishers, 2008, p. 45.

② 引自 ROBERT KING 的英语讲座。

③ ［德］康德：《康德美学全集：美，以及美的反思》，第 171 页。

④ ［德］康德：《康德美学全集：美，以及美的反思》，第 171 页。

是和痛苦交替出现，相伴产生，这明显反映了康德对快乐和痛苦情感的主观性观点，或者也可以这么说，对同一件事，不同的人会有不同的情感上的反映。当然，我们也可以从相反的方向来看待康德的这个观点，即一段快乐之后往往会伴随一段痛苦，做如此理解，对当下的幸福观教育颇有启发意义，因为人基本上都会从自己的感性需求出发做出选择，如大汗淋漓之后往往会选择冰镇的饮料一饮而后快，饥肠辘辘之际往往会狼吞虎咽以大快朵颐，再比如面对诱惑多多的电子游戏，很多年轻人往往是不顾后果地酣战不停，甚至是通宵达旦，但这些行为虽然在当时使当事人感到快乐，之后却会招致痛苦，对这些情况我们可以借鉴康德的观点对快乐与痛苦的理论进行深入分析。①

　　但接下来康德认为快乐和痛苦持续交替地对生命力的促进，尤其是快乐会引起更迅速的死亡，该怎么理解呢？按通常的观点，快乐会促进生命力的增长进而有益于健康，康德怎么会认为快乐会加速死亡呢？这与康德对健康的界定有关，他指出："正是对生命的一些轻微的阻滞以及夹杂在其中的对生命力的促进，构成了健康的状态，这种状态被我们错误地认为是一种持续感受到的舒适。"② 在这里康德是说，若将生命看作如时间流那样的一个持续不断涌动的过程的话，那么它必定是被一些刺激所推动，这种刺激更多的是痛苦的情感，痛苦的情感就好像是逆流而上的阻碍性的因素，对生命过程起阻滞的作用；与此相反，快乐的情感好像是与生命涌动过程相一致的促进因素，在这个意义上，健康状态就是由快乐和痛苦两种相反的因素共同构成的过程，而不仅仅是通常意义上理解的快乐所导致的舒适，所以康德才说，若将健康仅仅理解成一种舒适感，那就是错误

---

　　① 类似的观点在老子的《道德经》里也有所体现，如"天下皆知美为美，恶已；皆知善，訾不善矣。有无之相生也，难易之相成也，长短之相形也，高下之相盈也"，也就是说，任何事物都可从正反两个角度来看待，做出价值判断时不可忽略其中的任何一个向度。黑格尔的辩证法也有此观点。至于人为何会首先选择满足自己生理上的需求或带来生理快感的东西，按康德的感性与理性之分离、分裂的观点，他认为那是因为感性的需求是出于生存之需，是生命体的自我保存导致的，但其间没有或鲜有理性的考量与忖度，所以他称其为病理学上的刺激。另外，按较新的医学研究，这是一种生物化学模式，由人的遗传基因控制，是人在进化过程中逐步形成的基因之特点。强化这种理论的研究，对于今天的道德教育，对婴幼儿行为习惯的养成，乃至对成人价值观的引导，都颇有指导意义。

　　② ［德］康德：《康德美学全集：美，以及美的反思》，第171页。

的。接下来康德指出："实际上健康状态只是由一阵一阵的（带有总是夹杂其间的痛苦）互相连续的惬意的情感所构成的。痛苦是活动的刺激物，而在活动中我们首先感觉到的是自己的生命；若没有活动就会陷入寂灭状态。"① 也就是说，康德将快乐所带来的"惬意"这种舒适的情感扩大了其外延，它不仅仅指单纯的快乐，而且也包括夹杂其间的痛苦，或者也可以说，康德此处的惬意是一种"大快乐观"，是快乐与痛苦融为一体的一种感受，做如此理解，那么上面提到康德所认为的快乐加速死亡的观点，也就不难理解了，意思是说由快乐和痛苦相互交替出现的情感越剧烈，生命过程进行得越快，就会加速死亡。这种解读也会得到康德传记中相关记载的印证，比如他每天下午三点散步的有规律的生活，以至于邻居会以他散步的时间来校对钟表，他对道德规范的遵从，甚至在学生时代就"已把自制看作最高的德行"，他"不好戏谑，甚至很少'外出狂欢作乐'"，② 这些都说明康德对生命是持一种中庸、节制的态度的，不管是理论上还是行动上。他认为快乐与痛苦是生命过程中必不可少的东西，甚至说它们的交替出现才能共同构成完整的生命。及至晚年垂垂老矣之时，虽然有时神志不甚清晰，但他在尚能理清思路之际，仍会在记事本上写下这样的观点："圣经的说法，人的一生有七十年，最多八十年。如果它甜美的话，那是因为工作与辛劳。"③

对于快乐、痛苦这两种情感和生命之间的关系，康德举了游戏、戏剧、爱情小说、工作、烟草这五个方面的例子来加以说明。我们试以游戏和工作为例来进一步进行分析，以期从中挖掘出对当前教育的借鉴意义。比如游戏，他质问道："为什么游戏（首先是赌博的游戏）会如此具有吸引力，而且，如果不是太过唯利是图的话，在长期殚精竭虑的思考之后它还是最好的消遣（因为无所事事只能使人恢复得更慢）？因为这种游戏是一种持续不断地互相交替恐惧和希望的状态。"④ 康德在这里并没有对赌博这种游戏的负面作用加以评价，而是将其与普通的游戏平等看待，只考察游戏对人的情感之影响，即在游戏过程中，有两种情感交替出现：恐惧

---

① ［德］康德：《康德美学全集：美，以及美的反思》，第172页。
② ［美］曼弗雷德·库恩：《康德传》，第96页。
③ ［美］曼弗雷德·库恩：《康德传》，第469页。
④ ［德］康德：《康德美学全集：美，以及美的反思》，第172页。

和希望，前者有类似于痛苦的特点，后者以期待的方式带给人快乐。质言之，在游戏中，人的生命过程里两种基本的情感在短时间内交替出现，或者也可以说，通过参与游戏，使人在既定时间内体验到了人生的快乐和痛苦，浓缩了人生较长一段时间内的经历和体验。至少是因为这种特点，游戏才具有很强的吸引力。这种理论对于解释今天的电子游戏仍有很强的说服力，青少年之所以喜欢电子游戏，是因为他们在电子游戏里体验到了快乐与痛苦交替出现带来的特殊感受，如果想让他们少打电子游戏，就应从这种理论入手加以引导，并辅以其他能激发青少年快乐与痛苦两种情感交替出现的活动，来代替电子游戏，如此才能抓住要害。对于康德所举的工作的例子，他将其与生命联系在了一起，"为什么工作乃是享受生命的最好方式？因为工作是辛苦的事情（工作本身是令人不快的，只是因结果才使人高兴），只有长时间的劳累消除之后的休息才能成为可感觉到的愉快和快乐，否则它就没有任何享受可言"①。也就是说，我们通常意义上所讲的享受工作，是建立在先付出工作中的辛劳甚至痛苦，然后才能享受工作带来的快乐。这种观点对今天的教育，尤其是如何看待学习中的痛苦，颇有启发意义。因为在当下有一种"快乐教育"的观点充斥着教育界，倡导在教育过程中要给学生更多的快乐，殊不知在学习过程中，尤其是在学习一些非常抽象、非常高深的理论时，是需要付出辛劳的，动手计算，亲自做实验，进行艰辛的深入思考，等等，这些过程都充满了痛苦。如果过分夸大了学习中的快乐，就会给学生一种假象，因为如果告诉学生学习只是快乐的，那么一遇到艰深、困难的问题，学生就会认为这不是学习的常态，从而产生为难发愁的情绪，丧失学习的兴趣和好奇心，长此以往将不会取得好的学习效果。康德的这种快乐观，在今天仍有很强的现实指导意义。所以康德在这一部分发出呼吁："年轻人！（我再重复一遍）请热爱自己的工作；拒斥享乐，但这不是要完全弃绝享乐，而是为了尽可能总是把它们保持住前景之中；不要因过早的享受而使对于享受的敏感性变得麻木！"②康德的著作向来以艰深、晦涩著称，但这些观点的表述是异常清晰明白的，他再三告诫年轻人应持一种理性的快乐观，在预持、期

---

① ［德］康德：《康德美学全集：美，以及美的反思》，第172页。
② ［德］康德：《康德美学全集：美，以及美的反思》，第176—177页。

待中享受快乐，先以辛勤的工作对待生活、生命，在此之后再考虑享乐的事情。实际上这和他在佶屈聱牙的《实践理性批判》里所谈的德福观是一致的，即先考虑按道德法则行事，不是为了追求幸福而做出道德的事情，而是只将道德作为目的，为义务而义务；至于幸福，那是在做了道德的事之后所应得的结果，他称之为"配享幸福"。

　　对于快乐和痛苦这两者分别与道德之间的关系，康德认为以快乐和痛苦这两种情感是否让人在道德上感到满意为标准，可以让人获得更高的满意或不满意的感受，即"通过我们自身的一种更高的满意或不满意（即道德性的满意或不满意）来判断快乐和痛苦：我们到底应该拒绝还是沉湎于其中"[1]。也就是说，以此标准来判断快乐与痛苦，就不仅仅是感官的感受了，而是道德感，这就将快乐与痛苦的评判提升到一个很高的层次。康德在《实践理性批判》里谈到，道德感不是一种普通的情感，它有其特殊性，称其为"情感"也是迫不得已，"这种（冠以道德情感之名的）情感仅仅是由理性引起的。它并不用来评判行动，也根本不用来建立起客观的德性法则本身，而只是用作动机，以便使德性法则自身成为准则。但我们能给这样一种特异的、不能和任何病理学情感相比拟的情感取一个什么更恰当的名称呢？它是这样一种特别的情感，即它显得仅仅服从于理性的、也就是实践的纯粹理性的命令"[2]。也就是说，康德是将道德行为的规定根据建立在纯粹实践理性之上的，是由人的理性自己为自己订立规则——道德法则，而不是任何外在的理由与根据，就此而言，康德的道德观是受其生存环境影响的，即他自小浸染于其中的基督新教敬虔派过于注重宗教仪式，而没有从心灵深处寻找真正的道德行为根据，只是依从外在的教仪教规做表面文章，他提出"让小孩念诵空洞的祷词不仅毫无益处，甚至会误解'虔诚'的概念"[3]，所以在康德看来，宗教的概念乃至其理论都应服务于道德，促进道德行为，提升道德价值。当然，康德的道德理论不是直接从其打小就生活于其中且非常熟悉的敬虔派而来，而是其理性批判的哲学精神一以贯之的产物，但我们也不能忽略社会、生活环

---

① ［德］康德：《康德美学全集：美，以及美的反思》，第177页。
② ［德］康德：《实践理性批判》，第104页。
③ ［美］曼弗雷德·库恩：《康德传》，第74页。

境对其道德思想的影响，所以"这并不排除康德的道德哲学确实植根于早期的童年经验"①。在将快乐与痛苦的评判标准提升到道德的层次后，康德将这样的快乐与痛苦区分为两种情况，一种情况是，"对象可能是令人愉快的，但对于它的享受却可能是令人不满意的"②。也就是说，一件东西或某个事件在刚得到时会给当事人以满足感、愉快感，得到之后对它的占有或享用会产生相反的感受，如康德所举的例子，从其父母或亲戚那里得来的遗产，赠予遗产者的去世及遗产的获得，对得到遗产的人是高兴的，他不必为遗赠人的去世而责备自己，且也为得到遗产而窃喜；但在日后对遗产的享用中，他或多或少会为亲人的离去而悲伤。再比如一个助手去参加其上司的葬礼，他当时表现出来的悲痛可能是真实的，也无须假作悲痛，但他内心也会为上司的去世而给自己带来的迁升机会而暗自高兴。康德认为以道德感作为快乐与痛苦的评判标准的第二种情况是，"对象可能是令人不愉快的，但它所引起的痛苦却可能是令人愉快的"③。如康德所举的富有的寡妇这一例子，其丈夫的去世当然给她带来痛苦的情感，但同时也给她带来了可观的财富，她在享受衣食无忧的富足生活时又体会到了幸福与快乐，所以这是一种"甜蜜的痛苦"。

　　通观康德的生命观，他是将快乐与痛苦和人的目的本身联系起来加以考虑的，也就是说，不管是快乐还是痛苦，只有当它促进了人的生命，促使人实现自身的目的时，④ 才有价值；换言之，生命本身如果过度依赖于

---

① ［美］曼弗雷德·库恩：《康德传》，第 74 页。

② ［德］康德：《康德美学全集：美，以及美的反思》，第 177 页。

③ ［德］康德：《康德美学全集：美，以及美的反思》，第 177 页。

④ 这个地方涉及"什么是人的目的"这样一个问题，康德在其哲学体系中多次谈到人是目的而不是手段这样的观点，尤其是在《判断力批判》中谈自然目的时，康德从正反两个方面指出，人是自然的最高目的，但同时人又不是自然的最高目的，对前者而言，是遵循整个自然界无机物和有机物的生存相互依赖这个思路进行的，也就是说，无机物为有机物提供了生存的条件，低级的有机物又为高级的有机物提供了生存条件，如土壤供应青草、树木生长所需要的养料，青草树木为动物提供食物……但所有的这一切"好像"都是为了人的生存，因为人凭其理性而居于自然界的顶端。从另一个方面来讲，一场地震或海啸，大自然又把人葬身于灾难之中，并未对人开恩，那么人又不处于自然界的顶端。通观这些思想，康德并未明确回答人的目的是什么，这样就涉及康德研究哲学所要解决的总问题："人是什么？"解决这个问题并不是目前的主要任务，我们只是在此处提出这个问题对康德哲学的重要性。他在接下来的回答中认为人的价值是理性，这与他所秉持的理性精神是一致的。

享受，也显示不出它的价值，只有这种享受，或这种快乐的感觉，是促使人实现其目的时，才会有价值，"生命，如果对它的享受依赖于幸福的处境，那么它就完全没有自身的价值，只有这种享受指向某种目的时，生命才会有价值，这种价值不是幸福所能造成的，只有智慧才能给人带来这种价值；因之价值就在一个人的掌握之中"①。由此可以看出，康德所认为的人的价值，是智慧，即人的智慧所赖以存在的理性精神。当然不是说人凭自己的理性而使用狡计、手段等，对其他存在物——即便是不包括人在内的存在物——加以利用，因为康德在《判断力批判》中指出，若承认人是自然界的最终目的的话，那么也只有在人将道德作为自己的最高目的时，他才可称得上是自然界的最终目的，换言之自然界的最终目的是道德。以这种思路来理解康德所提出的生命与快乐和痛苦这两者之间的关系，所谓的快乐就必须以痛苦为前提，先讲究付出和奉献，不管是对别人还是对其他存在物，乃至整个自然界，人都要以道德法则为行为准则，尽自己的责任和义务，然后再谈论享受，这才是康德心目中的幸福。

二　趣味与鉴赏力

在由美感向崇高感、道德感和宗教神圣感的过渡当中，即在由"美"通往"善"和"圣"的过程当中，趣味起了关键的作用，因为趣味既有单纯感官所获得的感受的成分，也有理性判断的成分，就像康德在《纯粹理性批判》的"纯粹知性概念的图型法"这一章所使用的图型一样，图型在知性范畴和经验杂多之间起了居间的中介作用，因为要想将范畴和经验杂多联结起来，就"必须有一个第三者，它一方面必须与范畴同质，另一方面与现象同质，并使前者应用于后者之上成为可能。这个中介的表象必须是纯粹的（没有任何经验性的东西），但却一方面是智性的，另一方面是感性的。这样一种表象就是先验的图型"②。也就是说，先验的图型因其具有感性的和理性的（智性的）两种性质而能够充当中介，在鉴赏判断中的趣味也具有这个特点，这与趣味的原始意义有关，"趣味一词本来的意义……是指一种感官（舌、腭和喉）由溶解在食物或饮料中的

---

① ［德］康德：《康德美学全集：美，以及美的反思》，第 177 页。

② ［德］康德：《纯粹理性批判》，第 139 页，A139 = B178。

某种物质的特殊的刺激而产生的性质"。但在具体的使用中，就产生了两种引申义，一种是指"对口味的辨别"（Unterscheidungeschmack）；另一种是指"良好的口味"（Wohlgeschmack）①，前者具有普遍性，它是几个人对某一食物品尝后得出的判断，如你觉得某物是苦的，其他人也得出了这样的味觉判断，或者某物"使我们觉得可口，其他每一个人也都会觉得可口"，这样的味觉上的判断也是"普遍有效的"；② 而后者则不会得出一致的判断，它只是对某一食物的口感，是一种个人的感觉，并不涉及不同人对同一食物之口感的比较与判断。康德将这两种趣味分别称为感性的趣味和理智性的趣味。

（一）感性的趣味。这种趣味被康德称为对感性的"评估能力"，这种能力不仅仅是"根据感官感觉为自己进行选择的能力，而且是根据一种被想象为对每个人都有效的既定规则进行选择的能力"③。也就是说，这种感性的趣味虽然是针对每个人的口味进行判断，并不要求不同人的口味之间的一致性，但他们所由以得出自己口味的规则是相同的，或者用更通俗的语言来加以解释，每个人感受到酸甜苦辣等不同的口味，是根据一些约定俗成的口味标准而得出的，这和康德在认识论中提出知识的标准有相似之处，即知性知识得以建立是因为有一些范畴被规定下来，然后用这些范畴来与经验对象相联结，从而形成知识。不过在感性的味觉判断中，虽然那些对每个人都有效的关于口味的规则有一致性，但以此做出的味觉判断并不强求每个人都一样，因为这样的规则"是经验性的"，如此一来，这种判断就"不能要求有任何真正的普遍性，因而也就不能要求必然性"④。也就是说，对味觉的判断虽然有相对一致的规则和标准，但每个人体验到的口味没法要求一致，康德的这种分析方法，其思路和认识论中运用范畴及相关先天原理来做出知识判断虽然是相似的，但其结果却并不相同。知识的判断结果要求某种一致性；而口味的判断不能强求一致，这就是所谓的"口味面前无争辩"这一通俗说法的原因所在。康德的这个推论实际上有点牵强，因为，如果有了既定的规则，以之做出判断的结

---

①　［德］康德：《康德美学全集：美，以及美的反思》，第 179 页。
②　［德］康德：《康德美学全集：美，以及美的反思》，第 179 页。
③　［德］康德：《康德美学全集：美，以及美的反思》，第 180 页。
④　［德］康德：《康德美学全集：美，以及美的反思》，第 180 页。

果也应该有一致性，比如面对一道菜，其咸、淡的口感，不同的人还是有一致性的，否则厨师就难以满足大多数人的口味要求；若说对同一道菜，不同的人有的喜欢有的不喜欢，这倒是符合实情。但若按康德文本中的字面意思，说对口味不能得出一致的口感上的评判，是与实际生活经验不符的，康德的原因在于这样的规则是来自经验的，不是先验的，这与康德先验哲学的特点有关。

（二）理智性的趣味。对于"理智性的趣味"这种称谓，康德是在与感性的趣味相对比的意义上来使用的，也就是说，这种趣味的得出，主要是因为有理性的参与，而前者并无此特点，只是感官的一种感受而已。除此之外，这种趣味的判断规则不是从经验得出的，而是具有先验性的，康德指出："这种趣味的规则必须先验地建立起来，因为它宣称有一种必然性，也就是对所有人的有效性。"① 很明显，这种表述是康德按其先验哲学的要求来建立趣味理论的结果（尽管康德此时尚未建立其先验哲学的体系，但他的思维方式以及建立先验哲学体系的倾向是早已存在的），即那宣称有必然性、普遍性的东西必须是先验的；相反，经验性的东西都不具备这个特点。如果说要进一步分析感性的趣味和理智性的趣味的判断过程的话，那么前者只停留在感官感受上，并没有上升到愉快与否的层面；而后者则由此要进一步做出是否愉快的判断，也就是说，"对象的表象是要在与愉快或不愉快的关系中被判断"②，如果说前者只是一种表面的、量的感受的话；那么后者就是一种深层的、质的判断。按康德认识论的范畴表来区分，那么这种判断属于"关系"范畴的判断，其中有理智的反思活动在起作用，康德称之为"反思的趣味"（gustus reflectens）。③

（三）趣味的鉴赏力所反映的是一种以自由为基础的社会关系。这主要是指理智性的趣味的鉴赏力，它除了有理性活动的参与而与感性的趣味相异外，另一个很大的特点是它反映了判断者与其他人的社会关系。如康德所言："一个人的个性或技艺的一切带有趣味的展示都以一种社会状态

① ［德］康德：《康德美学全集：美，以及美的反思》，第180页。
② ［德］康德：《康德美学全集：美，以及美的反思》，第180页。
③ ［德］康德：《康德美学全集：美，以及美的反思》，第180页。

（可相互交流）为前提"，这种状态的哲学基础是自由，"因为与他人交往要以自由为前提"。① 也就是说，对理智性的趣味所进行的鉴赏是一种自由的活动，其社会基础的哲学分析，我们可以将其表述为：理智性的趣味之鉴赏活动的基础在自由。因为对美的鉴赏属于理智性的趣味鉴赏，而不是纯粹感性的趣味之鉴赏，所以对美的鉴赏也是自由的，我们可以将这个推论过程用三段论的模式表示如下：

　　大前提：理智性的趣味之鉴赏活动是自由的，

　　小前提：美的鉴赏活动属于理智性的趣味（而不是感性的趣味），

　　结　论：美的鉴赏活动是自由的。

　　正是在这个意义上，康德指出："在审美判断力中，对一给定对象的愉快不是直接由感觉（对象、表象的质料）引起的，而是由自由的（创造性的）想象力借助于创造，亦即借助于形式（这种形式是对于对象所感到的愉快产生出来的）把那种质料（感觉）组织起来而引起的，因为只有形式才能为愉快的情感要求一种普遍规则。"②

　　关于此处康德对审美判断力的分析，有如下几点需要注意：第一，审美判断中所产生的愉快的感觉，是自由的、有创造性的；换言之，它不是如感性的趣味那样是一种直接的刺激或反射的趣味（gustus reflexus）③，而是由高于感官的心灵机能（知性、想象力等）自由地、创造性地产生的，④ 在这

---

① ［德］康德：《康德美学全集：美，以及美的反思》，第180—181页。

② ［德］康德：《康德美学全集：美，以及美的反思》，第180页。

③ ［德］康德：《康德美学全集：美，以及美的反思》，第180页。

④ 此处的"创造性"主要是由想象力所产生，对康德而言，指先验的想象力，这种想象力在认识、审美活动中发挥了重要的作用，康德在此书以及《纯粹理性批判》和《判断力批判》中都谈到这个问题，但有两条线索，一条是人类学的线索，如在本书中所涉及的；另一条是先验哲学的线索，如《纯粹理性批判》和《判断力批判》里所讨论的。康德之后的哲学家多数是沿着人类学的思路谈论这个问题，而海德格尔则在此之上，进一步挖掘出康德所展示出的先验哲学的思路，这是需要我们引起注意的地方。因为，据王庆节先生于2017年6月12日在清华大学的一个讲座中所提示的，目前学界对这个问题的研究仍有待于深化，不仅是哲学研究，人工智能，如阿尔法狗等的应用性研究，也与此有关。

个过程中理性的活动居主导地位，正是在这个意义上康德为审美判断寻求先天原则才得以可能。其间的自由，从内在的层面来说，主要是由于想象力的作用才体现出来，也就是说，"心灵感受到它在想象活动（因而也就是感性活动）中的自由"；从外在的层面来说，是人与人之间通过交往体现出来的，这也是趣味的社会性之表现，"因为与他人交往要以自由为前提"。① 第二，审美判断力所依赖的"形式"起到了一种范式、原则的规则性和命令性作用，这是康德哲学的一大特点，如在《纯粹理性批判》中，范畴和一些知性原理就起到了这样的作用，"因为正是这些范畴，它们与可能经验的关系必然会先天地构成一切纯粹的知性知识，而它们与一般感性的关系也将为此而完整地并系统地展示出知性运用的一切先验原理"②。也就是说，范畴是构成知性知识的一个个的知识之网上的扭结，而原理就如那几条支撑起知识之网的主线，这些原理使得"一切东西（只要是能作为对象向我们出现的）都必然服从于规则，因为没有这些规则，现象就永远不能有资格得到与之相对应的对象的知识"③。由此可见，范畴和原理在构成知性知识的过程中所起的规则性的作用是何等的重要。在《实践理性批判》中，康德把道德法则作为在物自体领域的一个道德行为的原型，而处于现象界的道德行为就如同是道德法则的一个摹本性的结果，就此而言，道德法则是具有规则的命令作用的，"它是一个超感性自然的及一个纯粹知性世界的基本法则，这个世界的副本应当实存于感官世界中，但同时却并不破坏后者的规律。……它包含有作为意志的规定根据的、前一个世界的理念的可能结果"④。也就是说，道德法则作为行为的准则，它具有规定性的作用和主导性的地位，像一个范式一样应当在现象界的具体行为中实现出来。在《判断力批判》中，康德将对美的鉴赏判断所由以做出的基础——情感——从每个鉴赏者的个人、私人情感上升到一个人人都能接受的共同的感受：共通感（英文 common sense/德文 Gemeinsinn/拉丁文 sensus communis），这种感受要能担当起审美判断的哲学基础，它"为此目的就不能建立于经验之上，因为它要授权我们做出

---

① ［德］康德：《康德美学全集：美，以及美的反思》，第 181 页。
② ［德］康德：《纯粹理性批判》，第 145 页，A148 = B188。
③ ［德］康德：《纯粹理性批判》，第 152 页，A159 = B199。
④ ［德］康德：《实践理性批判》，第 57 页。

那些包含有一个应当在内的判断：它不是说，每个人将会与我们的判断协和一致，而是说，每个人应当与此协调一致"①。换言之，共通感是寻求审美判断的一致性的一个理论上的应当，它如道德法则一样，应该是对每个鉴赏者发出的一个命令，审美的一致性建立于其上。当然，共通感只是一种感受，它最终体现在自然的无目的的合目的性当中，② 即那美的事物是如自然一样，若其被判断为美的，就好像大自然有这么一种目的，它向欣赏者展示为美的；当然，从自然科学和逻辑实证主义的角度，是证明不了这种目的的，此处就是所谓的"无目的"所包含的意义，但它又是合乎审美判断这一目的的，它只是一种形式上的、具有"应当"意义上的表达。正是这种形式上的"应当"才保证了审美判断这种私人情感能上升为一种很多人都能接受的共同的美感，其中"自然的无目的的合目的性"这条原则就起到了规范的作用。第三个需要注意的关于审美判断力的要点是，这种判断的一致性的哲学基础在于知性，因为审美判断作为趣味鉴赏的一种，"只有依据规律愉快的有效性才能对于所有判断主体具有普遍性"③，按上面第二个需要注意的要点，审美判断以共通感为基础，会对所有判断主体发出命令，要求其所做出的判断普遍有效，最后达到这种效果的原因，在于知性参与了审美判断，按康德的界定，"对于普遍性的表象能力就是知性"④。也就是说，知性作为人的一种重要的心灵机能，它主要是在认识论中发挥作用，以此寻求知识的统一性、普遍性。按康德的观点，审美判断虽然不是如知性知识那样用概念下判断，但知性也在其中发挥了相应的作用，它不是要去认识对象，而是在审美判断中寻求那对很多审美判断者都有效的判断结果，所以就表现出来一种一致性。⑤

---

① ［德］康德：《判断力批判》，第76页。
② ［德］康德：《判断力批判》，导言第六节，第21—23页。
③ ［德］康德：《康德美学全集：美，以及美的反思》，第181页。
④ ［德］康德：《康德美学全集：美，以及美的反思》，第181页。
⑤ 实际上知性的这种特点在认识论中也发挥了相应的作用，如康德在《纯粹理性批判》的A80＝B105部分所指出的："赋予一个判断中的各种不同表象以统一性的那同一个机能，也赋予一个直观中各种不同表象的单纯综合以统一性，这种统一性用普遍的方式来表达，就叫作纯粹知性概念。"

三　崇高是从美感过渡到道德情感的中介

关于崇高分别与美和善（道德）之间的关系，康德在《对美感和崇高感的观察》及其"反思录"中已有所考察，根据我们前面的分析，康德在那里已经有这样一种观点，即崇高感充当了一个从美感过渡到宗教情感的中介，因为康德秉持的是一种理性宗教观，所以在他的宗教哲学里并没有如普通基督徒那样的信任上帝的情感，也没有施莱尔马赫所说的以情感沟通上帝的情感。从康德的理性宗教观这个角度来看的话，毋宁说在他的宗教哲学里我们要分析其情感因素的话，只能将其看作类似于道德情感的东西，也就是如他在《实践理性批判》所说的那样，道德情感是一种特殊的情感，之所以特殊，是因为康德将道德行为的规定根据建立在道德法则之上，它是一种纯粹形式的东西，不掺杂任何感性的内容，只是一种形式的命令，其内容要随不同的情境而定，正因此才有了对所有人都有效的普遍性。① 这样的道德情感也就只是一个名号而已，不是如普通情感那样的经验性的对象。康德这样来处理道德情感，也是不得已而为之，他指出："道德律……对主体的感性有影响，并产生一种对法则影响意志有促进作用的情感。……一切情感都是感性的；但德性意向的动机却必须是摆脱一切感性条件的。"这种情感在让法则成为道德行为的规定根据这一过程中，克服了来自病理学上的感性冲动，形成了一种"纯粹理性的客观法则优越于感性冲动的表象，因而在理性判断中使这法则的重量通过减去与之相抗衡的重量而相对地（就一个由感性所刺激的意志而言）产生出来"②。概言之，对法则的服从也产生一种情感，它对内心的影响，按康德的论述，若可以看作一种重量的话，那么来自普通感性需求（康德称之为病理学的刺激）的对心灵的影响也会产生一种重量，二者相较，当前者大于后者时，就能将道德行为付诸实施，这样的情感在康德看来很特殊，因为它是由对那如徒具形式的道德律的敬重而产生的，③ 而普通情感

---

① 苗力田先生在康德的《道德形而上学原理》序言中，批判康德的道德法则如高高在上的气球，落不到实处，实际上是忽略了康德让道德法则只具有"形式"化特征的要义，即，唯有以"形式"的东西来发布"道德命令"才具有普适性。康德讲的是道德法则，而不是道德规范。

② ［德］康德：《实践理性批判》，第103—104页。

③ 贺方刚：《情感与理性：康德宗教哲学内在张力及调和》，中国社会科学出版社2017年版，第123页。

都是由来自经验对象的刺激所产生，或者说由虽不是经验对象，但至少不是仅仅表现为一个命令式的形式而产生，所以对这样的情感，康德感到很为难，他发问道："我们能给这样一种特异的、不能和任何病理学情感相比拟的情感取一个什么更恰当的名称呢？它是这样一种特别的情感，即它显得仅仅服从于理性的、也就是实践的纯粹理性的命令。"① 我们从情感分析的角度来阐释康德宗教哲学的情感因素，也只能跟随康德的思路，将道德情感看作类似于审美情感、崇高感的对象，重点关注它们之间的内在逻辑关系。

　　崇高和美之间有亲缘关系，在康德看来，是因为"崇高的表象本身可能而且应该是美的；否则它就会是粗糙的，野蛮的，违背趣味的"②。这之间颇有值得细细体察的意蕴，因为崇高和美就其分别与审美判断的关系而言，二者都属于审美（趣味）判断，也就是说，判断一个对象是美的还是崇高的，都要涉及审美判断中的心灵机能；但就其分别与鉴赏力的关系而言，"崇高虽然也属于审美判断，但却不属于鉴赏力的范围"③。这该怎么理解？既然二者都是由审美判断得出的结论，为什么崇高却不在鉴赏力的范围之内呢？康德此处没有直接阐述其具体原因，而是将其与享受联系起来加以分析（我们后面进行解释），所以我们只能根据前面他对鉴赏力的概念来进行解读。他指出，鉴赏力表现为在"想象力中对于外在对象做出社会性判断的机能"，这样的判断反映了一种社会交往关系，而社会交往是需要交往者有一定的自由度的，并在交往活动中因其自由而体验到愉悦感，"这种情感就是愉快"。④ 也就是说，鉴赏力首先体会到的是愉快的情感，美的情感自然是愉快的，所以它属于鉴赏力的范围；而崇高感首先感到的是一种力量或痛苦的情感，"它吸引人们去接近它（以便能用自己的力量去衡量它）"⑤，所以就此而言它不属于鉴赏力的范围。崇高虽然不属于鉴赏力的范围，但这并不影响它和美之间的密切关联，因为"崇高虽然与美相对，但却不是与美不相容的"，崇高最初是以一种力量

---

① ［德］康德：《实践理性批判》，第104页。
② ［德］康德：《康德美学全集：美，以及美的反思》，第180页。
③ ［德］康德：《康德美学全集：美，以及美的反思》，第180页。
④ ［德］康德：《康德美学全集：美，以及美的反思》，第180—181页。
⑤ ［德］康德：《康德美学全集：美，以及美的反思》，第182页。

的形式表现出来的，有时会令人产生畏惧，因为人与它所产生的力量相比，太渺小了，甚至会给人以危险；但如果人身处安全之地，靠自己的理性能力来把握它，从内心超越这种力量，那么，"把自己提升到可以把握（apprehesio——抓住）这类对象的努力和尝试会在主体身上激起一种对他自己的伟大和力量的情感；而关于对象的思想表象（Gedankenvorstellung）在描绘或表现中却可能而且必须总是美的"①。也就是说，崇高给人的美的感受是间接的，它首先以一种伟大的力量或威胁出现，让人产生一种压抑感、畏惧感，但人凭自己的理性能力，康德在《判断力批判》中说，对崇高的判断是"依赖于单纯的表现或表现能力的，由此，表现能力或想象力在一个给予的直观上就被看作对理性的促进，而与知性或理性的概念能力协和一致"②。这种崇高感实际上是人对自己理性能力的肯定，是人克服外在力量的自豪感、自信心和自由感的表现，从而就将这种威胁和压抑转化成了美感。这个过程中也有从痛苦感转化成愉快感的特点，与道德情感将对道德法则的敬重，去克制感性需求时产生的痛苦感类似，所以崇高感就充当了从美感向道德情感过渡的中介。关于康德对崇高的分析——"当代英美学界的许多解释都轻视目的论和康德对崇高的关注，因为新近出现的一些关于美的论证的兴趣，而忽略了康德作品的统一性。无疑，我们可以将'审美判断的批判'看作很大程度上在'美的分析论'里建构起来的论证。如此一来就勾画出了一个有明确界定的、一致的关于'主体间有效性'的特征，其最终落脚于对作为趣味判断有效性之基础的共通感（sensus communis）的演绎上。这是引导康德遵循先验的方法去从事'趣味批判'的最初目标。"③ 由此我们可以看出，对康德的崇高感的理解，不能局限于一个狭隘的视域，必须将其置于康德整个哲学体系内加以考量才能把握其要旨。

四　鉴赏对道德的促进

在谈到鉴赏力时，康德曾指出，鉴赏力"就是想象力中对于外在对

① ［德］康德：《康德美学全集：美，以及美的反思》，第182—183页。

② ［德］康德：《判断力批判》，第82页。

③ John H. Zammito, *The Genesis of Kant's Critique of Judgment*, The University of Chicago Press, 1992, p. 2.

象做出社会性判断的机能"①。关于这种社会性，康德曾以在趣味的展示中所举过的一些例子来加以说明，如一户离群索居的人家，设若周围没有其他人，他是不会为自己的老婆和孩子来装扮他们所居住的房屋的；若周围住了其他人，他就会精心装饰自己的房子，以向他人展示自己的优越之处。② 康德在《判断力批判》中也举过类似的例子③，通过这些例子，康德要来佐证鉴赏力反映社会关系的观点，也就是说，在对一对象做出鉴赏判断时，传达了一种大多数人都能感受得到的愉快感，所以"鉴赏（似乎是对于形式的感官）在于把愉快和不愉快的情感传达给他人，并且包含着一种敏感性——通过这种传达本身所激起的愉快来与他人（社会性的）共同感受其中的快乐（comple-centia——喜悦、满意）的敏感性"④。这里需要注意的是，康德将鉴赏所赖以进行的方式限定在"形式"上，或者说，鉴赏在将鉴赏力指向外在对象后，就"超越"于对象之上而只关注其"形式"，这种形式是类似于观念的印象。

我们可以说康德的这种观点是受到了哈奇森（Francis Hutcheson，1694－1746）的经验美学的影响，在哈奇森看来，"美这个词语是用来指在我们之中引起的观念的，美感是我们感知这种观念的能力"⑤。也就是说，在鉴赏的过程中，感知主体将外在对象摄入心灵，形成了一种不是用来认识的"观念"。⑥ 对康德的鉴赏概念，第二个需要注意的地方在于，这种通过鉴赏所反映出的社会关系，即大家都普遍感受得到的愉快感，包含了一种普遍性、必然性，它们对所有鉴赏者都有效。这种结论颇有矛盾处，因为鉴赏所获得的是一种趣味，它不同于知识，本来是没有普遍性的；但康德的这个结论却要求有一种普遍的有效性，鉴赏判断就像是一条

---

① ［德］康德：《康德美学全集：美，以及美的反思》，第 180 页。

② ［德］康德：《康德美学全集：美，以及美的反思》，第 180 页。

③ ［德］康德：《判断力批判》，第 39 页。

④ ［德］康德：《康德美学全集：美，以及美的反思》，第 183 页。

⑤ Francis Hutcheson, *Inquiry Concerning Beauty*, *Order*, *Harmony*, *Design*, Peter Kivy ed., The Hague：Martinus Nijhoff, 1973, p. 34. 转引自彭峰《美学导论》，复旦大学出版社 2016 年版，第 30 页。

⑥ 我们这里将崇高也纳入鉴赏的范围之内，将其作为审美对象来看待，关于到底应如何来看待审美对象，西方美学史上大体上有三种理论，即心理学的、现象学的和符号学的。此处的例证是心理学的一种代表性观点。

普遍规律一样发挥作用，所以康德说：这样的普遍规律"必须来源于感受者的普遍立法"①，这种法则就像《纯粹理性批判》里知性为自然立法，《实践理性批判》里纯粹理性为道德立法一样，具有命令的特点，也是一种理性的力量，就此而言，康德美学已与经验论美学保持了距离，以此"法则"（鉴赏力所普遍要求的有效性这样的预设就像是一条法则一样具有了约束力）来对愉快与否的趣味鉴赏"做出的选择按其形式来说是服从义务原则的。所以，理想的鉴赏有一种从外部促进道德的倾向"②。康德以此就将鉴赏和道德联系了起来，细析之，鉴赏中的美感和崇高感，与道德情感就处在一个内在逻辑的一致性当中了，康德的名言"美象征着道德"的内在逻辑也表现在这里，其中的关键原因就在于美和崇高虽然是主观的判断，但它们有普遍必然性，这种必然性虽不如知性的法则那样容易证明，但在审美鉴赏中却已被接受了下来，康德的贡献是发现了这种主观的鉴赏判断要想具有普遍必然性，就必须将其判断的根据当作一条义务规定下来，让鉴赏者遵从，就此而言，它和道德法则所带来的义务是类似的，所以康德说鉴赏有促进道德的倾向。

　　但康德的这个观点还有一个限定条件，即鉴赏从"外部"促进道德，也就是说，从趣味鉴赏所反映的社会关系来讲，从人为了向别人显示自己的优越才表现出自己的趣味这两个角度来讲，③ 人由于追求趣味而展示出在社会中更好的形象或地位，所以通过鉴赏而"使一个人就其社会地位来说变得文雅善良"，亦即，鉴赏活动使人从道德涵养上变得温文尔雅，这也是其社会地位的外在表现，这种情况虽然还不是康德在《实践理性批判》里所讲的让道德法则内化为善良意志的行为规定根据（如果我们将其称为从内部促进道德的话，那么此处就符合康德上面所讲的"从外部促进道德"的特点了），但至少是一个通往道德上的善的外在途径，所以鉴赏"虽然还不完全意味着对他进行道德上的善的（合乎道德的）教导，但却使他通过使同一阶层的其他人感到满意的努力为此预先做好了准备（成为可爱的或值得赞赏的人）。在这个意义上我们可以把鉴赏称为外

---

①　［德］康德：《康德美学全集：美，以及美的反思》，第183页。

②　［德］康德：《康德美学全集：美，以及美的反思》，第180页。

③　这个观点与马克思主义所讲的"人在一定意义上是各种社会关系的总和"的观点颇有异曲同工之妙，其间的关系值得进一步研究。

在现象中的道德属性"①。通过康德的这种将趣味鉴赏和美、道德联系为一个整体的努力来看，他是遵循着从感性（即感性的、单纯外感官的）趣味上升到理智性的趣味，再上升到美和崇高，最后过渡到善（道德上的善）的这么一个过程展开的（这也是他的纯粹哲学的一大特点），康德的最终目的是将其所研究的诸问题归结为人的根本问题，或曰"人是什么"这样一个总问题，其方法论上的宗旨是把人的生命当作一个整体来看待，这和海德格尔生存论分析中的生命观也有相类似的效果，只不过其思路是相反的，亦即，康德是一步步条分缕析地将生命看作一个整体的，而海德格尔则首先就将生命当作一个整体、一个论证的基础和前提。从这个思路再来看中国美学中的生命观，那么它就涉及如何看待艺术生命的问题，"中国古典美学关于审美客体、审美观照以及艺术生命的这一系列特殊看法，它们的哲学根源，就是老子关于'道'、'气'、'象'的论述"②。也就是说，在中国古典美学的语境下来谈论艺术生命，其思想的源头在老子的道、气、象等理论中，尤其是他的"涤除玄鉴"（语出《老子》第十章）这一观点。尽管后人对此有多种解释，但占主流地位的解释认为，老子的涤除玄鉴主要指通过保持内心的虚静、空灵而达到对"道"的把握，当然这种把握既不仅仅是概念性的，也不仅仅是如唯物主义者所认为的那样将"道"看作物质性的实体，而是要观照到宇宙的本原、根本。这种方法在庄子那里就发展成了"坐忘""心斋"，意思还是基本一致的。到了魏晋南北朝时期，宗炳（375－443）提出的"澄怀观道"也强调在虚静空明的状态下观照、体悟出道的意蕴，宗炳的"澄怀观道"这一审美命题的含义之一，就是要"实现对于宇宙的本体和生命（'道'）的观照"。③这个思路的内在逻辑是先设定了形而上的审美体验的本体——道，然后通过"澄怀""坐忘""致虚极，守静笃"（《老子》第十六章）而达到"观其复"，即观照到宇宙的本原：道。这整个过程当然不纯粹是概念思辨性的（如西方哲学的概念思维方式那样），而是体悟性的，是一种生命的体验。在此意义上，康德所提出的"美是无概念地

---

① ［德］康德：《康德美学全集：美，以及美的反思》，第183—184页。

② 叶朗：《中国美学史大纲》，上海人民出版社1985年版，第28页。

③ 叶朗：《中国美学史大纲》，第40页。

作为一个普遍愉悦的客体被设想的"，与此颇有想通之处。我们以海德格尔生存论分析中的生命观来打通康德美学（以情感理论为主线，包括了审美情感、崇高感、道德情感和宗教情感）和中国美学的关联，其立论依据也在这里（此观点只能点到为止，进一步的论述需另文探讨）。

第三章　趣味（美、崇高）判断之必然性的哲学根基（上）

对趣味所进行的分析与批判，要想进一步探究其为何会如此的原因，心理学的方法自然是必不可少的，此方法对后来的美学发展也起到了很大的作用。"由于心理学在解决美感发生的心理机制方面具有得天独厚的优势，自 19 世纪以来，心理学已经向美学全面渗透，以至于审美心理学成了现代美学的一个重要的组成部分。"① 但康德对美学问题的分析，重点当然不在心理学上，毋宁说他是反对哲学、美学研究的心理学倾向的，因为心理学研究的基础仍然停留在经验的层面，经验固然可以为人的直观提供感性材料的来源，但康德提出"直观无概念则盲"的命题，即直观离开了理性（知识的理性，即知性）提供的概念、范畴，就会因没有相关原理的指导而变得"盲目"，所以康德的一个基本出发点是将感性和理性结合起来进行研究。② 基于这种方法的运用，若想解释"我们称之为趣味的东西最初如何在人身上出现，为什么某些对象会比另一些对象引起更大的兴趣，为什么在某些地方和某一社会中产生了美的判断，是什么原因使趣味发展到奢华的程度等"③，虽然在康德之前或他处的那个年代有很多心理学的研究，但他认为，如果每个人要承认趣味判断具有一种普遍性，并因此而"妄想使自己的论断具有必然性，那么，不管这种虚妄的必然性是建立在关于对象的先验概念之上还是建立在先验地充作根据的概念的主观条件之上，承认这种判断的僭越要求，以从心理学上解释判断的起源来证明这种判断的正确性，都是荒谬的"④。也就是说，对趣味所进行的判断，其普遍性、必然性，在

---

① 彭峰：《美学导论》，复旦大学出版社 2016 年版，第 7 页。
② 邓晓芒：《德国古典哲学讲演录》，湖南教育出版社 2010 年版，第 50 页。
③ ［德］康德：《康德美学全集：美，以及美的反思》，第 334 页。
④ ［德］康德：《康德美学全集：美，以及美的反思》，第 335 页。

上一章的考察中，我们已从经验观察中得到证实；但其原因，仅从心理学的经验层面还不足以得出满意的答案，康德的最终目的是将哲学作为一个体系，在整个体系中来系统地考察趣味判断的发生机理，只有那样，才能更好地解决趣味判断何以具有普遍必然性，何以会如知性和理性，知识和道德那样，具有其先天法则的问题。这些问题涉及康德对整个哲学体系的构建，对技术和艺术的思考；只有厘清了这些思路，我们一开始就提出的"崇高感是审美情感向宗教情感过渡的中介"这一命题才能得到更进一步的清晰证明。

第一节　哲学体系与技术和艺术之间的关系

对于康德哲学的总体把握，按邓晓芒先生的研究，可以从两个角度来进行，一个是批判哲学的角度，这条思路明显地在"三大批判"这三大巨著里体现出来；另一个角度是人类学的，最明显的是康德晚年将其24年里每年都讲一遍的人类学课程整理出版，即《实用观点的人类学》（或《实用人类学》，译名不同）。① 但不管哪个角度，都有一个共同的特点，即康德将其哲学研究看作一个整体，他在《判断力批判》中曾指出，判断力的发现及对判断力的批判，是弥补前"两个批判"的鸿沟而进行的努力，由此才能将整个哲学大厦的地基打得更牢。我们以海德格尔的生存论分析作为分析康德宗教哲学情感因素的方法指引，主要是贯彻一种整体观的思路，并关注康德哲学中以人的生命、生存作为哲学研究视角的倾向，从这个方面来说，我们的研究更多的是从康德的人类学这条线索来分析其情感因素的，但具体在分析过程中主要使用哲学的方法，而不是经验的、实证的或心理学的方法。

一　哲学体系与实践哲学

在《判断力批判》的第一导言②里，康德对"体系"进行了界定，

---

① 邓晓芒：《德国古典哲学讲演录》，第33页。

② 康德为《判断力批判》写了一个导言，共十二个部分，在正式出版的书里，导言变成了九个部分，是对原来导言的缩写。所以康德刚开始写的导言被称为"第一导言"，这个导言比正式出版的《判断力批判》的导言详细些，对康德的一些思路有更详尽的阐述，本书的研究以此导言为文本依据。

"从根本上说，体系可以只包括两个部分：形式的部分和质料的部分，其中第一部分（逻辑）只包括规则体系中的一种思维形式；第二部分（现实的部分）在理性借助于概念来认识对象的范围内，系统地考察思维对象。"① 这个关于体系的界定，显然是受到亚里士多德的"形式""质料"说的影响，即体系的形式部分只关注思维的形式，具有类似于形式逻辑的特点；而质料的部分，才具有实质性内容，是"现实的"，它对思维对象进行实质性的考察。但这个"体系"与康德的"三大批判"的安排并无对应关系；也就是说，并不能认为第一批判就是考察哲学体系的形式，第二批判考察哲学体系的质料，第三批判是对二者的折中与综合。康德按照他所提出的体系之规定，将哲学划分为理论哲学和实践哲学，它们"一部分应该是自然哲学，另一部分应该是道德哲学；前一部分可能同时包含着经验原理；后一部分（因为自由不能无条件地成为经验对象）则只包含纯粹的先验原理"②。此处的自然哲学，是指康德《纯粹理性批判》的《先验辩证论》之前的内容，其目的在于为自然科学寻找其所以可能的哲学基础，称其为自然哲学并划归到理论哲学部分，当然在情理之中。但将实践哲学和道德哲学等同起来，这不仅在今天的哲学研究背景下颇有疑窦处须疏解，而且康德当时也觉得须多加解释，否则会有疑惑存在。

基于此，康德指出："在什么应该被看作'实践的'——在其有资格成为实践哲学的对象这个意义上——这个问题上，存在着很大的误解，这种误解给科学陈述的方式本身带来了危害。"③ 也就是说，在康德那个时代（实际上今天也是如此），在一般意义上，"实践的"主要是指以相关理论为指导的一些应用性的、实用性的活动，如康德所举的相关学科的活动，像政治学的、政治经济学的，或者如家政业的、保健类的、营养类的、社交类的活动，等等，这些活动里面包含着一种"实践关系"，这样的实践关系的特点是，它"虽然不同于自身包含着事物的可能性及其定义的理论关系，却决不能以此在内容上与理论关系相区别"④。康德在这里表达出了两层意思，第一层意思是说，理论关系指明了事物的可能性，

① ［德］康德：《康德美学全集：美，以及美的反思》，第306页。
② ［德］康德：《康德美学全集：美，以及美的反思》，第306页。
③ ［德］康德：《康德美学全集：美，以及美的反思》，第306页。
④ ［德］康德：《康德美学全集：美，以及美的反思》，第306页。

亦即事物的发展趋势，并给出了相关的定义；第二层意思是说，从实践关系所反映的内容上来看，它不能和理论关系真正区别开来。换言之，它是理论关系的延伸，是对相关理论的实际应用，附属于理论，或者可以说它仍被划归到理论的范围内，不能单独将其称为"实践的"内容。当然，就这些实践活动的规则而言，它们"在形式上确实有别于理论的规则，但在内容上并非如此"。这样的一种"实践关系（指只在形式上区别于理论哲学的实践关系，即非关自由、道德的技术性的实践关系。——译者）可以说，它们构成了自然哲学的实践部分"①。由此就引出了康德对实践哲学的定义，"在内容上与理论关系相区别的只有以建立在律令之上的自由为考察对象的学说"，才能有资格被称为实践哲学，其原因在于，"只有那种为自由立法的实践关系才在内容上与理论哲学有特殊的区别"。②由此可以看出，康德所给出的实践哲学有着严格的界定，它不是一种将理论运用于相关活动中的普通的实践，而是专门指将道德法则付诸实施的道德实践，也就是康德在第二批判中所阐述的道德哲学意义上的实践活动。按照这种界定，那么手工业和艺术活动也不属于康德所说的实践哲学的范围，他曾经对此提到过："为什么不把手工业和艺术也算在内？"③ 即算在实践关系内，在明确了实践哲学的定义后，这个问题的答案当然是很清楚的，手工业活动是依据相关理论内容而展开的技术性操作，而对于艺术，是康德在专门探讨审美活动时要以此来例释美的情感之特点的（后面详述）。

从上面的分析可以看出，康德将哲学区分为理论哲学和实践哲学，是按其整个哲学体系的要求而做出的划分，甚至可以说，他赋予"实践"以特殊的含义，让实践从理论知识的运用中独立出来，让实践哲学专门承担道德哲学的特殊职能，是为了使其哲学体系更严谨而实施的一种策略，是类似于他在《纯粹理性批判》里所讲的"建筑术"一类的方法。

二　实践关系对技术和艺术的影响

在这一部分的"注释"中，康德又从哲学体系的高度对实践关系做

---

① ［德］康德：《康德美学全集：美，以及美的反思》，第307页。
② ［德］康德：《康德美学全集：美，以及美的反思》，第306—307页。
③ ［德］康德：《康德美学全集：美，以及美的反思》，第306页。

了进一步的解释，他指出："精确地确定哲学的组成部分，且出于这一目的，并不将其组成部门（division）看作是仅仅作为结果的体系，或并不将其看作是在特定情形下不需特殊原则就能被加以运用的体系，这些都是很重要的。"① 也就是说，在康德看来，在考察哲学体系时，并不能仅仅从结果上来看其组成部分的构成情况，而应看其组成部分的内容是什么情况，也就是说这些内容从原理上支持更高一层的哲学原理；同时，成体系的哲学，是有其特殊原则的，有其内在的逻辑关系，而不是对组成哲学的材料的随便堆砌。我们做这样的理解，主要是依据康德"三大批判"的内在逻辑关系来进行的，因为这几句话单从字面来看非常拗口，不易理解。按照这种原则，康德认为，实践关系之所以会和理论关系区别开来，"要么是由于其原理，要么是由于其结果。如果是因其结果而不同于理论关系，实践关系就不能构成科学的特殊部分，而要属于作为科学的一种特殊结果的理论部分"②。此处康德所说的"科学"，包括了作为原理的理论部分和作为结果的部分，若将实践关系按科学的要求而将其与理论关系相区别的话，那么从其结果上来看，它和理论关系相区分时，就仅仅是作为一种特殊的结果。在从原理上来对实践关系和理论关系加以区分时，实践关系包括了将理论运用于具体活动中的实践，和从意志自由的高度将道德法则纳入具体的行为规定的实践，前者的因果关系包含在经验对象当中；对后者来说，要想对其加以考察，那么需要参照（自然）科学中的因果关系来进行，至少方法上是如此的，否则难以将其称为实践活动，所以，"意志遵循知性由以考察何物按自然规律而可能的同一种原理，那么，那种包含着对象由任意的因果性而来的可能性的关系就可称为实践的关系"③。这种实践关系是参照自然科学中的"理论—实践"这一逻辑关系而被认定下来的，它的原理是仿照前者确立下来的，也就是说，它需要

---

① Kant, *Critique of the Power of Judgment*, translated by Paul Guyer and Eric Matthews, Cambridge University Press, 2000, p. 5. 上述引文在中译本中为："准确地按其组成部分来确定哲学，同时又并不为此目的把那只是哲学的结果或应用、不要求有特殊原理的东西附加在作为体系的哲学的分类数目之上，是很重要的。"（《康德美学全集：美，以及美的反思》，第307页。）我们觉得这个地方的翻译，在表达上有些拗口，不易理解，于是结合英译本重新进行了整理。

② ［德］康德：《康德美学全集：美，以及美的反思》，第307页。

③ ［德］康德：《康德美学全集：美，以及美的反思》，第308页。

"从理论关系（指被称为'科学'的理论关系——引者注）中借取自己的原理，以便使客体的概念具有现实性"①。亦即，当我们谈论道德意义上的实践关系的客体时，它的现实性是比照自然科学的方式来说的，实际上康德的道德哲学，即纯粹实践理性，是不讲其客观性的，它是一种应当的学说，只是命令行为主体的意愿采纳作为最终行为之根据的道德法则，不管这法则是否会在现实中实现出来。

在康德看来，按照上面这种对实践关系的界定标准，那么"所有其他有关实际行动的学说都不能称为实践的，而应称为技术的"②。这是康德在谈论审美判断之前的一个很重要的术语，尽管内容不多，但它表明了康德思想的变化，也就是说，所有的实际行动的实现都与人们要实现它们的目的之技艺有关联，"在已经建立起来的理论中，这种技艺始终只是结果，不是这种或那种律令的实际组成部分。所有行事的规则都与技术有关，并因而与有关自然的理论知识相关，是这种理论知识的结果"③。也就是说，我们对道德知识的考察，是按自然科学知识的模式进行的，但它终究不是自然知识，它探究的是人的心灵状态和人的本性，属于精神状态，这种知识的获取和运用，更多地像是一种技术的状态，对此康德在一个脚注中对他在《道德形而上学基础》的观点之表述进行了修正，他说："这里要纠正我在《道德形而上学基础》中所犯的错误。实际上，在我说过行为的绝对命令只能间接地规定目的，也就是只能在纯粹可能性亦即不确定的条件下规定目的之后，我就把类似的实践规则称为不确定的（可疑的）绝对命令；但这种表述存在着矛盾。我本应称它们为'技术的'绝对命令，也就是技艺性的绝对命令。"④

由此可以看出，康德在这里提出的"技术性的"命令是针对人的精神状态的特殊性而言的，对它的考察需要借鉴自然科学的方式，包括术语表达方面等。究其实，像道德命令这样的法则，其付诸实施是和技术性、技艺性活动有相通之处的，因为在这种情况下对自然的考察，更确切地说，对道德法则在自然界的实现，我们把"它们的可能性想象为似

① ［德］康德：《康德美学全集：美，以及美的反思》，第308页。
② ［德］康德：《康德美学全集：美，以及美的反思》，第309页。
③ ［德］康德：《康德美学全集：美，以及美的反思》，第309页。
④ ［德］康德：《康德美学全集：美，以及美的反思》，第309页。

乎是建立在艺术之上。在这样的场合里，判断不是理论的，也不是实践的（在我们所指出的意义上），因为它们既没有确定客体的性质，也没有确定产生客体的方式，而只是按照与艺术的类比来判断自然本身"①。也就是说，对于从道德哲学的角度来谈的实践哲学，它有其特殊性，如《实践理性批判》所揭示的，它只涉及道德法则的"应当"这样一种状态；但若在论及其实在性时，即，它被落实到现实中时，我们看待其现实性，就如看待艺术中的自然一样，艺术品在显得像是自然时才更具有艺术韵味，但其中的目的是艺术品的创作者加进去的；换言之，创作者在创作之前已经有了目的，随着创作过程的展开而将其实现了出来，道德行为中的目的——实现道德法则——也与此类似，基于此，康德才引进了技术、艺术的概念来分析实践哲学，康德在不同的场合都指出，要分析道德、审美这类问题，从艺术的角度切入有其哲学上的原因，因为"人的状态的可能性的原理应借助于艺术从我们的规定性的可能性的原理中借取，从我们的本质的特性中借取"②。这也应看作康德在《判断力批判》中提出"美象征着德性"这一命题的哲学原理之分析。

第二节　成体系的认识能力之成为哲学的基础

从哲学之能够成为体系这个角度来考察，康德将哲学按形式的部分和质料的部分进行了划分，并指出，前者是"形式的"，即它只注重思维形式，并不过多关注具体所研究的内容，从而具有"非现实性"的特点；而后者是现实的，即它靠概念来系统地考察哲学所研究的具体内容，在这个过程中，运用概念的思维能力本身，若要对其详加考察，那么它也是成体系的。康德也按体系化的要求对诸种思维能力进行了研究，并着重突出了判断力的特殊性，即它具有"居间"的性质。

一　判断力在认识能力体系中的居间性

在对诸思维能力进行研究的过程中，康德将其分为三个部分，如下表所示：

---

① ［德］康德：《康德美学全集：美，以及美的反思》，第309—310页。
② ［德］康德：《康德美学全集：美，以及美的反思》，第308页。

部分	名称	内容
第一部分	知性	一般（规则）的认识能力
第二部分	判断力	把特殊归属于一般的能力
第三部分	理性	通过一般来规定特殊的能力（建构原理的能力）

很明显，康德在这里对人的思维能力所进行的体系化的分类，遵循了形式逻辑里"概念—判断—推理"的过程这一顺序，也和他的前两个批判相对应，即第一批判里知性的先验范畴、概念及其诸纯粹知性原理，是对概念运用能力的考察。第二批判里纯粹实践理性的关于先验自由的法则及其诸规定性，可以类似地看作对推理能力的考察，① 按这个思路，康德认为："专门考察一切先验认识（还有对其中所包含的属于直观的东西的认识）的源泉的纯粹理论理性的批判提示了自然的规律，纯粹理性的批判提示了自由的规律，这样一来，一切哲学的先验原理就似乎已经齐备了。"② 也就是说，第一批判对纯粹理论理性，即知性的考察是专门从知识的角度来研究自然的；第二批判对纯粹理性，即纯粹实践理性的考察是从道德哲学的角度来考察人的本性及其"自由"这个事关意志的主题的。康德在这里说他的哲学体系"似乎"是完备的，只是一个阶段性的定论而已，因为按照上面的表格所列出的内容，还有一个判断力没有"专门"加以考察，之所以说"专门"，是因为在第一批判的认识论里，判断力是处于经验杂多和范畴之间的一个位置来发挥作用的，它只是将某一个别的、特殊的经验对象归类到其所应属于的范畴那里去，以形成知识。在第二批判里它介于道德法则和具体的道德行为之间，即"纯粹实践理性法

---

① 做这样的理解，有迁就康德三大批判与"知性—判断力—理性"的划分相对应之嫌，实际上理性的推理能力表现在哲学研究的全过程中，是一种基本的思维能力，不应仅仅与康德所提出的《实践理性批判》里的纯粹实践理性相对应，这涉及如何理解康德的"理性"概念的问题。实际上康德的理性：广义上讲，指一般的思维能力，包含了情感和意志，它是在与非理性相对照意义上的理性；其次是与感性相对照的理性，接近知性，康德有时将其与知性通用；再高一个层次上的理性有接着知性的认识能力进一步往前推进的意思，是对知性能力的进一步发展；最狭义的理性是专门用来解决像上帝、自由、灵魂这类旧形而上学研究对象的理性能力，因而被认为是最狭义的理性。

② ［德］康德：《康德美学全集：美，以及美的反思》，第 310 页。

则之下的判断力规则就是这条规则：问问你自己，你打算去做的那个行动按照你自己也是其一部分的自然的一条法则也应当发生的话，你是否仍能把它视为通过你的意志而可能的？实际上每个人都在按照这条规则评判种种行动在道德上是善的还是恶的"①。在这两个批判里，判断力都是处于一个居间的位置，随不同情况而附属于其中一方，没有自己的主导地位。康德接下来要做的"专门"研究，就是让判断力处于一个主导地位上，发挥主要的而不是附属性的功能，但从整个哲学体系上来说，判断力还是处于居间的位置，它虽然在理论理性和实践理性中都是辅助性的作用，在就其也构成哲学体系的一个独立部分而言，它也和理论理性与实践理性一样有其独立的地位与作用。

二　合目的性调和必然性与偶然性

如上所述，判断力是一种居间的、辅助性的认识能力，它既不像知性那样，能为认识活动提供先验的范畴、概念；也不像理性那样，能提供出一般理念和先验理念，当然康德在提出理念时是受到了柏拉图的启发的，他说："柏拉图这样来使用理念这种表达，以至于人们清楚看到，他是将它理解为某种不仅永远也不由感官中借来，而且甚至远远超出亚里士多德所研究的那些知性概念之上的东西，因为在经验中永远也找不到与之相符的东西。……据他看来理念是从最高理性那里流溢出来的。"② 这是康德所说的柏拉图意义上的理念，他称之为一般理念。此外他还提出了先验理念，这样的理念是一种大全式的、关于条件的总体之理念，"先验理性概念（即'先验理念'——引者注）无非是有关一个给予的有条件者的诸条件的总体性的概念。既然只有无条件者才使得条件的这个总体成为可能，反过来诸条件的总体性本身总是无条件的，所以一个纯粹理性概念一般说可以用无条件者的概念来说明，只要后者包含有条件者的综合的某种根据"③。也就是说，先验理念是为知性的先验范畴、概念服务的，因为范畴、概念是针对经验对象而言的，诸经验对象的出现都是在一定条件下

---

① ［德］康德：《实践理性批判》，第95页。
② ［德］康德：《纯粹理性批判》，第270页，A314＝B371。
③ ［德］康德：《纯粹理性批判》，第276页，A323＝B380。

的产物，是外感官靠先验感性直观形式（时间、空间）对外物的刺激做
出反应后，结合其相应的范畴而形成的；设若将其出现的条件做进一步推
论，那么这个过程是无限的，那个作为其无限序列的"总条件"之大全，
必须用先验理念来把握，知性范畴对其无能为力。对于知性和理性这两种
认识能力，判断力本身只是起了一个联结作用，它只是一种"（把表象）
归属于并非由它给予的概念之下的能力"①。康德对知性、理性和判断力
的分析，到此为止，并无多少新意可言，只不过比前人的观点深刻、细腻
了一些罢了，并无突破性进展。但他并未止于此，而是进一步拷问：如若
有"起源于判断力的概念或规则"，那将会是一种什么情况呢？因为知性
和理性都有由自己提供的概念了，判断力按理说也会有；若有，是什么情
况？康德此处的这个想法是用的类比法，他多次提到这种方法在判断力批
判方面的运用。他说，如果有这种概念的话，那么"它就应该是在自然
与我们的判断力相适应这个限度内的自然事物的概念，并且所表示的是如
下的自然性质：对于这种性质，只能在下述条件下构造概念——建构这种
概念要与我们把已知的特殊规律归属于未知的更一般的规律之下的能力相
适应"②。康德所提出的关于判断力所提供的概念，一方面是关于自然事
物的概念，就此而言，它与知性概念类似，只不过知性概念是知识的工
具，此处康德心目中的判断力的概念是为审美判断服务的，所以它必须也
是关于自然的概念；另一方面判断力的概念是对诸条件的进一步推论和归
并，它将现有的规律归属到更高层面、更简洁的规律之下，这和理性概念
（即康德原文使用的是理性理念）对有条件者之"无条件的整体"所做的
推论相类似，从这两个特点来看，判断力兼具知性和理性的特征，由此也
可以证明其居间性。对于判断力所提供的这样一种概念，康德说："这本
来应该是自然对于我们认识自然的能力的合目的性，我们需要合目的性的
概念，以便使我们能够像判断包含在一般概念中的概念那样来判断特殊概
念。"③ 也就是说，判断力所提供的概念，也是为了"认识"自然，但不
是如知性那样的认识，而是一种新的把握方式，即康德后面提出的审美

---

① ［德］康德：《康德美学全集：美，以及美的反思》，第 310 页。
② ［德］康德：《康德美学全集：美，以及美的反思》，第 310 页。
③ ［德］康德：《康德美学全集：美，以及美的反思》，第 310 页。

的、目的论的把握自然的方式。

对自然的认识，在古希腊人那里，是人类智慧初生之时的诧异感所致，是亚里士多德意义上"求知是所有人的本性"① 这一秉性使然。但在以经验观察、验证为主导的自然科学兴起之后，从哲学的层面来看，自然科学所要解决的主要是机械论的必然性和实际观察中必然性不能囊括的个别偶然性的问题。比如说，对田地里的一棵小草，康德时代占主导地位的机械论，能根据必然性的原则分析出它的叶子细长是因为长期进化过程中风力、光照、气候等原因所致，但自然中有如此之多的小草，人类的观察难以穷尽；再者，也有同一种类的草，它的叶子的形状并不是那样细长，等等，诸如此类的现象不可能观察得完，对其原因的分析也没有尽头，按康德的知性学说，我们对自然的认识是"知性为自然立法"，知性的这张知识之网难以穷尽所有的认识对象，已有的规律不能解释所有的对象，总有偶然性不能被已有的由必然性建立起来的规律所解释，亦即，"虽然经验按包含着一般经验之可能性的条件的先验规律构成体系，但如此无限多样的经验规律以及与个别经验相关的自然形式之间仍可能有如此巨大的差异，以致根据这些（经验的）规律关于系统的概念可能与知性完全格格不入，并使系统整体的可能性尤其是必然性变得不可理解"②。由此可见，必然性和偶然性之间所存在的这种对自然规律之把握的有限性和无限性，是难以调和的，实际上这也是"人为自然立法"所带来的必然结果，即已有的规律是由已知的必然性建立起来的，但其范围是有限的，还有未被囊括进来的现象不能获得解释，它们相对于必然性来讲，是偶然的；如何调和此二者，康德的方案是：靠判断力"（仅仅为了自己的利益）预先在自然中设定的偶然的合规律性本身乃是我们无条件地设定的自然的形式的合目的性。这并没有建立起任何关于自然的理论知识，也没有建立起关于自由的实践原理，但是，却提供了观察和研究自然的原则，以便为这一或那一个别经验找出普遍性的规律"③。由此可以看出，自然的形式的合目的性这种方法，只是观察自然的一个视角，并不能提出新知识，也不能为

---

① ［古希腊］亚里士多德：《形而上学》，第1页。
② ［德］康德：《康德美学全集：美，以及美的反思》，第311页。
③ ［德］康德：《康德美学全集：美，以及美的反思》，第311页。

自然制定法则或规律，只起调和的作用。①

三　作为艺术的自然

如果将判断力仅仅看作我们观察自然的一个视角，它并不能为我们认识自然增加新的知识，那么其在认识论中的意义和价值何在？因为我们目前分析的是《判断力批判》的导言，康德在该书正文中指出，判断力（此处指反思性的判断力，而不是规定性的判断力）所给出的"在自然产物中的自然合目的性的概念就将是一个对于人在自然方面的判断力来说是必要的概念，但并不是关系到对客体本身进行规定的概念，因而它是理性对于判断力的一条主观原则，它作为一条调节性的（而非构成性的）原则对于我们人类的判断力同样是必然有效的，就好像它是一条客观原则那样"②。通过康德的这段话我们可以看出，反思判断力所提出的自然合目的性这条原则，从主、客观相区分的角度来看是一条主观性的原则，甚至说是一条想象出来的原则，不像范畴为自然订立的原则那样具有客观性；但由于审美判断也要求（在现实中实际也具有）客观性，所以这样的一条原则就"好像"是客观的，亦即，这种客观性是被审美判断的特殊性所"逼迫""催促"出来的，因为康德将人类的思维活动按西方哲学传统所区分的"认识—判断—推理"都进行了研究，又将判断力进一步细分为规定性判断和反思性判断后，发现只有反思性判断可被归于审美判断活动当中，所以才有了审美判断与反思性判断的联结，这是康德将审美判断作为《判断力批判》的一个重要组成部分的主要原因。康德这个思路的由来之一在于以艺术的方式考察自然，这是不同于认识论的地方，认识论是以范畴、概念来与自然界的经验对象相联结，而审美判断是无概念的；③但两者的共同之处在于都探讨思维能力与自然的关系，后者的意义和价值在于以艺术的方式和视角来反观大自然，所以康德指出："最初来源于判断力并为它所特

---

① 这个观点实际上是康德所提出的规定性判断力和反思性判断力的延伸，规定性判断力是提供法则、规则，能给出新知识的判断能力；反思性判断力则不能提供规则，也不能给出新知识。自然的形式的合目的性和反思性判断力的作用类似。

② ［德］康德：《判断力批判》，第 257 页。

③ ［德］康德：《判断力批判》，第 46—47 页。

有的概念是有关作为艺术（指把自然看作人工有目的地创造出来的产品。——译者）的自然的概念，换言之，就是有关自然在其个别规律方面的技术的概念。"① 我们在前面分析过康德的技术概念，它主要指将理论知识运用于实践的一种活动，此处康德将艺术用来观察自然，主要是说大自然的产品好像是由一位"至上者"在背后制造出来的一样，自然物之所以表现为某一形态而非另一形态，是由这位至上者的目的所导致的，当然这只是一种比拟，② 按知性的学说是没法对其进行确证的。对自然物中的这种目的之存在，虽然没法确证，但它却起到了引线的作用，以之为帮助，就会"有一种作为范畴对每一个别经验都有效的东西——这就是自然（同样也是在其个别规律方面）对于我们的判断力的合目的性或适应性，按照我们的认识能力，自然不仅显现为机械性的，同时也显现为技术性的；与范畴不同不能客观地规定综合性统一的概念，却能在研究自然时提供充当引导线索的原则"③。

将艺术引入考察自然的过程当中，在康德看来，"这种研究会成为纯粹理性批判的组成部分"④，也就是说，他的整个批判哲学的体系既有纯粹知性的知识学部分，也有对艺术进行反观的反思性判断力部分，艺术属于"知—情—意"中的"情感"部分。但我们不能将其理解成狭义的情感学说，此情感部分起到了调和必然性中的机械论和偶然性中的目的论的中介作用，这是本书以情感为线索疏解康德的美学和道德哲学、宗教哲学之内在关系的学理依据。但应该明确的一点是，以艺术的视角观察自然时，其发挥心灵机能作用的方式毕竟是情感式的，不具有经验实证的确实性，是主观的，所以康德再三提醒："要知道作为艺术的自然的概念只是一种观念，这种观念在我们研究自然时充作原理，因而仅仅对主体有效，其目的是使我们把系统的联系尽可能引入经验规律的无序杂乱之中，把我们这种要求附加给自然。"⑤ 也就是说，对于自然当中的目的，对于自然被判断为美的结论，都是我们主体做出的，是对自然对象之"无序"状

① ［德］康德：《康德美学全集：美，以及美的反思》，第311页。
② ［德］康德：《康德美学全集：美，以及美的反思》，第312页。
③ ［德］康德：《康德美学全集：美，以及美的反思》，第311页。
④ ［德］康德：《康德美学全集：美，以及美的反思》，第312页。
⑤ ［德］康德：《康德美学全集：美，以及美的反思》，第312页。

态的一种"解读",① 其有效性只是"显得"像是客观的。

第三节　成体系的心灵能力之分析

关于心灵能力，康德有时用心灵机能来称谓，如他在《判断力批判》"第二导言"第三节中所说："所有的心灵能力或机能可以归结为三种不能再从同一个共同根据推导出来的机能。"② 不管用哪个术语，说的都是人的心灵（或心智）在进行思维活动，或产生某种情感，或实施一项道德行为时的情况。康德在分析人的心灵机能时，也是像分析哲学体系时所做的那样，将它们纳入一个体系内来进行的，并着重指出了它们之间的不同点。

一　认识能力、情感能力和欲求能力之间的差异

在康德看来，人类的心灵能力可以被分为三种，即"认识能力、愉快和不愉快的情感、欲求能力"③。需要注意的是，康德在前面论述哲学体系时，用"认识能力（即知性）、判断力和理性"来指称思维能力，尽管二者都含有"认识能力"，但在谈论思维能力时他更多地使用"知性、判断力和理性"，以示对人的认识能力中"感性—知性—理性"的区分。我们在以下的行文中当谈论心灵能力时使用"认识能力、情感能力和欲求能力"；当谈论思维能力时使用"知性、判断力和理性"；当不加区分地使用"知、情、意"时，是指按照通常的意义和做法来使用的。因为我们在笼统地使用"知、情、意"时，一方面是遵循了自古希腊以来的传统；另一方面是没有很好地注意康德用法的差异。自古希腊时代，柏拉图就对人的心灵做了三个部分的划分：

---

①　关于自然对象的状态之有序、无序，审美判断是一种方式，应被看作对秩序的一种"有序化"的解读，亦即，有序的才是美的，"和谐美学"的哲学基础即在此；对此我们可否将其归纳为：有序的才是有价值的，当然此举有将美简约为价值之嫌（在一定意义上此观点是否也成立？）。我们提出此观点的用意在于进一步讨论无序的价值。混沌学对秩序的解读当然另有一番不同的洞见，可否被看作：无序也有价值的？这是一个问题。另一个问题是，对秩序的认知，按康德的观点，是否是由（反思性）判断力做出的？对此可进行深入研究，康德、海德格尔都对想象力极为重视。

②　［德］康德，《判断力批判》，第11页。

③　［德］康德：《康德美学全集：美，以及美的反思》，第312页。

苏：正如城邦分成三个等级一样，每个人的心灵也可以分解为三个部分。因此我认为还可以有另外一个证明途径。

格：什么证明途径？

苏：请听我说。这三个部分我看到也有三种快乐，各个对应。还同样地有三种对应的欲望和统治。

格：请解释明白。

苏：我们说一部分是人用来学习的。另一部分是人用来发怒的。还有第三个部分；……我们根据它强烈的关于饮食和爱的欲望以及各种连带的欲望，因而称它为"欲望"部分。①

柏拉图在后面的行文中进一步解释了这三个部分所对应的功能：学习、发怒和欲望，就是指学习、求知的认识能力，发泄怒气的情感能力，以及对欲望的欲求能力。康德所做的分析和这个基本是一致的。实际上在康德的时代，也有哲学家不赞成这种做法，主张将诸种心灵机能归结为一种认识能力，康德认为在这方面寻求一致性并不明智，因为外在对象给人的心灵带来刺激后所形成的各种表象，它们之间是存在差异的，当有的表象"只与客体以及对客体的认识相关时属于认识"② 时，这是在讨论认识问题的情况，说明在这种情形下，是以知性为主在心灵中发挥作用，所产生的表象是认识能力的结果；当表象"在它们被视为对象的现实性的原因而被归属于欲求能力时，在客体方面也存在着巨大的差异"③，这句话较为费解，意思并不明确，我们可以将其理解为，此处的表象指道德法则被采纳为行为的规定根据时在心灵中产生的印象，亦即能决定经验层面之行为的"任意"（Willkür）④ 的自由，而不是意志（Wille）的自由给心灵带来的表象，这样的表象之所以在客体方面有差异，就是因为"任意"的

---

① ［古希腊］柏拉图：《理想国》，第 369—370 页。

② ［德］康德：《康德美学全集：美，以及美的反思》，第 312 页。

③ ［德］康德：《康德美学全集：美，以及美的反思》，第 312 页。

④ 指和具体的经验性行为相关联的具有自由选择之特点的东西，它直接决定了前者，是前者的决定者，或决定的实施者，但此过程的最终决定根据是道德法则。邓晓芒先生将其译为"任意"，以示与"意志"相区别。意志的德文是 Wille，是最高层次的自由，先验的自由；任意当然也是自由选择的过程，有自由的意思，不过其层次要低于意志的自由。

自由有时采纳道德法则作为行为的规定根据，有时不采纳，所以其表象是不同的。在这种情况下以理性（指狭义的理性，纯粹实践理性）为主在心灵中发挥作用，所产生的表象是欲求能力使然。而对于第三种表象，即有关情感的表象，康德指出：设若这种表象"本身成了直接获得在主体内部存在的根据，并因而被视为与愉快的情感相关，它们就只关系到主体。这种情感无疑不是认识，也不能产生认识，虽然也可以把它设定为规定根据"①。显然，康德此处是对三种心灵能力做了细致的、理想化的区分，实际情况远不是如此判然分明的，要复杂得多，甚至于不同心灵能力纠缠在一起，但在做出了如此区分之后，只和愉快与否的情感相关的表象就不像知性那样靠范畴和相关先验知性原理作为依据来"认识"外在对象，也不像（狭义的）理性能力那样靠道德法则作为依据来对主体的行为进行"约束"，它毋宁说是靠自己就给出了依据，以之判断一个对象是否激起了主体的情感，故康德称其为从主体内获得依据，这个依据就是判断力自身给出的，而无须从别处寻求。以这种方法，康德就将三种心灵能力区分了开来。

二　情感能力之批判能完善"批判哲学"的体系

依据康德对整个哲学体系的建构这一思路，他认为既然判断力在思维能力的体系内有和另外两种能力（知性及理性）相同的地位；那么在心灵机能中，对情感能力的批判，也会对整个哲学体系的建构有所助益。但这里面有一个问题，即知性已有其先天原则，理性也已有了自己的先天原则，所以在找到判断力的先天原则之前，离他所设想的目标还有一段距离，在此意义上他指出："对对象的认识，它分别和对实存中快乐与否的感觉，或者说和对产生欲望的能力之规定这两者之间的关系，人们确实已经以经验的方式了解了；但由于这种内在关系并不以任何先天原则为基础，在这个程度上来看，心灵能力只形成了一个堆积物，而不是一个体系。"② 也就是

---

① ［德］康德：《康德美学全集：美，以及美的反思》，第312页。

② Kant, *Critique of the Power of Judgment*, translated by Paul Guyer and Eric Matthews, Cambridge University Press, 2000, p. 11. 上述引文在中译本中为："对于对象的认识与由对象的存在所引起的愉快和不愉快的情感的结合，或者趋向于创造经验对象的欲求能力的规定，的确早已为人所公知，但因为这种联系没有建立在任何先验原理之上，所以心灵能力只能构造出无序的堆积（agregat），而不能构造出体系。"（《康德美学全集：美，以及美的反思》，第312页。）中译本有个别地方表述不是很清晰，如"或者趋向于创造经验对象的欲求能力的规定"，指什么？我们结合英译本对译文重新进行了整理。

说，在心灵机能中，认识能力、情感能力和欲求能力这三者间的关系，人们对其所进行的把握与了解，离不开经验性的对象，如知性所能认识的只是为外感官所感知到的经验对象，愉快与否的情感也是在对自然物有所感触后而引发的，欲求能力的规定根据虽然处于和经验对象相分离的物自体领域之内，但一个道德行为之所以最后被付诸实施，也是要落实到经验对象的世界里的。这是这三者之间相互关联的一个表现，但只停留在现象界，并没有追溯到先天原理的层面。① 康德也没有一下子就去追溯判断力的先天原理，而是先从先验知识的角度对三者进行比较，如他所指出的："如果我们把先验知识，亦即关于自由的理性概念与作为自由的规定根据的欲求能力联系起来，那我们就在这种客观的规定中找到了主观地包含在意志的规定中的愉快的情感。"② 这里有一个颇为困难的问题，即在自由的理性概念和欲求能力之间怎么会有情感存在？康德在这个地方并没有详加解释，我们只能从他的《实践理性批判》里寻找线索，在那里他提到，道德情感虽然不是一种普通的情感，有其特殊性，但它毕竟也是一种情感。当然我们不能混淆了道德情感与道德法则之间的区别，康德坚持将道德行为的规定根据建立在非感性、更非情感的基础之上，这是康德的道德哲学之纯粹性的一面；但对道德行为的发生过程进行哲学分析后康德发现，其间少不了道德情感的存在；换言之，道德行为的发生是一个感性和理性相互抗衡、较量的过程，"所以在感性方面对道德上的自重的资格的贬低、亦即使之变得谦卑，就是在智性方面对法则本身的道德上的、即实践的尊重的提升，简言之，就是对法则的敬重，因而也是一种按其智性原

---

① 严格来讲，康德的用词在"先天原理"和"先天原则"之间是有区别的，前者为 a priori Grundsatz，后者为 a priori Prinzip。但我们在行文中都指反思判断力中那先天的、普遍的原理性的东西，所以将二者未加区分地使用。之所以如此是因为在曹俊峰先生和邓晓芒先生二人的译本中译法不一致。我们此举是不得已而为之。类似的情况还表现在"先验的"和"先天的"之间的区别，前者为 a priori，后者为 transzendental，前者与经验层面的对象无关，更多地指向一种普遍性；后者与经验层面的对象有关，更多地与认识论、知识学有关；二者之间的关系表现在：先天的必定是先验的，但反过来说，先验的不一定是先天的。曹俊峰先生的译本将 a priori 译为"先验的"了，我们引文中没有改动，所以在我们的行文中先验的和先天的有时没法区分，但大多数情况下用的是"先天的"，除非明确表示是在认识论的意义上使用，才用"先验的"，此为不严格的地方，向读者深表歉意；对不够严谨、细致的做法，笔者深感自责。

② ［德］康德：《康德美学全集：美，以及美的反思》，第313页。

因来说的肯定的情感，它是先天被认识到的"①。由此可以看出，道德情感，即对道德法则的敬重感，是一种由感性上升到理性的过程中所产生的特殊的否定性的情感，它否定了对感性的欲望，是对欲求能力的对抗。但道德行为并不止于此，这种情感作为一种动机，②它最终指向了道德法则，以之为鹄的，实现了道德行为，也达到了善良意志的要求，体现了善的价值，这是一个行为主体自我满足的状态，有一种愉悦感③，就此而言，这种情感和审美判断中的愉悦感相似，所以康德在"第一导言"的这个地方说，在自由的理性概念和欲求能力之间存在着情感。这种分析是针对欲求能力的内部状况而言的，即在先验的自由这一理念和能给行为提供规定根据的欲求能力之间来进行的，以此为基础来推论出欲求能力和情感能力之间的关系。但若从欲求能力的外部来看，即将认识能力、情感能力和欲求能力三个部分各自独立开来，那么，"认识能力不是借助于愉快或不愉快与欲求能力相联系的。实际上，愉快或不愉快并不先行于欲求能力，而是或者只遵循欲求能力的规定，或者也可能只是这种意志的规定性（通过理性）的感受，因而并不是特殊的情感，也不是要求有一个特殊的心灵本性的独特的敏感性"④。这几句话包含的内容非常复杂，涉及康德在《实践理性批判》里所提出的那个著名的有关自由作为"拱顶石"的命题，即"自由的概念，一旦其实在性通过实践理性的一条无可置疑的规律而被证明了，它现在就构成了纯粹理性的、甚至思辨理性的体系的整个大厦的拱顶石"⑤。邓晓芒先生指出："道德律使人认识到人在实践中事实上是自由的，并反过来确定了人的自由是道德律的'存在理由'，这样一来，自由就由于存在着道德律这一事实而不再仅仅是《纯粹理性批判》中所设想的那种可能的'先验自由'，而成了具有客观实在性的'实践的自由'即'自由意志'了。自由概念就此成为两大批判体系结合的关键

---

① ［德］康德：《实践理性批判》，第 108 页。

② 贺方刚：《论康德的"敬重感"》，《伦理学》2013 年第 10 期，第 84 页。原文刊于《齐鲁学刊》2013 年第 4 期。

③ 康德在《判断力批判》中提出"美象征德性"的美学命题，其哲理依据表现于此。

④ ［德］康德：《康德美学全集：美，以及美的反思》，第 313 页。

⑤ ［德］康德：《实践理性批判》，第 2 页。

（'拱顶石'）。"① 也就是说，从哲学体系的角度，即前两个"批判"的内在关联来看，自由起了一个联结的中介作用，它将理论理性和实践理性、认识和道德联系了起来；从心灵能力的构成这个角度来看，自由将认识能力和欲求能力联结了起来。这个关于自由的理论可以解释康德在此处（即第一导言）为什么说认识能力不是靠情感能力和欲求能力相联系，实际上是暗指他的第二批判中关于自由的理论，他接下来说情感能力不在欲求能力之先，而只是遵循欲求能力的规定，或者说它是意志的规定性经由理性而产生的感受，主要是指情感能力不为欲求能力奠定基础，也是间接地强调欲求能力不以情感（此处主要指道德情感）为基础，而以道德法则为基础，但它为什么又遵循欲求能力呢？在康德的内心深处，处于物自体领域的道德法则更具根本性，欲求能力和情感能力都要服从于它（但这和认识能力、情感能力、欲求能力三者间的并列关系并不矛盾），自由意志规定自由的任意（Willkür）② 采纳道德法则所产生的感受，也就和愉快或不愉快的情感相类似，所以二者是平行、并列的关系。再联系上面分析的康德关于认识能力和欲求能力之并列关系的论述，就可得出结论——这三者是并列的。

　　上面的分析是从认识能力、情感能力和欲求能力这三者间的内、外部关系展开的，将其综合起来作为一个整体、体系来加以考察，会是一种什么情形呢？康德提出："在心灵能力的划分中一般来说无可争议地要有愉快情感的位置，这种情感不受欲求能力的规定的制约，甚至还可能是欲求能力的规定根据，但却是愉快的情感与另外两种能力结合为一个体系所需要的，其目的是使愉快的情感像其他两种能力一样，不以纯粹经验根据为基础，而是建立在先验原理之上，——这样作为体系的哲学思想就同样需要（虽然不是作为学理）愉快和不愉快的情感批判（原文字体如此——引者注），因为它不能以经验来证明。"③ 在这段话中需要注意如下几点：一是上面提出情感能力不先于欲求能力，甚或还遵循欲求能力之规定（隐含着此二者都服从道德法则的意思，从另一层面来讲，二者是并列

---

① ［德］康德：《实践理性批判》，中译者序第 2 页。
② 参看前文关于"意志的自由"（Wille）和"任意的自由"（Willkür）的注释。
③ ［德］康德：《康德美学全集：美，以及美的反思》，第 313 页。

的），这里为什么又提出情感有可能是欲求能力的规定根据呢？这两种观点明显有矛盾，我们只能将其理解成：在将三者置于一个体系之内时，情感并不受制于欲求能力，至于说它在可能的情况下会成为欲求能力的规定根据，仍然是指在"任意的自由"采纳道德法则时所产生的敬重感这种特殊的情感，它会规定欲求能力，但这个规定根据不是真正的规定基础，真正的基础是道德法则。二是这段话是从哲学体系的批判这个高度来讲的，因为前两个批判已为认识能力和欲求能力找到了先天原理，从而也巩固了哲学体系，第三批判若再从心灵能力的第三个组成部分——情感能力——找到先天原理，那么整个哲学体系就更严谨了。

三　情感的先天原理存在于判断力当中

前面我们分析过康德对思维能力和心灵能力的剖析，前者可以分为知性、判断力和理性；后者可分为认识能力、情感能力和欲求能力。若从其是否具有先验原理这个角度来看，思维能力中的知性和理性都分别有自己的先验原理了，前者是先验范畴及范畴的诸原理（纯粹知性概念和纯粹知性原理的体系，包括直观的公理、直觉的预测、经验的类比、一般经验性思维的公设①）；后者是道德法则。从立法的角度讲，前者为自然立法；后者为自由立法。接下来，康德设想判断力如若也有先验原理，就能为情感立法了，这样一来，感性的情感因有其法则而从主观判断变成客观的规律了。所以康德提出："根据概念，认识能力在纯粹知性中（在其关于自然的概念中）有自己的先验原理，欲求能力在纯粹理性中（在其关于自由的概念中）有自己的先验原理。因此，在心灵性能中就还剩下一个居间的能力，或者说敏感性（Empfindlichkeit），也就是愉快和不愉快的情感（尚无先验原理），同样在高级认识能力中还剩下居间的判断力（尚无先验原理）。"② 至此我们看出，康德重申了前面两个高级认识能力（从思维能力的角度来说，康德有时也称思维能力为高级认识能力）和心灵能力中的前两个机能都已发现有先验原理，所以它们所给出的规律是有普遍必然性的，那么剩下的一个高级认识能力和心灵机能是否也有先验原理呢？

---

① ［德］康德：《纯粹理性批判》，第69—77、134—212页。

② ［德］康德：《康德美学全集：美，以及美的反思》，第313页。

若有先验原理，那么这三种高级认识能力和心灵机能就都具有了立法的功能，其法则也都有了必然性，由此就使得整个哲学体系更加完备和稳固，知性、判断力、理性，以及与此对应的认识能力、情感能力、欲求能力，就都具有平等的独立地位了。但在导言里康德还只是按类比的方式，以推测的方法做出了这一设想："因而如果设想判断力也含有关于愉快和不愉快的情感的先验原理，那就是再自然不过的事了。"①

对这个设想进行推论、求证的目的，在康德看来，是为了寻求判断力和情感能力之间的一致性，也就是说，情感的愉快与否是由判断力做出的，这样一来，就把感性的情感之规定根据上升到理性的高度了，此举可以解决情感的普遍性问题。所以康德认为"如果不解决这种联系的可能性（即判断力和情感之间的一致性——引者注），就不能透彻认识判断力和愉快的情感之间的某种一致"②。这看似是一个审美判断问题，关于康德的美学与其整个哲学体系的关系问题，学界颇有争议，以国内来说，康德美学研究的著名学者曹俊峰教授主张康德美学，尤其是《判断力批判》的写作"与构造体系（即：使三大批判成为一个严谨的哲学体系——引者注）的需要无关"③，康德美学有其内在一致的发展线索和逻辑，是康德从人类学角度思考人的问题之必然结果，他的"哲学活动由人始，由人终，开始时用审美来回答这个问题（即人是什么的问题——引者注）（《对美感和崇高感的观察》），结束时也用审美来解决这个千古之谜（《审美判断力的批判》）"④。但从哲学研究的角度来说，有的学者持另一种观点，如邓晓芒先生认为，康德的美学思想虽然也有其内在自我发展的逻辑线索，但康德不是为了美学而美学，即他不是纯粹出于陶冶审美情趣的目的而研究美学问题的，这在《判断力批判》的序言中已有所交代⑤，康德提出审美判断是为了实现向目的论判断的过渡，同时也是从哲学的高度为审美判断找到先天法则，从而让审美判断具有普遍性的根据，也和理论理性及纯粹实践理性的普遍性根据一样（就此而言，知性、理性、判

---

① ［德］康德：《康德美学全集：美，以及美的反思》，第313页。
② ［德］康德：《康德美学全集：美，以及美的反思》，第313页。
③ 曹俊峰：《康德美学引论》，第427页。
④ 曹俊峰：《康德美学引论》，第20页。
⑤ ［德］康德：《判断力批判》，第4页。

断力都能立法，其对象都有实在性，康德提出过经验对象的实在性、实践理性的实在性，我们可否推论：情感也有其实在性？这是值得进一步研究的重要问题），由此可以清楚地看出，康德的美学思想服从于其整个哲学体系，是其哲学研究的附属产品。① 国外有学者从康德思索美学问题的历史这一角度指出："因为他对美学有一个长久的兴趣且此问题也被列入'趣味批判'的计划当中，所以当他于 1787 年 9 月一完成'第二批判'的工作就着手开始这项研究了，其议题是：为什么目的论会闯入（我的视野）？康德不得不以一种创新性的方式来思考其间的连结问题，所以他不能未加深究就将这两个论题联系在一起。……将这一作品（指《判断力批判》——引者注）当作一个整体来看待的做法是最根本的。"② 由此可以看出，扎米特（John H. Zammito）也倾向于从目的论和审美判断的内在联系来考察康德的美学问题，且将审美判断纳入康德的整个哲学体系来看待才能真正了解康德提出审美判断的意图。

从康德的整个哲学体系，尤其是高级认识能力的角度来看待审美判断问题，那就涉及概念与客观对象之间的关系问题，在此过程中，判断力发挥了什么作用呢？在康德看来，"如果以概念来划分认识能力，我们就会看到知性和理性把自己的表象与客体相比较以便获得关于客体的概念，而判断力就仅仅与主体有关系，并且它本身不能产生任何概念"③。也就是说，知性凭借先验范畴而与经验杂多相联系，就产生了对自然对象（即客体）的概念性认识，不过需要注意的是，其间运用了一个图型做中介。④ 同时由于图型"任何时候都只是想象力的产物"，它"不以任何单独的直观为目的，而仅仅以对感性作规定时的统一性为目的"。⑤ 通过这

---

① 邓晓芒：《审美判断的康德哲学中的地位》，《文艺研究》2005 年第 5 期。

② John H. Zammito, *The Genesis of Kant's Critique of Judgment*, the University of Chicago, 1992, p. 2.

③ ［德］康德：《康德美学全集：美，以及美的反思》，第 313 页。

④ 贺方刚：《康德 Schema 概念的现象学意蕴》，《齐鲁学刊》2016 年第 4 期，第 96 页。该文指出，康德用 Schema（图型）来充当范畴与经验对象之间的第三者这样的中介，其间涉及时间的特质与作用，以及先验想象力的创造性，这个过程不是一个简单的联结与对接问题，而是由先验想象力在时间的绵延中"创造""构造"出对经验对象的认识，就此而言，胡塞尔、海德格尔的现象学也都涉及这个问题，颇值得深入研究。

⑤ ［德］康德：《纯粹理性批判》，第 140 页，A140 = B180。

样的规定，客体与概念、范畴就联系了起来。如对一棵树，外感官获得经验性的杂多，是尚不清晰甚至有点模糊的感性材料，想象力在这些材料的基础上，和判断力一起，将量、质、关系、模态等范畴与感性材料相联结，在时间的绵延中，构造出一个有形状、颜色等特质的"图型"，最终实现了认识的功能。这个过程中，判断力自己没有也不会产生范畴，范畴是先验的统觉给予的。

从心灵机能之划分这个角度来看，判断力的作用又如何呢？它没有并且也不会产生概念，其与客体的关系会如何呢？康德指出："如果在普通心灵能力的一般划分中，认识能力和欲求能力包含着表象之间的客观关系，那么，与此相反，愉快和不愉快的情感就只是主体规定性的敏感性，因此如果说判断力一般应该规定某物本身，那么，这一某物也许就只可能是愉快的情感，反过来说，如果愉快的情感一般应该有其先验原理，那就只能是在判断力中。"① 也就是说，认识能力通过范畴及其诸原理规定了客体，欲求能力通过道德法则之实现也规定了客体，唯独情感能力只是一种主观的感受，不能规定客体，规定的只是主体的心灵感受；同时它又和判断力相对应，所以，如果要寻求其先验原理的话，那么只能到判断力那里去寻找，因为认识能力和欲求能力都已有了自己的先验原理并且也对客体进行了规定。通过这些分析，康德就将情感的先验原理与判断力联系了起来。

第四节　使判断力成为体系的经验

对于经验，具体而言，经验对象所处的现象界，康德在认识论部分曾进行过深入的分析，他认为现象界是我们的（知性）知识所由以起步的地方，虽然他指出知识的来源不仅仅是经验的东西（还有先天的东西，如具有普遍性特征的逻辑），但离开了经验来谈论知识，就会像柏拉图那样，虽然可以"鼓起理念的两翼冒险飞向感官世界的彼岸，进入纯粹知性的真空"，但不会有所收获，因为如此一来柏拉图就"没有任何支撑物可以作为基础，以便他能撑起自己，能够在上面用力，从而使

① ［德］康德：《康德美学全集：美，以及美的反思》，第 313 页。

知性发动起来"①。康德此处是批评柏拉图的理念论，即，将理念作为知识的最实在部分，感性经验对象因分有理念才得以具有实在性；这个关于知识对象的顺序恰好和康德的相反。

一　经验的系统性与自然对象的非系统性

从上面康德对"经验"的界定来看，它是经过知性整理后的感性材料，表现出一种系统性的特点，这也就是知识的特征之一。在康德看来，"一种知识不论以何种方式和通过什么手段与对象发生关系，它借以和对象发生直接关系、并且一切思维作为手段以之为目的的，还是直观。但直观只是在对象被给予我们时才发生；而这种事至少对我们人类来说又只是由于对象以某种方式刺激内心才是可能的"。"那种经过感觉与对象相关的直观就叫作经验性的直观。"② 此处康德很明确地提出，我们的知识是外在对象刺激内心（即我们的感觉器官，康德有时称之为外感官）后，经由诸认识能力（感性、知性、想象力等）加工而得出的，那些被纳入感官后的自然对象就形成经验。此处还隐含着这么一个问题：自然对象如此之多，尚未进入我们的认识范围的对象又是什么情况呢？在认识论中康德并未展开对这个问题的讨论，在《判断力批判》里才触及它。既然经验是被知性所认识后产生的，那么它就意味着已被规律所制约，换言之，被人的认识整理后纳入了规律的体系之内，所以康德指出："我们在《纯粹理性批判》中已经看到，作为所有经验对象的整个自然界按照先验规律构成一个体系，这种先验规律是知性本身先验地提供的（这是为现象而提供的，因为现象在与认识相关时构成了经验）。正因为如此，经验就应该（在思想中）按照普遍规律和特殊规律构成可能的经验知识的体系，如果被客观看待的经验一般来说是可能的话。"③ 这段话中所提到的知性先验地提供先验规律，其哲学基础在于，人的先验的统觉提供了范畴及其诸原理（康德一共列出了四个），这些东西是先验规律的根基，自然科学所谓的规律，就是在此基础上建立起来的，它是人类认识自然的需要，如

---

① ［德］康德：《纯粹理性批判》，导言第 7 页，A5 = B9。
② ［德］康德：《纯粹理性批判》，第 25 页，A19 = B33。
③ ［德］康德：《康德美学全集：美，以及美的反思》，第 314 页。

牛顿物理学的一些定理，乃至后来爱因斯坦、霍金等，都是沿着这条思路来发现一些自然规律的，是一种简约化的做法，符合马赫所提出的"思维经济原则"。① 在康德看来，人类想从规律上把握自然，其哲学基础在于："自然界的统一要求这种体系，这符合包含在一切想象的总体之中的所有事物之间存在着普遍联系的原理。因而按照先验的知性原理一般经验要求被看成体系，而不是简单的无序堆积。"② 由是观之，经验就表现出其系统性的特点。这里需要补充的是，所谓的规律，涉及的只是现象，现象背后的东西被康德称为物自体，是感官所不能触及的，这是康德区分知性和狭义的理性之根本原因，即物自体③是狭义的理性所把握的对象，知性只针对经验、现象。

人类认识自然，把握其规律是认识的主旨。问题在于，被外感官所"捕捉"到的只是自然对象的一部分，自然界如此之大，对象如此之多，那些未被捕捉到的对象该怎么来看待呢？再退一步讲，即使我们已把握了自然界的一些规律，但是否把握到了"终极"的规律，或曰穷尽了某一经验对象的规律？这涉及规律（真理）的相对性和绝对性问题，今天的人们所普遍秉承的信念是这样的："只要坚持'客观性原则'并采取合理的科学方法，我们就一定可以获得对于客观规律的正确认识，这些无可怀疑的真理将随着文化的延续不断得到传递和积累。"④ 换言之，我们必须

---

① ［美］R. S. 科恩等：《马赫：物理学家和哲学家》，董光璧等译，商务印书馆2015年版，第17—18页。

② ［德］康德：《康德美学全集：美，以及美的反思》，第314页。

③ 关于"物自体"，康德是在三个层面来阐述的，一是在感性的层面，它是刺激人的外感官形成经验杂多的刺激物，也就是"物自身"，它不同于我们所认识的对象，因为我们所认识的对象是我们用既有知识建构、加工出来的，这个层面的物自体是个感性存在物。二是在知性层面，基于知性要对感性材料进行加工整理的特点，物自体就成了思想的对象，也可以说是本体，是思想范围内的对象，属于知性存在物。第三个层面谈论物自体是理性如何看待这个问题，理性是对知性知识的进一步整理，它不和感性打交道，所以在这个层面讨论物自体的话，物自体相当于诸条件的无条件者，是个"总体"或"大全"，这个层面谈论物自体不是很严谨（因为物自体主要指感性领域内的对象，但当我们对不能被感官直接感知、把握的东西进行指称时，康德的认识论是指物自体），所以当我们进入理性的层面谈论大全、整体等所对应的东西时，有时也会说他们相当于物自体的功能——侧重于指它们不能被直接把握。这个思路受教于中国人民大学的张志伟教授，特此感谢，之前自己对这三个层次未能清晰地区分开来。

④ 郑毓信：《科学哲学十讲》，译林出版社2013年版，第24页。

"坚持"真理的客观性原则，即设定自然界存在着客观的真理，并在已有真理的基础上持之以恒地追求之，才能不断增加我们对自然的认识；但这个过程是随着文化的积累而不断延续的，永无止境，这就隐含着我们应以开放的态度面对未被认识的自然对象。再往前追溯，爱因斯坦曾提出："我们也可以（而且确实应该）设想世界是服从一定规律的，但这些规律只是思维的安排能力所造成的，就像语言中字母的排列顺序那样的规律。"① 也就是说，我们的思维能力已设定下目前的规律了，至于以后的规律，还需要继续设定。换言之，对那些尚未被我们观察到的对象，仍需不断地探索，它们不在规律所"制约"的范围内，对此康德指出："实际上，经验规律的多样性和驳杂性可能如此之大，以致虽然对我们来说有时按偶然规律发现的个别规律在经验中把知觉联系起来是可能的，但却永远不能使这些经验规律达到在普遍原理之下的种类上的统一。"② 也就是说，在经验中虽然可以把已有的规律统一起来，纳入既定的规律之系统内，但仍有偶然间所发现的个别规律一时难以被统一起来，被按原来已有的规律去解释它，"在这种情况下（在知性所能先验地解决的范围内），如果这些规律以及与之相符的自然界的形式的多样性和驳杂性无限巨大，并且以原始的混乱堆积的形态显现于我们眼前，那就不会显示出丝毫系统的痕迹，虽然按照先验规律我们应该设定这种系统。"③ 由此可以看出，按康德对经验这一概念的解释，经知性整理过的经验，与其说是"符合"知性的规律，不如说是"被规定"为"服从"某条规律；但遇到不能被归入某条规律的经验现象时，自然对象就表现出不成系统的一面，要求我们进一步对其加以解释。这就涉及判断力那假设性的先验原理了，按康德的观点，毋宁说它是为特殊的规律寻求普遍性而出现的。

二　判断力先验原理的假设性前提

关于对自然的把握，基于认识论的考量，以范畴及其诸先验原理为法则而对自然立法，按康德的观点，其基础在于人对时间和空间的直观能

---

① 爱因斯坦：《爱因斯坦文集》（第一卷），徐良英、李宝恒、赵中立、范岱年译，商务印书馆2009年版，第720页。

② ［德］康德：《康德美学全集：美，以及美的反思》，第314页。

③ ［德］康德：《康德美学全集：美，以及美的反思》，第314页。

力，也就是"作为先天知识的原则，有两种感性直观的纯形式，即空间和时间"①。在这个意义上康德指出："在时间和空间中自然的统一以及对我们是可能的经验的统一是同一件事，因为自然只是现象（表象方式）的总体，而现象的总体唯有在经验中才能有其客观实在性。"② 当然，康德在此处是将以时空观为基础构建起来的对自然做统一性的理解，与以范畴及其诸原理对自然所形成的经验，放在同一个层面上来比较，他认为二者具有同等的对自然的理解效果，其原因在于，我们所获得的自然，只是我们的现象之总体，即，是我们"建构"起来的整体，至于其"真实"情况是什么样的，那只能设想其如康德所提出的物自体一样，我们尚未得知。此外还需注意的是，康德此处提出的经验中的客观实在性，和他在《实践理性批判》中所提出的实践理性意义上的实在性，以及他未言明，但从在其领域立法的角度提出的情感能力的实在性③，这三者具有同等效力，进一步的详细研究将在后文展开。

如上所述，既然我们是以时空的直观形式和范畴及其原理"建构"起了关于自然的经验和知识，甚至在一定意义上可以说是将自然"设想"成呈现此等状况的，那么对那些一时未被纳入经验的范围和知识的体系之内的自然对象，也可以设想它虽然不与目前的规律、知识相协调，但终究是可以被纳入对自然的整个表象之内的，基于此，康德认为：那些"令人不安的经验规律的无限的驳杂性和自然界形式的异类性并非自然所固有，而毋宁说，由于个别规律在更普遍的规律之下的亲和性对于作为系统的经验是适宜的，上述驳杂性和异类性就是主观上必要的先验假设"④。也就是说，那些目前解释不了的、尚未被已有规律所囊括的个别偶然现象，是我们"假设"出来的，它们与其他自然对象本来并无二致，都处于我们所生存的"世界"里，只是我们看待的视角不同，就产生了不同的规律而已。这一点，从海德格尔的生存论分析更容易理解，即"决定事物是什么的不是任何'基本实体'，而是意义，而意义从来都不是孤立的，它只有在意义整体中才有意义。这个意义整体就是世界。同一个对象

---

① ［德］康德：《纯粹理性批判》，第 27 页，A22 = B36。
② ［德］康德：《康德美学全集：美，以及美的反思》，第 314 页。
③ ［德］康德：《判断力批判》，第 8—10 页。
④ ［德］康德：《康德美学全集：美，以及美的反思》，第 314 页。

之所以在不同的人眼里是不同的东西，是因为他们有不同的世界"①。通俗地讲，科学哲学中所谓的"有色眼镜问题"，就是对此观点的系统表达，"科学哲学现代研究的一个重要成果，即是清楚地指明了人们总是通过'有色眼镜'看待世界"。②就此而言，我们所谓的规律是一种看待自然、世界③的态度和方法。看康德那里，对那些尚未被通过有色眼镜来看待的对象，是通过判断力来调和、协调它与已有规律的关系的，他指出："这种先验假设（指对上面所提到的规律的假设，也引申出对偶然现象仍将符合更高级规律的假设——引者注）构成了判断力的先验原理（的前提）。实际上，判断力不仅是把特殊置于普遍之下的能力，也是反过来为特殊寻找普遍的能力。"其目的在于"把个别规律——这也是因为它们不同于那些普遍的自然规律——置于更高的，尽管仍然是经验性的规律之下的判断力才会把这种原理（指各自然规律相互协调的原理——引者注）纳入自己的活动方式的基础之中"④。康德在此将判断力做了区分，虽然并未在表述中明确提出，但他在讨论知性和狭义的理性，即知识和道德问题时所用的判断力，指的是规定性的判断力，即依靠既有的先验原理来做出判断，对知性而言是靠范畴和范畴的诸原理对经验杂多做判断，对狭义的理性来说是靠道德法则对意志的自由做判断，此二者的普遍特征是将既定原理加到特殊对象上去；康德在讨论审美判断和目的论判断时使用的判断力是反思性的判断力，这种判断力没有既定的先验原理，毋宁说它使用的原理是被视为己出的，即反思性的判断力为自己提供先验原理，将特殊对象归属到某一规律之下，也就是说，"在自然形式的杂乱迷茫中，判断力会把这些形式与普遍的经验性的，但却是更高级的规律的一致看成是偶然的；如果个别的直觉有时幸而显得与经验规律相适应，那就更加是偶然的了，不仅如此，多种多样的经验规律还似乎与可能经验（在其全部联系中）中自然知识的统一相适应，

①　张汝伦：《〈存在与时间〉释义》，第237页。

②　郑毓信：《科学哲学十讲》，第14页。

③　我们此处所使用的"世界"，是在和"自然"基本相同的意义上使用的，更类似于自然科学里的世界、物理的世界，不同于海德格尔在《存在与时间》里所使用的"世界"，海氏的世界主要是指人（用Dasein更合适）和自然融为一体、人在前科学、前逻辑（胡塞尔在《经验与判断》里用"前谓述"）的意义上与外物打交道。

④　［德］康德：《康德美学全集：美，以及美的反思》，第315页。

而不必借助于先验原理在自然中预先设定类似的形式"①。换言之，自然形式虽然是杂乱无章的，但已有的知性规律却可以将其整理成有条理、有逻辑的内容（即上面我们提出的经验），符合必然性的要求；有不能被已有规律所整理的自然形式，看起来是偶然的，但若从更高一级的规律来看，这些偶然现象也是符合更高一级的规律的，在这个过程中起作用的就是反思判断力，它的假设性的前提就是已然被设定下来的知性的、经验性的规律。

三　自然走最短之路

康德所提出来的这个反思判断力的假设性前提，也不是他一时心血来潮冥思苦想出来的，而是有西方文化的基础的，如在一些形而上学的智慧箴言中就表达了类似的意思，康德将这种表达称之为"公式"，他指出："所有这些符合如下公式的情形不过是判断力在为作为系统的经验因而也是为自己的需要构造原理时的先验表现，这个公式是：自然走最短的路径——它从不做白费力气的事，它从不在多样的形式中跳跃，它外观富丽，但在种类上却不肯奢侈（衍生出多余的种类）。"② 这些箴言虽然是以形而上学的思辨方式得出的，但在自然科学的研究中却也颇具指导意义，比如说牛顿的万有引力定律，在此定律未被发现之前，苹果落地，高空坠物等是一类自然现象，太阳、地球、月亮有规律地在空中运行，是另一类自然现象，它们各自都有自己的规律，在牛顿之前，科学家并未将此两类规律统一起来，牛顿的万有引力定律做到了这一点，他当时是否受"自然走最短的路径"这一箴言之影响，可以另行深入研究，但其思路与这条箴言是一致的。箴言中的第二个方面是说大自然不做无用之功，它的各个环节之间在发生变化时，是恰到好处的，不会白白浪费更多的东西，这个意思和威廉·奥康（William Ockham，约 1285 – 1349）的观点是一致的，即"切勿浪费较多东西去做用较少的东西同样可以做好的事情"③，亦即有名的"奥康的剃刀"，后被简约化为："若无必要，切勿增加实质。"箴言的第三个方面指的是自然界的各个物种或同一个物种内不同生

---

① ［德］康德：《康德美学全集：美，以及美的反思》，第 315 页。
② ［德］康德：《康德美学全集：美，以及美的反思》，第 315 页。
③ ［英］奥康：《箴言书注》（记录本），2 卷 15 题。转引自赵敦华《西方哲学简史》，北京大学出版社 2012 年版，第 181 页。

物间的发展是连续的，既不间断，也不跳跃，若用规律去解释它们之间的关系，就表现为这些规律是连续的、相互关联的。

但就是这样一些由箴言所反映出来的规律，即便是在自然科学方面，或在哲学原理中都有所体现，对其证明起来却颇为困难，所以康德指出："自然在其纯粹的形式规律（由于这些规律自然才能一般地成为经验对象）中与我们的知性相适应，但在个别规律方面，在其多样性和非同类性方面，自然却不受我们为其立法的认识能力的一切局限性的制约。"① 亦即，已为我们所归纳出来的规律，我们以其来把握自然对象、解释自然现象，好像是客观的、本来如此的，② 但究其实，这只是大自然对我们知性的适应，言外之意，是自然迎合了我们的规律，而并不存在本来如此的客观规律，规律的最大特点是简约化，便于人们以最便捷的方式来把握大自然，即使是自然科学中以数学化的方式所给出的公式，也概莫能外，就此而言，"数学的核心问题就是无终止地探求简单而再简单的方法，去证明各种理论，去解决各种问题"③。比如科学发展史上前期对某一理论的证明需要很大篇幅的论证过程，但后来的科学家只需寥寥数行，就给出了极其简单的证明。像这样在刹那间靠灵光一闪而获得的奇思妙想，被心理学家称为"啊哈反应"（aha! reaction）（即灵感），这样的例子有很多，比如说像爱尔兰的数学家威廉·朗万·汉密尔顿对"四元数"的发明，他起先是考虑代数系统是否必须要满足交换律的问题，百思不得其解，当经过一个石桥时，突发奇想，构想出了四元数的概念。④ 这就说明，对自然的探索是在设定一些理论前提的情况下无休止的、趋于简约化的过程。对于这样的"设定"、假设，在康德看来，是出于判断力的假设，"这不过是判断力的假设——为的是时刻把自己的应用从经验性的个别事物上升

---

① ［德］康德：《康德美学全集：美，以及美的反思》，第 315 页。

② 这涉及规律、真理的客观性问题，我们提出此种观点，并不否认真理的客观性，只是想强调真理的条件性和相对性，即真理只是在一定的前提（所谓的阿基米德点，以及一些基本的公理、公设）和条件下的产物，等外在条件发生了变化，真理的内容也会被不断修正与发展。这种观点与马克思主义的真理观并不矛盾，并没有否定马克思主义真理观的客观性，所谓的"客观性"只是说在相同的前提和条件下真理的可重复验证性。

③ ［美］马丁·伽德纳：《啊哈，灵机一动》，李建臣、刘正新译，科学出版社 2007 年版，前言 iii。

④ ［美］马丁·伽德纳：《啊哈，灵机一动》，李建臣、刘正新译，科学出版社 2007 年版，前言 iii。

到更一般的同样是经验性的东西，因为只有在这种原理存在的情况下，才可能赋予经验以系统性的特征"①。这是康德从哲学体系的高度为经验的系统性所做的分析，并将这种系统性的思路之根基追溯到作为高级思维能力之一的反思性判断力那里去了。

---

① ［德］康德：《康德美学全集：美，以及美的反思》，第 315 页。

第四章　趣味（美、崇高）判断之
必然性的哲学根基（下）

　　我们目前对康德的趣味判断所进行的考察，是立足于康德整个哲学体系的高度来进行的。也就是说，一方面要在康德整个思想发展过程中来理解趣味判断；另一方面要找到其所被给出的思维能力——反思性的判断力（后面行文中有时为了迁就引文的需要而称其为"反思判断力"），这是本章的主要目的。在此过程中，考察其所以产生的缘由很有必要，根据美国学者约翰·扎米特（John H. Zammito）的研究——"托涅利（Tonelli）在反思性判断的概念中发现了'三批'发展过程中的关键所在。托涅利提出，反思性判断所具有的决定性的特征——以及像这样具有清晰意义的判断能力——只是在文本形成的中间过程产生的。它并不意味着是（Kant）最原初的对美学问题的处理——也就是后来作为'美的分析论'（《判断力批判》§§1—22）的部分，以及早期的且被恰当地称为大杂烩的部分（§§31—40），即'审美判断的演绎'。这些就是'趣味判断'主要组成部分的原初形式。确实，托涅利将对反思性判断的发现与判断力批判第一导言联系了起来，他认为这一部分的写作时间在1789年5月之前。康德只有在发现了反思性判断力这一新观点的含意后，才能进行'目的论的批判'这一工作。"①

第一节　反思性的判断力

　　在对反思性的判断力（以下行文中为与引文一致，有时用反思判断

---

① John H. Zammito, *The Genesis of Kant's Critique of Judgment*, The University of Chicago Press, 1992, p. 4.

力，但意思是一样的）进行界定之前，康德先给出了"判断力的概念"，即"判断力要么可被看作出于那样一个可能的概念而对给定表象根据某种确定的原则做出单纯反思的能力，要么可被看作通过一个给定的经验表象而对一能作为根基的概念做出规定的能力"①。即，判断力有时可被看作对某一表象进行反思的能力，只不过其根据是已有的某种原则或法则，康德称这种反思是反思性的判断力；有时可被看作对某一经验表象所进行的反思，这种方式被康德称为规定性的判断。简言之，反思是对某一表象的再思考，或可称之为"后思"。康德提出这个概念是为了在对两者进行比较的意义上引出反思性的判断力，因为规定性的判断力主要是在《纯粹理性批判》里涉及的。

一　作为反思性的判断力之前提的规定性的判断力

规定性的判断力主要是指知性的一种机能，这种机能是概念得以被运用的一个能力方面的保障，它表现为"把各种不同的表象在一个共同表象之下加以整理的行动的统一性"②，也就是说，规定性的判断力主要把由经验杂多所形成的表象与概念相联结，而不是直接和对象相联结，靠这种方式来形成知识，因为一个"概念永远也不和一个对象直接发生关系，而是和关于对象的某个另外的表象（不论这表象是直观还是已经本身是概念）发生关系"③（这涉及康德所提出的"图型法"这一方法，后面接着分析）。此处康德所着重表达的是概念对经验对象的规定作用，并未涉及反思活动，但到了《判断力批判》第一导言里，康德运用反思这一思维方式对其进行了考察，所谓的反思，它"本来意味着使给定的表象要么与其他表象相比较并结合，要么与自己关于概念的认识能力相比较并结合"④。这意味着，反思要么是与概念性的认识相

---

① Kant, *Critique of the Power of Judgment*, translated by Paul Guyer and Eric Matthews, Cambridge University Press, 2000, p. 15. 上述引文在曹俊峰先生的中译本中为："判断力可以被视为单纯地根据某种原理为了因给定表象而可能产生的概念反思那一表象的能力，也可以被看作为给定的经验表象确定作为根基的概念的能力。"（《康德美学全集：美，以及美的反思》，第 312 页）中译本有个别地方表述不是很清楚，稍显拗口，我们结合英译本对译文重新进行了整理。

② ［德］康德：《纯粹理性批判》，第 63 页，A69 = B94。

③ ［德］康德：《纯粹理性批判》，第 63 页，A69 = B94。

④ ［德］康德：《康德美学全集：美，以及美的反思》，第 315 页。

关的，要么是与非概念性的、感性的（审美的）判断相关。① 以此方式来反观知性在认识论中所设定的先验原理，那么就会有一个很重要的作用，即"在自然产物中永远可以设定按照我们所知道的一般规律而可能的形式。实际上，如果我们不设定这种形式，在我们观察经验表象的依据中不规定这种原理，一切反思就只得碰运气，盲目行事，于是也就对反思会与自然相符这一点失去信确信"②。由此就可以看出，在康德没有提出反思性的判断力之前，人类对自然的认识只是一种确定的方式，即它将所设定的规律加诸自然，以此来保证其确定性，这也是康德为自然科学寻找哲学基础的意义所在，即自然科学的成功有目共睹，其所订立的规律之确然性也已被广泛接受，这是自然科学知识之必然性、因果性的表现所在。以此视角来反观偶然性，它只能是尚未被纳入必然性的现象，只有被纳入之后才有意义。但在康德引入反思性的判断力之后，偶然性的意义发生了变化，它可以为审美判断提供一个新的、具有普遍性的视角，但其依据仍然是知性所订立下来先验原理，所以康德在一个脚注中对此做了进一步的解释，颇值得注意，他提出："不错，纯粹知性就已经教导（也是借助于综合的基本原理）我们把一切自然事物设想为包括在某种依据先天概念（范畴）构成的超验系统之中。"此处的"超验"仍然是指知性范畴及其诸原理的普遍性、先天性，而不是与宗教相关的超越、超绝的意思，尽管国内学界一般把超验与康德的宗教问题联系在一起，在此处应加以注意，否则解释不了上下文的意思。"但除此之外，只有同样也为经验表象寻找概念的那种判断力（反思的）还为此目的做出如下假设：自然在其无限的多样性中实现了把这种多样性按种类和外观来划分，这种划分使我们的判断力有可能在比较众多的自然形式时发现足够的和谐。"③ 换言之，康德在《纯粹理性批判》中探讨自然的规律性时，是人为地将这些规律设定下来加到自然上面去

---

① 在 Ästhetik 的双重意义上，即该词一方面具有"感性的"；另一方面具有"审美的"这两层意义上来讲，非概念性的表象可以这样来理解，即此类表象可以是感性的，也可以是审美的。前者可为我们前面提到的感性的趣味（口味、口感等），以及认识论中感性的经验材料提供来源；后者可为审美判断提供来源。

② ［德］康德：《康德美学全集：美，以及美的反思》，第 316 页。

③ ［德］康德：《康德美学全集：美，以及美的反思》，第 316 页。

的，即"人为自然立法"，凭这些规律来看待大自然，它因其规律而表现为成系统的，也是一种"和谐"；但在反思性的判断力出现后，大自然的和谐是在上面的知性规律之上的另一种和谐，也可以说，它同样也是人为地定下来的和谐，但却是在前一种人为制定规律的基础上的更高的规律，也可以称之为"再自律"，① 这是规定性的判断力为反思性的判断力提供前提的一个表现；同时也正因为这种和谐，才使得审美判断得以可能，亦即由和谐而引申出审美的愉悦感。

二　提供主观规律的反思性的判断力

上面我们已经提到，规定性的判断力是先有了既定的原理，然后将这些原理加以运用，去以之规定个别的经验对象；或换一通俗的说法，是一种"按图索骥"式的做法，我们做如此解释也不纯粹是一种词语上的巧合，即"按图索骥"的"图"和康德的"图型法"中的"图"相同；而是说，"按图索骥"中的"图"和康德的"图型法"中的"图"发挥了相近的作用，因为，康德所谓的"图型"（Schema）发挥了一种规则性的作用，它首先与经验对象相关，也相近，也就是说二者有相似性，反映了经验对象的大致形状；其次，它要与范畴相关，能代表范畴所表达的意思，就此而言它具有居间的作用，起了一个牵线搭桥的关联作用，但这只是一个方面；最后更重要的是，它要有规则的作用，即能够规定经验对象，将其归属到某些范畴和原理之下，由此才被赋予意义，这虽然可以被看作语言的称谓问题，但其更深刻的认识论基础却在康德所提出的规定性判断力的规定作用当中，发挥这些作用的东西就是康德天才般地提出的图型这一概念："由此可见，必须有一个第三者，它一方面必须与范畴同质，另一方面与现象同质，并使前者应用于后者之上成为可能。这个中介的表象必须是纯粹的（没有任何经验性的东西），但却一方面是智性的，另一方面是感性的。这样一种表象就是先验的图型。"② 此处所谓的将前者"应用"于后者，就是一种规定性的作用。而与此相反，反思性的判断力发挥作用的情况却大有不同，对此康德指出："但对那些首先为了给

---

① 邓晓芒：《〈判断力批判〉释义》，第 144 页。

② ［德］康德：《纯粹理性批判》，第 139 页，A139 = B178。

定的经验直观而需要去发现，且它们也预设了一条特殊的自然法则这样的概念来说，个别的经验在与此相一致的意义上是可能的。判断力为了进行反思就需要一条特殊的同时也是先验的原则，但我们不能将这条原则归诸已知的经验概念，也不能仅仅将反思与已有概念的经验形式做对比。"[1]这段话非常拗口，且其意思也有含混之处，为了更深入地讨论，我们现将德文的译文和英文摘录如下：

> 但对那样的一些概念——它们首先为了一些给定的经验直观而必须被发现，且也预设了一条特殊的自然法则，个别经验仅仅与此一致就是可能的——来说，判断力为了进行反思就需要一条特殊的同时也是先验的原则，但我们却不能相应地将这条原则归诸已知的经验概念，也不能仅仅将反思变成与已有概念的经验形式所进行的比较。（出处同326，英文版16页。德文阙如）

> But for those concepts which must first of all be found for given empirical intuitions, and which presuppose a particular law of nature, in accordance with which alone particular experience is possible, the power of judgment requires a special and at the same time transcendental principle for its reflection, and one cannot refer it in turn to already known empirical forms for which one already has concepts.

康德的意思应该是说，反思性的判断力在进行反思判断之前是需要一些概念的，在此基础之上才能对其对象进行反思，这样的概念是针对一些经验对象而给出的，同时为了把握经验对象，还要设定一些关于自然的法则，实际上这个思路仍然是对知性概念的概括。

康德接下来所说的才是真正关于反思判断的内容，即反思判断的进行同样也和知性的规定性判断力一样需要先天法则，但所不同的是，这样的法则不能被归到经验对象那里去，或通俗地讲，不是从经验对象那里归纳

---

[1] Kant, *Critique of the Power of Judgment*, translated by Paul Guyer and Eric Matthews, Cambridge University Press, 2000, p.16.

总结出来后被反复验证而具有先天性、普遍性的，① 而是由判断力自己给自己提供出来的。其所欲达到的目的在于："为了把已知的现象归属于有关一定的自然事物的经验概念之下，反思判断力不是图式化地处理那些现象，而是技术性地处理它们，不是纯粹机械性地像理性和情感所操纵的工具那样来处理它们，而是以艺术（Kunst）的方式依据普遍性的但同时又是某种系统中自然的合目的性的构造的非规定性的原理来处理它们，就好像是要适应我们的判断力在自然的个别规律（关于这些个别规律知性无所述说）和作为系统的经验的可能性之间的协调方面的活动。"② 这里有几点需要注意：

一是反思性的判断并不是与概念无关，这个观点容易和康德在《判断力批判》的正文（§15）里提出的"鉴赏判断完全不依赖于完善性概念"相混淆，在这里，康德的意思是说，鉴赏判断的根据是一种主观的合目的性，它"的确表明主体中表象状态的某种合目的性，并在这种状态中表明了主体把某个给予的形式纳入想象力中来的快感，但绝没有表明在此不通过任何目的概念而被设想的某一个客体的完善性"③。也就是说，在审美判断中，审美主体是在想象力中因某种被给予的形式而感到快感、愉悦感（即美感）的，但在这个过程中并不是没有概念的参与，而是说这样的概念不是像在知性认识中对经验对象进行规定，毋宁说这样的概念提供一种完善性，亦即，该对象合乎主体的目的，所以说审美判断中的概念体现一种完善性，"尽管美的概念只是完善的含混概念"④，但仍然和概

---

① 　关于康德所强调的"先天的"这样的法则，其意思主要是说法则的普遍性、必然性，这是康德哲学的纯粹性之所在，即他要在经验对象的基础上继续前行，找到不为经验现象的变化所影响的纯粹的规律。康德之所以这么做，与他当时所处时代的哲学背景有关，也就是经验论和唯理论之间的争论，康德走的是折中调和之路，此举已为学界所熟知，不赘述。我们在此想指出的是，到底该怎样理解"先天法则"？我们所进行的尝试，其视角是科学哲学的，我们认为所谓的法则，只是人们经过理智的作用对所观察到的现象进行规律的总结，若经过以后的反复验证，与此规律相一致，就可称其为法则，否则需要进一步的修正。这样的法则都是有一定条件的。就此而言，先天法则的普遍性也是相对的。是否如此理解康德的先天法则更符合知性知识的要求呢？波普尔在《猜想与反驳》中所提出的证伪，是否也可视为对康德先天法则的完善？其中的具体问题颇值得进一步研究。

②　[德] 康德：《康德美学全集：美，以及美的反思》，第 317 页。

③　[德] 康德：《判断力批判》，第 63 页。

④　[德] 康德：《判断力批判》，第 64 页。

念有关，只不过其关系不同于知性与概念的关系而已。

二是反思性的判断力在处理自然事物时，是以一种技术的、艺术的方式进行的。关于"技术的"这一术语，我们在前面已经进行过分析，它已含有"目的"的意思，即通过某种手段将一预定目的在客观对象中实现出来。康德启用这个概念，主要也是为了引入"自然合目的性"的理论，即反思性的判断力在反思自然事物时，并不是秉持既定法则要去规定什么，而是要"寻"出那合乎主体之目的的愉悦感，觉得自然事物好像是合乎自己的目的。就此而言，康德指出："判断力先验地把自然的技术（Technik der Natur）当作自己反思的原理，并不是为了解释——或者更确切地说是规定——自然，或者为此目的（解释或规定自然）而提供普遍的自然概念的客观的规定根据（从对事物本身的认识中）——这也是判断力力所不及的——，而只是为了它能够一般地按照自己特有的主观规律进行反思，以适应自己的要求，但同时又符合自然规律。"① 由此可以看出，判断力所由以进行反思性判断的规律不是为了对自然进行规定，它也不具备这个能力，只是在知性所提供的自然规律的前提下来反思自然，以寻求那与判断力自身相一致的、主观的规律，在此意义上可以说这种规律是判断力自己所提供出来的，所以康德以技术性、艺术性的方法来处理自然的合目的性与审美判断之关系。我们对康德的这几句话做如此理解，除了与康德思想的内在逻辑有一致性外，也有其思想发展的史料性研究的证据，按扎米特的研究，"激励着康德（去关注美学问题）的是蕴含在他的美学中的一个潜在思想（他称其为'自然美的智性兴趣'［intellectual interest］），亦即，大自然自身好像已显示出一种艺术的设计（方案）。这引导他将目的论作为一个认识论的判断来思考，并于 1789 年 5 月前写出了《判断力批判》的第一导言来"②。

三　被视为艺术的自然

我们在前面多次分析过，反思性的判断力是基于自然现象的差异性而

---

① ［德］康德：《康德美学全集：美，以及美的反思》，第 317 页。

② John H. Zammito, *The Genesis of Kant's Critique of Judgment*, The University of Chicago Press, 1992, p. 5.

提出的，它和规定性的判断力之不同在于，后者也要面对自然现象的繁多与驳杂，但它以既定的一些规律、法则去统驭它们；而前者则是要从纷繁复杂的自然现象中寻找到某种一致、和谐的规律、法则（亦即自然的合目的性），就此而言，两者在思维方式上正好相反，前者是由特殊而上升到一般；而后者则是由一般下降到特殊。很明显，反思性的判断力所预期的规律、法则是主观的、（在反思中）待定的，这里就会出现此类问题，即设定这样的规律、法则有何必要性？康德的理由是这样的："如果反思判断力不预先设定自然甚至按某种原理来为自己的先验规律规定特征，那么根据它的本性它就无法尝试按照自然的差异来说明全部自然的特征。"①也就是说，由趣味判断而引出的反思判断力，其目的在于对自然的总体把握，当然不是出于认识、知识的目的，但也和知识有一定的关联，不过其间的关系较为复杂，有一种不一致性，按扎米特对反思判断力的研究表明："在康德由第一批判发展而来的认识论系统和'客观目的性'中存在的难以处理的事实之间，有一种不协调性。"②也就是说，知性所对应的认识论和反思判断力所对应的目的论，在把握自然的目的上不一样，前者是认知的、实证的；后者是审美的、象征的。由此就决定了后者对自然的把握具有一种艺术性的特征，康德是这样论证的：反思性的判断力是"按照可能的经验规律在事物的无限多样性中寻找足够的相似性，以便有可能把这些事物归属于经验概念之下（种类、等级），同时又把经验概念归属于更普遍的规律（最高的种）之下，并以此达到自然的经验系统。——正如这种分类不是通常的经验认识，而是带有艺术特征的认识一样。自然如果被设想为按照这样的原理为自身规定特征，那么自然也要被视为艺术。"③康德的这个理论——自然从反思判断力的特征上来看要被视为艺术——是他在《判断力批判》的正文里所提出的观点之哲学基础，在《判断力批判》的第 45 节康德使用的标题是"美的艺术是一种当它同时显得像是自然时的艺术"，也就是说，艺术之为艺术，之所以被称为美的，是因为"只有当我们意识到它是艺术而在我们看来它却又像是自然

---

① ［德］康德：《康德美学全集：美，以及美的反思》，第 318 页。

② John H. Zammito, *The Genesis of Kant's Critique of Judgment*, The University of Chicago Press, 1992, p. 5.

③ ［德］康德：《康德美学全集：美，以及美的反思》，第 318 页。

时，才能被称为美的"①。由是观之，艺术和自然之间的关系好像是一种一而二、二而一的关系，即，自然可以被当作艺术来看待，艺术只有显得像是自然时才是美的艺术，其理论基础在于反思性的判断力之原理。

康德是这样来定义反思判断力的原理的，他说："判断力的独特原理是这样的：自然为了判断力在经验规律中按照逻辑体系的形式为自己的普遍规律确定了特征。"② 其中的"特征"就是指自然的合目的性，也就是说，这个特征是判断力反思自然后得出的，"好像"大自然有这么一个目的，此处颇有令人疑惑之处，因为一般情况下人们都认为目的只存在于主体内部，是主体对客体设定的一个预期目标，如在《实践理性批判》里，康德在谈到行为的手段与意图的关系时指出，"目的任何时候都是欲求能力的按照原则的规定根据"③，亦即，对某一行为有预期时，主体的自由意志就会将此预期目标作为行为的出发点和内在目的。若将大自然也看作有目的的，岂不有物活论之嫌？此处需要注意的是，康德所提出的自然的目的是他在《判断力批判》的第61节"自然界的客观的合目的性"之后提出的一个核心概念，他在"第一导言"这个地方着重强调主观意义上的自然的合目的性，是为"被视为艺术的自然"这一观点的论证服务的，大自然的有些对象之所以被设想为是合目的的，是为了"对于经验概念的逻辑体系的关系和适应性。如果除了这种逻辑的合目的性之外自然对我们显示不出任何更多的东西，那么，虽然我们已经有了赞叹自然的理由，但既然从知性的普遍规律出发我们不能为此指出任何根据，除了先验哲学家之外，其他某一个人就未必会如此赞叹，而且甚至这另外一个人也不能指出某一确定的场合，在那里这种合目的性呈现于具体事物之中，而只能在一般的特征中来思考它"④。简言之，我们之所以会对自然得出"美"的判断，是基于对知性所提出的经验规律的适应与调和，或者说也是受知性规律的启发而为自然寻出另一类不同的规律——美的规律，这类规律之所以值得赞叹，不是得益于知性的认识，而是靠反思性的判断力，离开了这一点，我们对自然的把握就只能是认识意义上的了。

---

① ［德］康德：《判断力批判》，第149页。
② ［德］康德：《康德美学全集：美，以及美的反思》，第318页。
③ ［德］康德：《实践理性批判》，第80页。
④ ［德］康德：《康德美学全集：美，以及美的反思》，第319页。

第二节　自然的形式的合目的性：特殊系统的集合体

康德之所以将自然的主观的形式的合目的性作为一个"特殊"的系统之集合体来看待，其主要原因在于，主观的形式的合目的性不同于实在的合目的性，即它不具有经验性的实在性，有其特殊的特点，我们在前面也谈到过，它"好像"是一种目的，但又不能从经验的角度加以实证，就此而言，扎米特说由反思性的判断力所提出的这样一条原则是先验的，它是靠想象得来的产物，其目的在于保证反思性的判断力所做出判断的有效性，非如此就不能使反思性的判断力成为认识功能的（从整个心灵机能的角度而言，而不局限于知性认识——引者注）一种，也不能使所有的心灵机能协调一致地发挥作用。① 既然自然的形式的合目的性是想象出来的东西，它不具有经验性的实在性，那么将此二者做一比较就是必要的了。

一　主观的合目的性 VS 实在的合目的性

关于这二者之间的区别，康德指出："有的形式被自然在其经验规律中赋予如下特征：好像它对于作为经验知识的体系的可能经验是必然的，这样的自然形式包含着逻辑的合目的性，也就是在经验总体中经验概念的可能的联系方面自然对于判断力的主观条件的适应那样的合目的性。但从这里无论如何不能推论出自然与其产品中的实在的合目的性相适应。"② 康德在这几句话中所要强调的是，自然的形式的合目的性与自然产品的实在性之间并不存在相互对应的一致关系，或者说在自然产品中不能验证出这样一种目的。对此问题的理解方式，我们前面已经谈到，这是一种"好像"的方式，不具有实证性。除此之外，我们还需要注意怎么理解康德所使用的"形式"一词，我们知道，形式一词被系统地阐释是在亚里士多德的《形而上学》里，他从形式与质料相对立的角度，以铜球的制作为例，说明相对于把质料性的

---

① John H. Zammito, *The Genesis of Kant's Critique of Judgment*, The University of Chicago Press, 1992, p. 168.

② ［德］康德：《康德美学全集：美，以及美的反思》，第 319 页。

铜质材料按圆这一形式加工出来的过程而言，形式具有不变的特性，所以他说："形式，或不论把感性事物中的形状叫作什么，反正很显然它不能生成，生成不属于它。……存在着质料和形式。……作为形式，或者实体是不生成的，而以此命名的组合物才是生成的，而且质料内在于全部生成物中，一方面是这，另一方面是那。"① 如果说在这里亚里士多德为了强调形式对质料的规范性作用而突出其不被生成的特点的话，那么康德此处所使用的形式，更多的是来强调思维方式中的一种规范性、引导性的特征，是对思维方式本身的概括和归纳，比如说对于规定性的判断力而言，它的形式表现在对所要处理材料的一种规定性作用，通过这种作用，将材料纳入该形式所给出的模式之中，这些模式包括范畴及其诸先验原理，形式是对这些范畴和原理的高度概括，将其统一称为一种思维形式；但对于反思性的判断力来说，其形式是什么呢？康德只说是一种表现为形式上的自然的合目的性，这已说明了此处的合目的性只是一种思维形式（或方式），并不具有实质性的、可被验证的内容。因为可被验证的、实在的目的，只有在技术的层面被做出来的产品可以验证，以及在道德的层面遵循道德法则行事的经验性的道德行为，在艺术的层面被制作出来的工艺品或艺术作品。至于大自然中的目的，只有以艺术的方式来比拟、象征它。康德举了土壤、岩石、矿物质等例子，说它们从外表上来看是杂乱无章的，但从其内部形状来加以考察、认识，它们就表现出了规律性（尽管是人为地加诸其上、人为地订立下来的），好像是趋向于某一种目的，如趋向于保存自己；或从不同对象之间的关系来考察，那么也可以赋予某种目的，如岩石是为了风化成土壤和矿物质，以此供植物生长，等等，康德在《判断力批判》第79节有更多的分析。② 按扎米特的研究，康德这种思路的超感性的、反对泛神论思想的基底，需要加以注意。③

二　自然的形式的合目的性

按康德对自然的形式的合目的性之理解，他认为不管是从自然对象的外部表象还是从其内部结构来看，它都是主体制定下来的一种预期的设

---

① ［古希腊］亚里士多德：《形而上学》，第141页，1033B15。

② ［德］康德：《判断力批判》，第271—276页。

③ John H. Zammito, *The Genesis of Kant's Critique of Judgment*, The University of Chicago Press, 1992, p. 6.

想，他称之为观念，也就是说："在（自然对象的——引者注）这些外观或内在结构的可能性的基础中必定有我们的判断力对于它们的观念。事实上，合目的性就是偶然事物本身的合规律性。"① 我们在前面曾经指出过，自然的形式的这种合目的性，首先表现为一种主观的目的，是主体依主观设想制定下来的；其次它是一种纯形式的东西，亦即只是一种反思性的思维方式。我们说它合乎规律，是指在形式上好像与某些规律相一致，到底和哪些规律一致，康德并没有具体阐述，只说它是主观上的合目的性。对于这一点，我们可以从康德所给出的一些例子来窥其端倪。如他所说的，结晶体、花卉、某些动植物的结构等。② 康德在这个地方并没有展开分析，在《判断力批判》的正文中有相关论述。我们结合那些论述试进行如下分析。康德的意思是说，在一些结晶体中，我们能看到晶体有规则地排列，形状也很美，比杂乱无章的那种排列方式给人的感觉要好，这里面体现了和谐有序比杂乱无章更美的观点。③ 再比如花卉的美，主要还是因为花瓣的形状有和谐的特点，或流线型，或圆形、椭圆形，等等，还有花瓣的排列组合也显示出一种秩序，这些都与和谐有关。至于康德所说的动植物的结构，比如他举过的鸟的骨头是中空的这一特点，从实证性的科学这一角度难以解释，但从目的论的角度来看，如若设想鸟的骨头中空这一特点，可以让鸟儿更适于飞翔，从而有利于它的生存，这种解释虽然不能从经验的角度加以证明，却也有很强的解释力。如此一来就涉及两种解释方式的问题——规定性的判断力和反思性的判断力——它们各有优势，其间并无逻辑上的矛盾，甚至也可以相互补充，所以康德指出："这两种观察自然产物的方式之间的区别唯有反思的判断力能够划分出来，这种判断力颇为长于此道，而且，大概应该认为在客体本身的可能性方面规定性的判断力（这种判断力隶属于理性）没有为自己提供的东西是可能的，规定性的判断力可能想把一切都导向解释事物的机械方式。因为对现象的机

---

① ［德］康德：《康德美学全集：美，以及美的反思》，第 320 页。
② ［德］康德：《康德美学全集：美，以及美的反思》，第 320 页。
③ 当然，和谐美的观点由来已久，从理性的角度对其进行深刻反思的，当属毕达哥拉斯学派由数量关系而推导出的和谐论（参阅北京大学哲学系编译《西方哲学原著选读》，第 19 页）。但后来的不和谐类型，如滑稽、崇高，以及反和谐类型，如荒诞、丑陋，则提出了与和谐美相反的理论，需另外加以讨论。

械论的解释——这种解释使理性的事业与客观原理相协调——与依据反思对象的主观原理来观察那同一对象的技术性的准则完全可以并行不悖。"①这几句话中颇值得注意的是，反思性的判断力为什么会把客体中那在规定性的判断力看来，并无原理可依从的可能性看作是可能的？或以上面的例子来分析，鸟的骨头是中空的，从规定性的判断力来看，找不到既定的原理来解释②，但用反思性的判断力，就可以从主观上设想出一种目的：中空的骨头利于鸟的飞行。这和鸟在飞行中仍需遵循引力定律、阻力的规律等等，都不矛盾，只不过是增加了一个看待自然的视角而已。概而言之，自然的形式的合目的性，其最大特点就表现在它是主体设定下来的一条形式化的规则，无实证性内容。

三　从主观关系中"借来"的合目的性

前面我们谈到，自然的形式的合目的性是在知性所提出的自然规律的基础上，从主观的目的论角度靠反思性的判断力"反思"出来的，那么这里面就涉及两种关系：一种是知性所提出的自然规律和反思判断力所提供的主观合目的性之间的关系，是什么关系？另一种是自然规律和合目的性这一规律二者的基础之间的关系，即是同一个还是两个？康德的观点是："虽然有关自然的合目的性的判断力原理在普遍的自然规律的特殊化中无论如何也没有扩展到能包括合目的性的自然形式的产物（因为按经验规律构成的自然系统没有合目的性的形式也是可能的，判断力有理由设定的仅仅是自然的系统），——但既然我们有理由为自然的特殊规律制定合目的性原理，经验又向我们展示了自然产品中的合目的性形式，那么把这些形式归因于合目的性建立于其上的同一根基就永远是可能的、允许的。"③也就是说，自然规律的普遍性是有目共睹的，但它们也有囊括不了的偶然现象，对这种情况，康德设想出了合目的性原理，即这一偶然现象虽不能由目前的自然规律解释，但它好像另有目的和规律，只不过这种规律是更高级的、有待发现的规律，由是言之，合目的性成了自然规律的

---

①　［德］康德：《康德美学全集：美，以及美的反思》，第 320 页。

②　这个地方并不是说从范畴及其诸先验原理来解释，而是从物理学的机械原理来解释，并无定论。

③　［德］康德：《康德美学全集：美，以及美的反思》，第 320 页。

一个过渡和跳板，是一条引线，引导知性向更高的目标迈进，偶然现象靠合目的性在当前的阶段不能被证实，等上升到更高一级的自然规律才可以被证实；在这个意义上来说，以经验规律为解释依据的自然对象是自洽的、自我证成的，它只对已经获得解释的对象在此范围内提供有效性的保证，并不需要合目的性，但对偶然现象的出现，反思性的判断力所针对的是整个成系统的自然，是更高一级的预期的自然规律。从这个意义上来讲，康德认为合目的性的理论根基和自然向我们所表现出来的符合某一目的的形式之根基，是同一个，即人类心灵机能中的主观关系；质言之，合目的性是主观设定下来的，偶然现象的自然形式也是主观设定的。

和知性所提供的经验规律相比，合目的性这样的主观规律的根基，在康德看来是超感性的，即它不能在经验中被证实，那么它有什么样的作用呢？康德认为，这样的根基只能在超越于感性之上的领域里去寻找；换言之，为合目的性在超感性领域找到了立身之处。康德的这种做法使我们很容易联想到他的那句划分地盘为信仰腾出空间的名言，即他将我们所面对的对象划归到两个领域里：经验性的感性世界的领域，以及超感性的物自体领域，对于后者，康德指出："如果我假定诸物只是知性的对象，但仍然能够作为这种对象而被给予某种直观，虽然并非感性直观（作为 curam intuit intellectuali——智性直观的东西——引者注）；那么这样一类物就叫作 Noumena（Intelligibilia）（本体，理知的东西——引者注）。"① 这样的一类对象不是感官所能把握、认识的，纯粹是理性（笼统地讲，用"理性"是可以的，但确切地说是"知性"）设定下来的，所以康德称其为智性的对象，不同于感性直观，② 也就是相当于康德所提出的本体、物自体等概念，它的作用是限制知性的僭越行为，即超出感性的范围而想要对本体、物自体有所"认识"，在康德看来这是不可能的。设定这样的概念，

---

① ［德］康德：《纯粹理性批判》，第 227 页，A249。

② 有一种观点认为，康德不承认人有智性直观，但又设定出一类靠智性直观来把握的对象，所以人不能认识这类对象，它们是不可知的。这个思路从康德的知性论来讲是成立的。但对于康德的这种思路，我们觉得还需要进一步深入研究，因为康德设定这样一类人不能把握的对象的做法，与人最终对它的"认识"所获得的"知识"之结果，有矛盾，康德的意思是否是这样的，智性直观是不同于知性的一类心灵机能，类似于直觉、想象等，不靠"经验对象——感性直观——范畴及原理"这些环节来认识对象，而直接将感性直观组合在一起来形成表象；我们的根据是，没有表象何以形成思维？思维是对表象的运作与加工。这个思维是宽泛的心灵机能。

康德认为它们是"悬拟的（problematisch）概念",① 其作用在于为经验领域之外的对象"留下一个位置，只是为了像一个空的空间一样对经验性的原理做出限制，但却并未把经验性范围以外的任何别的知识客体包含在自身中并表明出来"②。也就是说，康德为经验性的对象以外的范围留出了空间，这个空间，从康德的知识学、认识论的角度，是留给物自体的（它们刺激了人的外感官才形成感性直观，从而成为知识的起点和来源）；从道德哲学的角度来看，是留给道德法则、自由意志和保证德福一致的上帝的；从美学（主观的自然目的）和客观的自然目的来讲，是留给合目的性的。在这个意义上来讲，合目的性的根基存在于超感性的领域里，康德说："虽然这种根基本身甚至可能在超感性的领域中找到并且越出了我们认为可能的自然观的范围，但正因为如此我们才能达到如下目的：为在经验中发现的自然形式的合目的性在判断力中找到自然的合目的性的超验原理——尽管这一原理对于解释那些合目的性的形式还不充分，但至少还会允许我们把类似合目的性这样的特殊概念运用于自然及其合规律性，虽然这一概念不可能是客观的自然概念，而只是从自然对一种心灵能力的主观关系中借取来的概念。"③ 这样的根基，从感性和理性、经验和超验、现象和物自体等两相对立的角度来讲，属于后者，但究其实，它是人类心灵机能发挥作用的产物，因其不可验证性而被康德称为出自一种主观关系当中。

第三节　技术性的判断力：自然的技术之观念的基础

关于"技术性的"这一用法，我们在前面的分析中已经指出，按康德的观点，其用意主要是为了凸显目的的作用，也就是说，在技术的设计、规划中体现着一种目的和预期；若将此思路运用到对自然的考察中，那么就引申出了自然的目的论。在接下来的分析中，康德着重从与机械论相对立的角度来讨论目的论，也就是自然的技术。

---

① ［德］康德：《纯粹理性批判》，第 231 页，A255 = B310。
② ［德］康德：《纯粹理性批判》，第 235 页，A260 = B316。
③ ［德］康德：《康德美学全集：美，以及美的反思》，第 320 页。

一　自然的技术

对于这一概念，康德首先指出："在自然的机械必然性之外，还在自然中设想一种合目的性，如无这一假设，按照经验规律对于特殊形式的详尽彻底的分类中就不可能有系统的统一。"① 也就是说，按照经验性的机械律，我们对自然的分析，比如对某一现象的因果性分析，将难以穷尽，难以知道到底有多少种原因影响了此现象，如此一来，怎样才能得出一个结论呢？虽然按目前的数学知识，我们可以用微积分中的极限知识来解释这种状况，但也仅仅是给这种状况一个名称上的称谓而已，并未解决实际问题，因为康德所揭示出的道理，所提出的问题，仍未获得彻底解决。实际上其中的极限问题，在古希腊的芝诺悖论里，已有所触及，即："如果每件东西在占据一个与它本身相等的空间时是静止的，而移动位置的东西在任何一个霎间总是占据着这样的一个空间，那么飞着的箭就是不动的了。……结论是飞矢不动。它所根据的假定是时间由霎间组成。如果不承认这个假定，就不会得出这个结论。"② 按我们现在的理解，其论证的不合理处在于，将每件东西在占据一个空间时是静止的，和移动的东西在任何一个时间点都占据一个空间这两者之间，用因果关系联系了起来，因为在飞矢移动过程中的每个时间点是被孤立了起来的，这不是时间的本质，即使是按最朴素的时间观，时间也是连续的、绵延的，③ 在每一个被孤立起来的时间点之间，可以再做更多的、无限的划分，其中所反映出来的无限性问题，在上面康德所提到的因果关系的无限性方面也同样存在。以此方法来分析某一现象的因果性，就会产生无数的因果关系，分析者究竟应在何种程度和哪一层面上总结、归纳出结论？若没有这样的规定，就难以使经验规律有系统的统一。在这个意义上康德引入了目的性的概念，但由

---

① ［德］康德：《康德美学全集：美，以及美的反思》，第 321 页。

② 北京大学哲学系编译：《西方哲学原著选读》，第 34—35 页。

③ 关于时间问题，当然可以从物理学的角度展开更多的深入分析。但柏格森的流动、绵延的时间观，和海德格尔的生存论分析中的时间观，是更值得注意的，比如从后者的角度，我们可以用一句形象的俗语来表达：一日不见如隔三秋。"一日"和"三秋"这两个时间段之间的关系，只有在海德格尔的生存论分析中才能被透彻地展示出来。此处只是简略地提到，不能展开深入的分析。

于目的性只是从主观上被设定下来的，它不像因果性的经验规律那样有具
体的内容①，所以这样的作用就和理念对知性概念及知性原理那样的范
导、引导作用相似②，在此意义上康德认为，"既然这种合目的性的原理
只是自然分类和确定自然特征的主观原理，它在自然产品的形式方面就什
么也不能规定。这样一来，这种合目的性就只能存在于概念中"，也就是
说，合目的性这样的概念就如同理性的概念一样，不能像范畴那样在经验
对象中被找到，"而且，虽然为了判断力在经验中的逻辑应用确立了自然
按其经验规律而统一的准则，以便把理性运用于自然对象，但在自然中，
这种特殊的系统统一——即依据目的的统一——的对象并没有作为与这种
自然形式相适应的产品而存在。我将把自然在其作为目的的产品的形式方
面的因果作用称为自然的技术"③。此处需要注意的是，康德是在将合目
的性规律与因果律放在同一层次的意义上，来将大自然因为合目的性而有
此类产品的"技术"称为"自然的技术"的，也就是说，自然中实际并
不存在因合目的性而产生的产品，如果不这么看待，不将合目的性看作是
产生这类产品的"原因"，那么从合目的性这一角度来看待自然的产品，
就无从解释；所以这种因果性只是"准因果性"，是按真正的因果性比拟
出来的，并无实然性；所以，康德此处所称谓的"自然的技术"也是一
种"准技术"，是将人的主观目的比附到自然身上去的结果。

至于说这种技术和机械作用下的技术之间的对比，康德认为二者是对
立的，即前者可以通过"没有任何概念——这里指作为自然的联结方式
之基础的概念——的多样性事物的联系而包含在自然的因果关系之中，这

---

① 关于主观的合目的性原理和"客观的"经验规律之间的关系，即合目的性到底对认识经
验规律起了什么作用，颇值得进一步研究；即便是单纯从审美判断的角度来看，为什么审美判断
是反思式的、属于主观合目的性的？其间也有值得进一步追问的余地。

② 按照康德在《纯粹理性批判》"先验辩证论"的"C. 理性的纯粹运用"这一部分所提
出的观点，"一般理性（在逻辑的运用中）所特有的原理就是为知性的有条件的知识找到无条件
者，借此来完成知性的统一。"（见《纯粹理性批判》邓晓芒译本第 266 页，A307 = B364。）也就
是说，知性所给出的知识是依托有条件者的，即经验对象或现象；而理性则会在此基础上将知性
知识导向一个更高的层次和更大的范围，为知性知识寻求无条件者，至于那个无条件者是什么，
理性要依知性知识的具体情况而定，所给出的只是知性知识的一个发展方向。如对于纯水、纯金
的知性知识，绝对的 100% 的纯水纯金，在经验对象中并不存在，但理性却能指出这一目标和方
向，否则知性就难以在此方向上努力。

③ ［德］康德：《康德美学全集：美，以及美的反思》，第 321 页。

大约就像某些负载重物的机械一样，它们能为任何目的发挥作用而不必有作为那种目的的基础的观念"①。也就是说，自然的合目的性是预设了一个主观的目的概念后，在自然对象上设定下来的，舍此，就没有什么自然的合目的性存在，在此视角下的自然就好像是艺术品一样，其原因在于主体把自己的目的加到自然身上了；但对于后者，即经验规律中的机械作用，如康德接下来所举的杠杆、斜面等，它们不存在什么预定的目的，甚至可以说它们可以被运用于任何目的，所以康德说它们就不像是艺术品，而仅仅表现为一种遵循已知的经验规律的机械作用。

二　作为技术性的判断力

关于规定性的判断力和反思性的判断力之间的区别，我们在前面已指出过，即前者是用既定的知性概念和原理来"规定"自然，给自然订立规律、法则，其客观性在于这些规律、法则是已被普遍承认的；而后者只是配合前者的一条引线、一个辅助手段，对前者起引导作用，但它自己本身没有固定的内容，把它运用到自然身上，怎样才能发现它呢？或者是否可以这样说，它只能被主观地设定，而不能被发现？康德对此是这样发问的："自然在其产品中的技术如何能被察觉到？"② 从这种发问方式来看，康德是承认由合目的性而引出的自然的技术这一概念是可以在自然产品上面被发现的，实际上他这种发问方式已经包含着合目的性规律的客观性了，即它在自然产品里可以被多次地发现、证实（而不是如知性规律那样被验证），因为"合目的性的概念绝不是构成性的经验概念，不是与有关对象的经验概念相关的现象之规定性，因为合目的性的概念不是范畴"③。所谓构成性的概念，是指能构成（知性）知识的概念，亦即知性的综合功能所提供的范畴，这种综合过程是将经验杂多与纯粹知性概念相联结的过程，"一般综合只不过是想象力的结果，即灵魂的一种盲目的、尽管是不可缺少的机能的结果，没有它，我们就绝对不会有什么知识，……纯粹的综合，从普遍的方面来看，就提供出纯粹的知性概念"④。

---

① ［德］康德：《康德美学全集：美，以及美的反思》，第321页。
② ［德］康德：《康德美学全集：美，以及美的反思》，第321页。
③ ［德］康德：《康德美学全集：美，以及美的反思》，第321页。
④ ［德］康德：《纯粹理性批判》，第70页，A78＝B104。

正是靠这种综合的作用，知性产生出范畴，并演绎出相关的知性原理，以此来规定自然对象，所以它是一种构成性的概念。而合目的性就不具备这个特点，它所缺乏的正是规定性这一能力。

问题在于，对于这种非规定性的能力，我们该怎么去理解它呢？康德给出的方案是："在我们的判断力中我们领悟了合目的性，因为判断力只是反思给定的对象，假如它反思的是它的经验直观，那就是为了把这种直观引向某一概念（某种不确定的概念），如果它反思的是经验概念本身，那就是为了把包含在其中的规律引向普遍原理。因此，判断力本来就是技术性的；而自然只是因为它与上面提到的判断力的活动方式相适应并使那种方式成为必要的才显得像是技术性的。"① 这里的意思不太好理解，我们试着疏解如下：第一，合目的性之所以被理解、领悟，靠的是判断力的作用，而不是感性、知性或理性，这进一步突出强调了康德对人类心灵机能各种功能的区分之细腻，我们在分析知性的认识功能时提到过，那里的判断力起的是一种联结的作用，类似于想象力，它将感性材料与知性范畴联结在一起；而在合目的性规律作用下的判断力也发挥想象力的作用（这在审美判断中很明显，想象力和知性自由地配合而产生美的愉悦感），将自然对象与概念或原理相联结，但不是为了认识。第二，判断力将对象与概念或原理相联结的目的，既然不是为了认识，那么又是出于什么意图呢？康德认为是为了使得自然对象与判断力的活动方式相适应，也就是说让自然对象去迎合判断力的判断，当判断力对经验直观进行反思时，就会将此直观与某一个不确定的概念联系在一起，之所以说是不确定的概念，就是因为这时判断力不将其与知性概念相联结，我们可以将此概念理解为一个自由的概念，它引起了主体的愉悦感的自由；当判断力对经验概念本身进行反思时，其作用是为了得出一种普遍的规律（但这种情况下的规律不是经验性的规律，只是一种合目的性的规律，即大自然好像迎合了、适合于我的主观目的。实际上这只是一种比附、象征的手法）。在这个意义上康德称判断力是"技术性的"，亦即，它有一种可被自由运用的特点，显得像一种技术，正是因为这一特点，大自然才显现出技术性的一面。

---

① ［德］康德：《康德美学全集：美，以及美的反思》，第 321 页。

三 审美判断中的想象力和知性

在康德看来，主体做出审美判断需要想象力和知性的参与，但我们在上面已述及，这两种心灵能力都是认识论里的重要功能，所以我们可以由此得出初步结论说，审美判断和认识有密切的亲缘关系。所以康德在第三批判论述审美判断之前，先对和经验概念相关联的认识活动进行了分析。在他看来，每一个经验概念的得出以及对它们的分析都需要三种相对独立的认识能力的参与，这三种认识能力的活动包括："1. 摄取（apprehensio）杂多的直观（内容）。2. 统觉，也就是把上述杂多的认识综合统一于对象的概念之中（appeceptio）。3. 表象出（exhibitio）在直观中与上述概念相符的对象。"① 关于这三种认识能力，康德在《纯粹理性批判》的第一编"先验分析论"那里做了详尽的分析，在目前我们分析的这个地方只是简略地指出了它们发挥作用的要点，并分别把它们归属于想象力、知性和（规定性的）判断力的作用。我们也只是做一简要的阐释。

内容 名称	作用特点
想象力	将外感官所获得的经验杂多纳入心灵之内，即所谓的摄取能力。
知性	将经验性的杂多统一到知性概念之下，也就是统觉的能力。
判断力	将经验杂多与概念相统一后，再在直观中表象出其内容。

通过这个表格我们可以清楚地看出，想象力发挥了极其重要的作用，它非常活跃，在外感官初步摄取经验材料时就有想象力的参与了，换言之，外感官并不是被动地如摄像机那样"摄取"材料，而是有主动性，其中关键靠想象力，甚至于可以说，想象力能根据知性概念的不同而将感性材料赋予不同的意义和"形状"（接近 Schema，即图型），但这中间到底是怎么一种情况，我们只能根据康德的理论进行推论，甚至于发展很快的实验心理学也没法完全窥其内幕，因为大脑的作用犹如黑箱，我们的各种研究只是从外部的反映来设定不同的解释理论，并加以验证。在一定意

---

① ［德］康德：《康德美学全集：美，以及美的反思》，第 321—322 页。

义上也可以说，想象力是人类思维能力的核心，表现在审美判断中也是如此，即想象力是使审美判断中"美"的表象得以形成的关键因素（当然这个地方还应该有更深入的研究，此处难以展开，留待将来再推进）。第二个需要注意的地方就是知性的作用，它在审美判断中主要是能够寻求一种统一性，康德将这种功能追溯到统觉那里，在《纯粹理性批判》的"统觉的本源的综合统一"这一节里，康德将统觉分为两类，一类是经验性的统觉；另一类是本源的统觉，又称纯粹统觉，前者是对经验材料的统一，比后者一低个层次；后者表现为一种"自我意识，这个自我意识由于产生出'我思'表象，而这表象必然能够伴随所有其他的表象、并且在一切意识中都是同一个表象"①，所以它具有统一性，在审美判断中也会发挥类似的作用，将诸多经验性的材料统一起来，寻求某种一致性：和谐的、自由的一致，审美的愉悦感即由此而产生。第三个需要注意的地方是判断力在认识中的规定性作用和在审美判断中的反思性作用之间的区别。因前面论述过，此处从略。

在与认识活动相比较的情况下，康德提出了审美判断，他指出："如果经验直观中的某一客体的形式具有如下特点：对于这一客体的杂多的感性材料的摄取在想象力中与知性概念（某种不确定的概念）的表现相一致，那么在纯粹反思中知性和想象力也就会协调一致，互相促进，对象会被感到只对判断力是合目的性的，因而合目的性本身会被认为是主观的。这种情况不会产生也不需要任何有关客体的规定性的概念，这里的判断也不是认识判断。——这样的判断被称为审美的（感性的）反思判断。"②在这里康德所说的在主体的经验直观中某一客体的形式，也就是外感官所获取的关于外在对象的感性材料，只不过和认识过程不同的是，这些感性材料并不是被想象力联结到其相应的范畴上去，毋宁说这种情况下的外感官仅仅关注对象的"形式"，其与知性的关联，康德说只是关注到知性的某个不确定的概念，实际上也就是合目的性的概念，或者说是我们上一段所提到的和谐的、自由的概念，③反思性的判断力由于反思到它们之间的

---

① ［德］康德：《纯粹理性批判》，第 89 页，B132。
② ［德］康德：《康德美学全集：美，以及美的反思》，第 322 页。
③ 邓晓芒：《康德自由概念的三个层次》，载《康德哲学诸问题》，生活·读书·新知三联书店 2006 年版，第 191 页。

和谐、自由，故而就会得出自然对象与主体的和谐、自由的目的是一致的，这就是所谓的审美判断。

四　作为客观合目的性的自然目的

由于前面康德反复阐述过合目的性原理的主观性，所以要想论证这一原理的客观性还是颇有难度的，康德在此处只是给出了这么一个简单的论证："如果经验概念以及经验规律已经依据自然的机械作用被给予，判断力又把这种知性概念与理性及其系统的可能性的原理进行比较，那么，如果上述形式在对象中遇到，合目的性就被视为客观的，而事物就被称为自然的目的。"① 其论证过程无非是把前面的分析过程概括了一下而已，也就是说，由知性所提供的范畴及其诸先验原理都是属于机械作用的哲学原理之基础，亦即康德为自然科学何以可能所奠定的哲学基础，在产生了反思性的判断力这一概念之后，反思性的判断力将知性概念置于整个由理性所引向的趋于无限的系统之中，或者说理性所指引的是更宏大的成规律的理论系统，而知性所揭示出来的只是其中的一个部分而已，反思性的判断力预设了一个前提，即知性的规律符合于理性所指向的整个更高级的规律。质言之，整个自然界是合规律的，这个预设符合人的目的：从认识论的角度把握整个自然界的目的，从审美的角度希望自然对象符合人的某种目的（和谐的、自由的）。当然，随着近代自然科学的蓬勃发展，像近代以前的自然哲学家靠对自然概念的思辨而推进科学发展的情况，已不再发挥主导作用，只有在伦理、艺术等领域还有概念思辨的舞台，② 康德的合目的性概念之运用，可以看作处于这两种状态的一个中间状况。我们认为，康德的这个论证最终还是诉诸经验（这和它在认识论中提出的知识始自经验的观点是一致的），即自然的合目的性必须是在不同主体都秉持这一预设的前提下，从经验中得出自然的合目的性这一结论后才能被证实（当然不是经验论的验证），这就是康德在后面所提出的共通感（sensus communis，拉丁文），即预设每个人都有类似的感受能力，且都换位思考，认为别人

① ［德］康德：《康德美学全集：美，以及美的反思》，第 322 页。
② 陈嘉映：《简明语言哲学》，第 14 页。

也会得到与自己相同的感受，[1] 只有在这个前提之下，审美判断的客观性才能被确立起来。以这种思路来看待自然，自然目的的概念才能被理解，即这种目的虽然是主体设定下来的，但有更多的人因预持这一假设而观察自然并得出自然的目的之存有，那么自然目的的客观性才被得以确立。

第四节　感性学（Ästhetik）

康德曾在《纯粹理性批判》的"先验要素论"里提到过，关于"Ästhetik"这个词，德意志民族以其特有的细腻，想在其双关意的前提下将ästhetisch既用做"感性的"，也用做"鉴赏的"（或审美的），尤其是鲍姆加通想以此来建立一门美学这样的独立学科。[2] 康德在那个时候对此基本持否定的态度，在他看来，建立于感觉、感性基础之上的趣味、审美等这样的所谓"判断"，不具有逻辑判断意义上的普遍性，所以建立一门类似于感性学的美学，基本上是不可能的。所谓的感性学只是为知性知识提供起点的东西。但到了写作《判断力批判》的时候他的这一想法却发生了变化，甚至是一个逆转。《判断力批判》的位置，从写作、出版时间上来看，是在《纯粹理性批判》和《实践理性批判》之后，然而就判断力之于康德哲学的整个体系的重要性来说，却不能认为其地位在知性和纯粹实践理性之后或之下，其所起到的沟通知识与道德、自然与自由之间的鸿沟的作用，康德早已在著作里有所交代；判断力在康德的哲学研究中所起的基础地位的作用，是不容忽视的，"尽管康德的《判断力批判》在其批判系列中第三个出现，但它却在逻辑上处理前两大批判已经作为必然揭示出来的那个先决条件"[3]。所以康德在其批判哲学体系里提出的关于感性学的问题，在理解康德整个思想的发展中就起了一个很重要的作用。

一　"感性的表象方式"之歧义性

康德一开始是这样提出这一表象方式的歧义性的，即他认为如果只把

①　［德］康德：《判断力批判》，第135—137页。

②　［德］康德：《纯粹理性批判》，第26页注释①，A21 = B36。

③　Dabney Townsend, *Aesthetics*：*Classic Readings from Western Tradition*，San Francisco：Wadsworth，2002，p. 118. 转引自彭峰《美学导论》，第12页。

"感性的（Ästhetische）表象方式"用于经验对象所形成的现象，只为了认识的目的，根本就不存在歧义，因为这种情况下，"感性的"只意味着外在对象刺激外感官形成相应的感性直观，知性再将其与范畴和知性原理结合而构建成知识，它表达的是一种内感官的经验感知与客体（指外在对象）的"客观"关系，在这个意义上康德承认感性学的"合法"地位。但随着对美学研究的深入开展，人们"在很久以前就习惯于把表象方式称为 Ästhetische，也就是感性的，但同时也含有另一层意思，即这个词不是指表象与认识能力的关系，而是指表象与愉快和不愉快的情感的关系。虽然我们通常也把这种情感（Gefühl）称为感觉（sin）（我们的状态的变化），因为我们没有其他的表示法，这种感觉也不是用来认识对象的客观的感觉（因为以愉快的情感来观照某物，或者换句话说，体察某物，这不是表象与客体的简单关系，而是主体的敏感性问题）"①。在这里我们能够看到，康德所坚持的认识论之外的感性学不能成立的原因在于，这种感性学没有以之作为规定根据的基础，换言之，前一种感性学之所以成立，是因为那些感性的材料可以被知性原理给规定下来，将其归属到某一范畴和原理之下；而对于纯粹和主体的感觉（sinn）相关的感性材料，在康德提出合目的性原理之前，这些感性材料是"居无定所"的（康德曾在修改后的《判断力批判》"导言 II"里说经验概念在与主体的关系中只有自己的暂居地［domicilium］，而没有像具有立法能力的领地那样的位置，②就是这个意思），并不能拿什么原理、法则来规定它们，在这个意义上康德才说由这种感性材料所引发的感觉只是一种主体的敏感性。

　　上述观点反映出康德思想中先验观念论的一面，即他一方面坚持如柏拉图所开创的知识所具有的先验性，设定有那么一种超越于经验之上的、不变的知识之存在，虽然不如柏拉图的"理型""理式""形式"那样恒定如一，能被经验对象所分有，③但知识的普遍性是必须被设定下来的。另一方面，康德的建构主义之特色也很明显，他通过知性为自然立法、通过纯粹实践理性为自由立法来推论出判断力为情感立法，这三个方面所彰

---

①　［德］康德：《康德美学全集：美，以及美的反思》，第 323 页。
②　［德］康德：《判断力批判》，第 8—10 页。
③　［美］汤姆·罗克莫尔：《康德与观念论》，徐向东译，上海译文出版社 2011 年版，第 31—32 页。

显出的是人的主体能动性问题；概而言之，所有关于外在对象的"知识"是人的心灵机能建构之结果，实际上，我们可以将此理解成在形而上学实在论和科学实在论①之间的一种实在论，可否将其初步称为建构性的实在论（此称谓的合理性当然需要进一步探讨，我们意在凸显康德的知识之客观性与主观性之间的张力，这也是主观性的合目的性之客观性的基础问题），这一称谓隐含着这么一层意思，我们的知识都是理性建构起来的，其实在性、客观性与我们设定的前提、我们提出的理论体系有关，以此视角来看待审美判断中感性学的客观性，就会得出与认识论中的感性学相类似的效果，这也是康德对感性学进一步展开论证的意图之一。

二　感性判断对情感的规定性

"感性"一词一般都是和感觉、感受相连的，在它们中间刺激性的直接反映多些，少有理智型的判断，这在康德的认识论中已有很多分析。康德将二者连在一起有何新的用意，这就是康德提出的感性判断之作用。

1. 感性判断何以可能。康德在接下来的论述中所提出的"感性判断"一说，其中颇有令人疑惑之处：感性何以能做出判断？因为我们一般都在认识论的意义上使用判断一词，它意味着按逻辑规则对某一对象与其所属的关系做出评判或断定，在康德的哲学体系中，尤其是前两大批判里，都是如此，认识论里的判断是将经验杂多与知性概念及其原理的结合做判断，道德哲学里的判断是将道德法则与自由的任意之间的关系做判断，这些判断都不是感性的。在此意义上康德指出："如果想把'感性判断'一

---

①　关于实在论的分类，按罗克莫尔的研究，可分为如下四种：（1）常识实在论，是指普通意义上的实在论，即我们普通人的观点认为能够了解世界如其所是的样子，这是一种常识性的信念且普通大众也习以为常地存于心中；（2）形而上学实在论，此种观点认为我们知道世界的本来面目（当然是一种预设），而不仅仅是知道世界向我们显现的样子，这类似于康德对现象与物自体的割裂，但不同于康德之处在于，康德只承认我们能认识现象，不承认物自体的可知性；（3）科学实在论，这种实在论将科学作为一种手段与工具，用它们来说明世界如其所是的样子，做个简单的比附，科学实在论把康德的物自体也纳入可被认识的范围里来了，不承认有不可认识的对象，只承认认识水平的高下决定了实在性的大小；（4）经验实在论，类似于康德的知性认识论，即我们的知识被限制在经验对象的范围之内，经验之外的东西没有实在性；康德虽然坚持认为物自体不可知，但他主张我们对物自体里的自由、上帝、灵魂等对象有纯粹实践理性意义上的知识，是不同于知性知识的另一类知识。关于实在性的分类可参考［美］汤姆·罗克莫尔《康德与观念论》，第32—33页。

语当作客观的规定来使用，它就会表现出明显的矛盾。"判断完全是"对于知性（广义的知性）的关系，而感性地做出判断，或者以情感做出判断，……也是一种矛盾"①。这种矛盾的根源，就在于以往的判断是康德所提出的规定性的判断，需要有既定的根据（靠范畴和知性原理所提供的关于自然的法则、靠道德法则所订立下来的关于自由的法则），所以康德在《纯粹理性批判》里只谈先验感性论的直观，而不谈感性论的判断。但在人的生命体验中不仅仅有逻辑的判断，也有与感性相关的判断，如果说对于口味的判断太低级，只具有"人言人疏""萝卜青菜各有所爱"的个体所做出的感受，不能被上升到一种知识论意义上的"判断"的话，那么对美的感受却是比口味更高一个层次的感觉、情感，可以被称为"准判断"，因为"在这种判断中被注意到的不是对于客体的规定，而是主体及其情感。事实上，在判断力（指反思性的判断力——引者注）中，知性和想象力被视为处于互相关联之中，这种关联首先可以被注意到，好像它是属于认识的（就如同在判断力的先验图式论中那样）；其次，两种认识能力的关联也可被视为纯粹主观的，因为在同一个表象中一种能力促进或妨碍另一种能力，而这就对心灵状态产生了影响，成为可感觉到的关系（在任何其他认识能力的特殊使用中都不会有这种关联）"。② 在这种反思性的判断中，有和规定性的判断相同的地方，即知性和想象力之间的相互关联，对规定性的判断而言，想象力③非常活跃，能把外感官所获得的经验杂多初步整理、表象出来，然后带到知性的概念之下，以形成知性知识。④ 在反思性的判断活动中，知性和想象力也有一种互动关系，从这个角度来看，这种感性活动就好像也是一种判断，这就是康德称其为"感性判断"的理由之一。另一个理由在于，在这个活动中，知性和想象力也被看作属于主观的，即知性并不向想象力提供概念，而只是引导想象力

---

① ［德］康德：《康德美学全集：美，以及美的反思》，第 323 页。

② ［德］康德：《康德美学全集：美，以及美的反思》，第 323—324 页。

③ 康德把想象力分为两种，生产性的想象力（produktive Einbildungskraft）和再生性的想象力（reproduktive Einbildungskraft），前者能构造表象，具有原创性（这一点后来的海德格尔特别重视，可进一步研究二者之关系），同时还能够表象出不在当下的对象之形象；后者具有联想的功能，将诸多表象组合在一起，属于经验性的范围之内。

④ 曹俊峰：《康德美学引论》，天津教育出版社 2012 年版，第 210 页。

寻求一种一致性，这两种心灵机能相互促进，影响了心灵状态，有一种和谐与否的美（或不美）的感觉，也像是做出了一个判断。基于此，康德认为感性的判断也是可能的。从海德格尔的生存论分析这一方法来看，康德这里所说的判断力所处理的对象——审美以及崇高所由以激起的外在对象所处的经验——是具有海德格尔所说的"源始性"的，也就是说，这种经验是人所面对的第一手的感知体验，具有鲜活性和源始性，不管是知性知识还是道德知识都源于它，在这个意义上康德所研究的属于反思判断力的领域，既是感性的领域，也是审美的领域，[①] 因为它是人（海德格尔用 Dasein）的切己源初生存体验。

　　2. 唯一能作为被判断之宾词的情感。按逻辑学的传统，判断是用宾词来界定主词的属性（性质、关系）之过程，其中主词是被界定者，宾词给出了主词的属性，特别是在康德的知识学中，宾词"是某一给定的客观概念"[②]，也就是说，这种判断是用知性概念来对某一客观对象进行界定。但当被判断的对象不是一个客观对象，而是一种感觉时，情形会如何呢？康德指出："感觉的感性判断（ästhedische Sinnenurteit）有可能是这样的，那就是判断的宾词不可能是关于客体的概念，因为判断与认识能力无关。例如，'酒是令人愉快的'，这里宾词（令人愉快的）表达的是表象对于愉快情感的直接关系，而不是对于认识能力的关系。"[③] 在这里被判断的对象不是酒本身，而是品尝者对酒的感觉、感受，是一种关系（但不是认识关系）。这里面的关系很微妙，如果品尝者根据他（她）对酒的颜色、质地等特性的直观而将其与知性概念相联结，那就走向了认识论，得出的是一些关于酒的知识；如果他（她）只是根据酒的味道而将其与自己愉快与否的感觉联结起来，那么就是一种味道的品尝、趣味的鉴赏。由此可以看出，康德是专门从诸多感觉中分离出引起愉快与否的愉悦感来分析的，在这个意义上他说："永远不能成为关于对象的概念的被称为感觉的只有唯一的一种，那就是愉快和不愉快的情感。它是纯粹主观

---

　　① 　Paul Guyer, "The Origins of Modern Aesthetics：1711 – 35", in Peter Kivy ed., *The Black-well Guide to Aesthetics*, pp. 35 – 38. 转引自彭峰《美学导论》，第 5 页。

　　② 　［德］康德：《康德美学全集：美，以及美的反思》，第 324 页。

　　③ 　［德］康德：《康德美学全集：美，以及美的反思》，第 324 页。

的，而所有其他感觉都可能对认识有所帮助。"① 当然，我们可以进一步研究，是否确实如康德所说，只有愉快与否的感觉才不会对认识有所帮助，而其他的感觉都会对认识有帮助；或者也可以提出这样的问题，即是否愉快与否的感觉不会对认识有帮助。康德所要强调的是这样一层意思，即情感在具有形式上的规定作用的反思判断力的"判断"中，使主体得出了愉快与否的感觉，这在形式上是像规定性的判断力的，因而保证了其普遍性、有效性；但究其实，这种判断的根据是主观的，仅仅是一种感觉，并无实质性的规定根据，它是"在主体内部引起两种认识能力——想象力和知性的和谐游戏的感觉"②，亦即，知性和想象力自由组合，像游戏中的状态一般，从而使主体产生愉悦感（席勒后来提出审美的游戏说，即源于此），这就使得情感被得到了规定。

三　反思判断力的"立法"功能

对于上面提到的感性判断，康德又进一步做出了区分，将其分为"感觉的感性判断"和"反思的感性判断"，这种区分为反思判断力的立法功能奠定了基础。

1. 感觉的感性判断。对于感觉的感性判断，康德认为它有如下特点：一是它"自身含有质料的合目的性"③（反思的感性判断则与此相反，它所拥有的是表现在形式方面的合目的性）。也就是说，主体对所感受到的感觉只是从质料的层面认为它们合乎了一种目的，当然这种目的也是主体单方面设定下来的，并无实证性可言。尽管如此，主体还是凭这些质料（即感性材料、经验性的感受）就做出了一种感性判断，认为所获得的感觉是愉快的，这种判断"不涉及认识能力，而是通过外感官直接与愉快的情感发生关系，所以只有愉快的情感被视为建立在判断力的特殊原理之上"④。也就是说，这种判断其实只是一种感觉，是外感官对外在对象的刺激所产生的直接反映，从层次上来讲较低级。但因为康德已提出了感性判断的概念，所以这种感觉也可被称为感觉的感性判断。这种判断的第二

---

① ［德］康德：《康德美学全集：美，以及美的反思》，第324页。
② ［德］康德：《康德美学全集：美，以及美的反思》，第324页。
③ ［德］康德：《康德美学全集：美，以及美的反思》，第325页。
④ ［德］康德：《康德美学全集：美，以及美的反思》，第325页。

个特点是，和反思的感性判断相比，它不经过反思，没有判断力的参与，用康德的原话来说就是："那种不以表象与在判断中共同活动的认识能力相比较为前提的判断是感觉的感性判断，这种判断也把给定的表象与愉快的情感联系起来，但不是通过判断力及其原理。"① 亦即，外感官受外在对象的刺激、影响而形成相应的表象后，愉快与否的情感直接在此基础上做出了判断，而不是靠认识能力来做出判断，哪怕是在反思的感性判断中，知性并不提供概念，在这里也没有这个过程，所以康德在本节的最后总结这两种判断时指出，感觉的感性判断所处理的是经验表象与主体的内感官的关系，这种内感官在一定程度上也感到情感的存在。

2. 反思的感性判断。这种感性判断的特点，在康德看来，一是它"含有形式的合目的性"②，也就是说，这种判断的过程已经有了理智性的特点，因为所谓的"形式"就已意味着是思维、反思的产物，是对感性材料的概括与升华。反思的感性判断的第二个特点在于，反思活动先于情感判断，也就是说，如果按照这二者——即反思的行为和愉快与否的情感被判断出来——发生的先后顺序来进行分析的话，"对于给定表象的反思先行于愉快的情感（作为判断的规定根据），那么主观的合目的性就要被设想为它的作用已经被感觉到了，而且，在这方面，感性判断按其原理来说就属于高级的认识能力，属于判断力，关于对象的表象就要被归属于判断力的主观的但又是普遍性的条件之下"③。质言之，反思的感性判断中是因为有了对感性表象的方式之后，才做出情感判断的，所以这种判断就具备了理性的判断之特点；又因为判断力是人的高级认识能力之一，所以这种虽然属于感性层面的判断就可以被归属到高级的认识能力之中，从而也就具有了普遍性；但在形式上是主观的。这种反思的感性判断的第三个特点是，其规定根据存在于情感中。这个特点颇有令人生疑窦之处，即：能作为规定根据的东西何以能存在于感性的情感中？因为所谓的规定根据，都应该是稳固的、能充当基础的、具有普遍性的东西，比如在知性中，作为规定根据的是知性概念及其诸先天原理；在纯粹实践理性中，能

---

① ［德］康德：《康德美学全集：美，以及美的反思》，第325页。
② ［德］康德：《康德美学全集：美，以及美的反思》，第325页。
③ ［德］康德：《康德美学全集：美，以及美的反思》，第325页。

作为规定根据的是恒定如一的道德法则；按类比原则，对判断力而言，它的规定根据不应存在于感性的、易变的情感中。对于这一点，康德是这样解释的："因为判断的纯粹主观的条件不能容纳有关这种判断的规定根据的规定性概念，所以这种根据就只可能存在于愉快的情感中，不过这要有一个条件，那就是：感性判断应是反思判断。"① 我们可以这样来理解，康德所提出的判断有两种：规定性的判断和反思性的判断，前者是客观的，因为它与概念相关，且由知性概念及其诸原理保证了它的客观性；后者是主观的，与概念无关的，且又是对感觉、情感进行规定的，所以它的规定根据无处可存，就只能存在于情感之中，其最需注意之处在于这种判断是反思的，即它并不是要如概念、原理那样来规定客观对象，而只是规定情感自己，从主体与审美对象的角度来说，主体不是规定了审美对象，而是从审美对象上面反衬出了自己的主观态度并表达出来（或规定下来）。这个特点也就是下面要分析的"自制自律"意义上的"立法"。

3. 反思判断力以"自制自律"而"立法"。我们在上面分析的康德所做出的两种感性判断的区分，其标志是什么？或者说，这种区分会导致什么结果？康德是这样认为的："应该用以确定这种区别的标志可能只有在结果本身中才能指出来。这种标志在于判断力对于普遍有效性和必然性的要求。"② 也就是说，第一种感性判断因为没有判断力的反思功能的参与，所以达不到普遍有效性和必然性的要求；第二种则能满足。在上面的分析中我们曾经指出，康德认为反思的感性判断之规定根据存在于情感中，这就需要进一步厘清情感和反思判断力之间的关系。康德之所以将情感与判断力对应起来，是因为对认识能力来说，若从概念之运用这一角度看，可将其分为"知性—判断力—理性"；对人的心灵机能，从其作用特点来看，可将其分为"认识能力—情感能力—欲求能力"，如此一来，判断力就和情感能力联系了起来。但对于它们二者之间的规定作用，按照前两个批判的思路，应该是判断力为情感提供可以规定它的根据、原理或法则。也就是说能对情感产生规定作用的是来自判断力那里的东西，所以康德提出，设若要使反思的感性判断具有普遍性和必然性，那么它"同时

---

① ［德］康德：《康德美学全集：美，以及美的反思》，第 325 页。
② ［德］康德：《康德美学全集：美，以及美的反思》，第 325 页。

也就要求它的规定根据不仅仅要包含在愉快和不愉快的情感本身之中，而且同时要包含在某种更高的认识能力的法规之中，主要就是包含在判断力的法规之中，因而对于反思的条件来说这种法规就是先验立法的法规，并且确定了自律性。……这种立法其实应该称为自制自律（heautomomie），因为判断力不是为自然和自由制定法规，而只是为自己制定法规"①。和知性以及纯粹实践理性相比，这种法规的最突出特点在于它为自己提供法规，以之去规定情感，而知性和纯粹实践理性都是靠外在的法规来规定其对象。有的学者称这种自律为"再自律"②，即知性的自律是依托知性概念及其诸原理实现的，理性的自律是依托道德法则实现的，唯有判断力的自律不能依托外在的法则，只能依托它自己，在这一意义上也可以说这种自律是一种更高级的自律。

康德在这一节总结反思性的感性判断时指出了一点，对我们把握其要旨非常重要，他说："判断力作为纯粹的反思能力在自己所从事的活动（没有关于客体的概念做基础）中，在已知表象与自己的法规之间的关系的情况下，不是使给定的表象与自己的法规发生关系，而只是直接使反思与总是伴随着愉快和不愉快的感觉发生关系（其他任何一种高级认识能力都不是这样的）。"③我们知道，在认识活动中，经验性的表象与知性概念及其原理靠先验的图型发生关联；在道德活动中，关于道德法则的表象"靠德性法则的模型（Typus）"④与"自由的任意"发生关联，但在反思的感性判断中，情形却不是如此，心灵机能中虽然也有经验性的表象，但合目的性这一法规并不去规定这些表象（毋宁说这种倾向是认识活动中发生的情形），而只是和主体愉快与否的感觉相配合，最后所得出的只是二者间的关系，即它们相互涤荡，相互磨合，若和谐一致，则表现为愉快的感觉；否则，则无此感觉。以此观之，确实近乎一种游戏的境况。

我们上面的情感分析，结合康德的前批判期美学与认识论、道德哲学之间的关系，以及康德进入批判期后对美学问题的考察，着重对审美情感、崇高感、道德感和宗教情感进行了梳理与分析，并指出了它们之间的

---

①　［德］康德：《康德美学全集：美，以及美的反思》，第325页。
②　邓晓芒：《〈判断力批判〉释义》，第144页。
③　［德］康德：《康德美学全集：美，以及美的反思》，第325页。
④　［德］康德：《实践理论批判》，邓晓芒译、杨祖陶校，人民出版社2003年版，第95页。

亲缘关系，尤其是崇高感，它充当了从美感向道德感、宗教情感的过渡之中介。我们分析的高度是哲学上的，即从"审美判断（康德使用过感性判断和趣味判断）之所以可能的哲学基础入手"，为其找到立论的哲学依据；从范围上来讲，我们局限于康德的相关著作，从其文本中挖掘上述情感因素。设若再把范围扩大一些，我们可以问：康德认为美感、崇高感和道德感、宗教情感之间的亲缘感性，有没有历史的传统之影响？因为思想的提出是有传承性的，并非凭空产生。我们下面的工作就是为解决这一问题而展开，追溯康德之前的思想史关于这几种情感之亲缘关系的相关论述。

第五章　由美感、崇高感、道德感向宗教情感的过渡

第一节　康德之前的哲学中相关的美感、崇高感、道德感和宗教情感观点

一　毕达哥拉斯学派的和谐论

毕达哥拉斯（Pythagoras，约公元前570—前409年）及其学派最重要的哲学思想是数的和谐论，这个观点对其美学产生了重要影响。他们认为：

> 数学的本原就是万物的本原。……他们在数目中间见到了各种各类和谐的特性和比例，而一切其他事物就其整个本性来说都是以数目为范型的，数目本身则先于自然中的一切其他事物，所以他们从这一切进行推论，认为数目的元素就是万物的元素，认为整个的天是一个和谐，一个数目。[①]

以这种数的和谐论来看待宇宙问题，他们认为宇宙中的各个天体就有一种数量上的和谐关系，具体表现在其运动和相互之间的距离上，也表现在宇宙中有些天体所发出的声音上，基于这种和谐关系而发出成比率的声音。这种和谐的关系是美的，是可以用数字来计算、解释的，由此就建立起了以数学、音乐、天文学为一体的宇宙美学。

在这里虽然没有我们上面所讨论的几种情感，但对我们有启发意义的

---

① 北京大学哲学系外国哲学史教研室编：《西方哲学原著选读》（上卷），第19页。

是，美在于对象之间关系的和谐这个观点，为我们推论出从美感向崇高感、道德感和宗教情感的过渡奠定了一个基础，即这几种情感之间之所以有亲缘关系，是因为它们之间是能够和谐地存在于人的心灵机能中的。我们如果把这几种情感用美、善、圣来表示，那么美、善、圣之于人的心灵，只有它们和谐相处，才能使人处于心态平和当中，才能具有完美的人格。这是我们从其中挖掘出的现代价值，从善、美、圣的相近、相通之特点，我们可以为当代的思想政治教育找到其逻辑起点，比如对道德教育和审美情怀的培养，可以让它们相互促进，以美育促进道德情操的提高；再比如对蔡元培先生提出的"美育代宗教"说，从美感向崇高感、道德感和宗教情感的过渡里，就可以找到其哲学基础，如此一来，那么我们在没有西方社会以宗教促进道德的传统里①，同样也可以把道德教育搞好。

二　赫拉克利特的"神之美"与其他的美

赫拉克利特（Heraclitus，盛年约公元前504—前501年）强调事物的生成和变化，并指出这种变化是按照一定的尺度来进行的。其对美学上的影响就表现为：1. 尺度是对时间和空间的一种度量；2. 事物变化中所表现出来的节奏或前后更替的周期，可以用尺度来加以规定；3. 尺度表现为事物发展变化的界限或规定性；4. 从事物自为地发展变化到人自主地做事情，要讲究节制，既不能不到位，也不能过分，要有一种尺度来作为准绳。由此就可以看出，赫拉克利特已对事物由相互发展变化而展示出事物的相对性有深刻的体察，他的美学观也有这个特点，他提出："最美丽的猴子与人类比起来也是丑陋的。""最智慧的人和神比起来，无论在智慧、美丽和其他方面，都像一只猴子。""对于神，一切都是美的、善的和公正的；人们则认为一些东西公正，另一些东西不公正。"② 在这里，

---

① 西方社会的宗教促进道德这一传统，我们主要是以犹太教影响下的希伯来文明和古希腊—基督教影响下的希腊文明为例来说的，前者主要以犹太教来引导其道德教育；后者主要是以基督教以引导其道德教育。我们中国本土的道教和外来的佛教、基督教虽然在民间也有一定的影响力，但我们社会的道德教育主要还是以儒家为主的"教化模式"，和马克思主义的道德教育观，来引导我们的道德教育。在这一点上，康德的道德哲学和理性宗教观倒是和我们有相通之处，可以做进一步的研究。

② 北京大学哲学系外国哲学史教研室编：《西方哲学原著选读》，第16页。

赫拉克利特实际上是对美进行了分类，即神的美、人的美和动物的美，其等级依次降低。其哲学上的相对性在美的理论中得到了体现。此外值得注意的是，他已触及了静态美的问题，也就是说，在神、人和动物身上都有一种东西，尽管其等级不同，但其属性相同，都是"美"，我们可以将其看作后来的柏拉图所提出"美本身"的先声。

赫拉克利特所提出的"神的美"和其他东西的美之间的区分，对我们颇有启发，在他看来，神的美是最高的，其他东西的美与之相比都要逊色得多，这就给我们提出了一个美的尺度问题，即其他东西的美要想不断地得以提升，都必须趋向于"神的美"，实际上这个思路和我们上面分析康德提出从美向善、圣的过渡是一致的；或者也可以反过来说，康德的思路在赫拉克利特那里就已经有了雏形。

三　智者派对审美意识的主体化

智者在古希腊的出现，虽然更多的是迎合了当时的民主制度，为了满足急于通过游说、辩论而参与政治生活的人的需求，但智者们所发起的这场运动却也对希腊理性精神的启蒙与发展做出了一定的贡献。他们对美学的影响，就是首次提出了审美意识的问题；也就是说，在此之前，古希腊人对美的讨论侧重于外在事物的"存在"，比如它们的结构、比例等；而在智者们这里，已体察到审美的内在性，即它是人的一种意识的反应。其中的代表人物当属普罗泰戈拉（Protagoras，约公元前490—前421年），他有一句名言"人是万物的尺度"，这个论断比赫拉克利特的"尺度"概念更进了一步，其表现在于，普罗泰戈拉突出了人的作用，也就是说，人的能动性、人的意识在衡量外在事物中所起的规定性作用，他还补充说，尺度是"存在的事物存在的尺度，也是不存在的事物不存在的尺度"[①]。这句话颇为费解，按柏拉图的理解，同一事物对不同的人所获得的感受、体验是不一样的，亦即："对我来说，事物就是它们对我所显现的那个样子，对你来说，事物就是它们对你所显现的样子。"[②] 很显然，普罗泰戈

---

① ［古希腊］柏拉图：《柏拉图全集》（第二卷），王晓朝译，人民出版社2003年版，第664页。

② ［古希腊］柏拉图：《柏拉图全集》（第二卷），第60页。

拉所强调的，是个人自己的内在感受、知觉和体验，在他看来，这种感觉才是最真实的存在，这种感觉可以看作审美意识的启蒙。

智者们对美的进一步讨论是在《双重论证》里（该书论证的原则遵循了普罗泰戈拉《矛盾法》里的规则）展开的，其中的第二章论证了美与丑的相对性，他们指出：在一些人看来，美是一种东西，而丑则是另一种东西，它们之间的区别就像它们的名称所表现的那样明显；相反，另一些人则不把美、丑看作不同的东西，而是同一种东西在不同人的内心里所得到的不同感受，比如女子在室内洗澡就是美的，但在体育学校洗澡则是丑的，男子在体育学校洗澡却是美的。① 男子涂香料、化妆、佩戴饰物是丑的，女子的此类行为却是美的。智者们的审美相对主义在这里所体现的主要是个体及其感受的重要性，离开了个体，大自然中的东西无所谓美与不美。这对后来美学的发展很重要，特别是对美的主观说和客观说的争论，都颇有启发。

智者派的观点对我们论证康德关于美、善、圣的过渡虽然没有直接的帮助，但他们提出审美意识的主体性特点，和康德所提出的美在主观说，还是有密切关系的，康德在此基础上前进了一步，其表现在于，他要为这种主观性找到其具有普遍意义的根据，在此意义上康德提出美在感受上是主观的，但在表现形式上必须获得被普遍认可的客观性，其依据在于美的主观形式的合目的性，不同主体之所以会认可这一点，是因为每个主体都有一个"共通感"。

四　苏格拉底美与善相一致的观点

苏格拉底（Socrates，公元前469—前399年）在美学史上的地位，是柏拉图之前最重要的一位哲学家、美学家，他的贡献，特别是对康德美学而言，首先表现在对美的普遍定义的追求上。和智者们对感觉的倚重不同，他排除了感觉的相对性，主张运用理性来获得绝对的知识；对于美而言，通过理性来寻求它的可靠的定义，就成了苏格拉底的哲学活动在美学领域的主题之一。

1. 对美的具有普遍性的定义之探寻。据色诺芬（Xenophon，约公元

---

① 朱立元主编：《西方美学史》，高等教育出版社2015年版，第37页。

前 430—前 355 年）的记载，苏格拉底和他的弟子阿理斯提普斯曾就美展开了如下对话：

> 阿理斯提普斯问道："你知道不知道什么东西是美的？"
> 苏格拉底回答道："美的东西多得很。"
> "那么，他们都是彼此一样的吗？"阿里斯提普斯问。
> "不然，有些东西彼此极不一样，"苏格拉底回答。
> "可是，美的东西怎么能和美的东西不一样起来呢？"阿里斯提普斯问。
> "自然咧，"苏格拉底回答道："理由在于，美的摔跤者不同于美的赛跑者；美的防御用的圆盾和美的便于猛力迅速投掷的标枪也是极不一样的，"苏格拉底回答。
> ……
> "那么，一个粪筐也是美的了？"
> "当然咧，而且，即使是一个金盾牌也可能是丑的，如果对于其各自的用处来说，前者做得好而后者做得不好的话。"
> "难道你是说，同一事物是既美而又丑的吗？"
> "的确，我是这么说——既好而又不好。因为一桩东西对饥饿来说是好的，对热病来说可能就不好，对赛跑来说是美的东西对摔跤来说，往往可能就是丑的，因为一切事物，对它们所适合东西来说，都是既美而又好的，而对于它们所不适合的东西，则是既丑而又不好。"①

通过这段对话，我们可以看出，苏格拉底已经从两个方面对美提出了重要的论断。第一，美在有用，或美在价值，也就是说，一件事物美与不美，不是从接受者的感官上来判断，比如粪筐，仅从感官上来看，它不是美的，但从其效用上来看，它有其特定的用途，因此对使用者来说就是美的，这里的美体现出一种价值，由此也引申出这一观点，即美与有用性（好、善）是统一的，美的本质表现为一种（使用与被使用的）关系。第

---

① ［古希腊］色诺芬：《回忆苏格拉底》，吴永泉译，商务印书馆 1984 年版，第 115 页。

二，美的事物与"美本身"是分离的，亦即，一件事物可以被看作美的或丑的，其美、丑是从该事物中分离出来的，是被附加到事物上的一种属性、关系，如果从"一"与"多"的角度来分析，那么美就是"一"，具体事物就是"多"，不同的事物都显得美时，它们都与那个被看作"一"的"美"有关联，这可以被看作后来柏拉图的"美的分有说"的理论前身。

由是言之，苏格拉底从"一""多"关系推论到了美的本质问题，即不同的事物或同一事物在不同时候被看作美的，是因为审美者已知道或预设了有那么一种被称作"美"的东西，这就是美的普遍定义问题。苏格拉底的观点和我们所讨论的问题的关系在于，苏格拉底把美和事物的有用性联系了起来，而这在康德那里却是被反对的，康德恰恰反对把美限定在事物的有用性上，他的观点是，审美是无利害的，不依赖于审美对象的有用性。当然从苏格拉底到康德，中间经过了太多的思想史上的诘难，我们不能说康德的"审美无利害"这一观点和苏格拉底的观点有什么直接联系，只能说康德是想强调审美判断重在考察审美对象的"形式"性特征，所以他会推论出，审美判断不能基于对象给主体所带来的"利益"、"利害"或"有用性"而进行。

2. 对艺术的意识。所谓"对艺术的意识"这种提法，是说苏格拉底将艺术归结为人的理性能力，艺术是人在理性能力的基础上发挥创造力的结果。这种意识一方面表现在艺术的模仿论上，另一方面表现在合目的性上。关于艺术的模仿论，苏格拉底是在四个层次上来分析的，第一，他认为艺术要逼真地模仿生活，最好是达到惟妙惟肖的程度，他指出：画家"用颜色去模仿一些实在的事物，凹的和凸的，昏暗的和明亮的，硬的和软的，粗糙的和光滑的，幼的和老的"[1]。由此可以看出，苏格拉底认为不管是什么形状或什么颜色的东西，画家都应把他们如实地描绘出来，才能称得上是一种艺术品。第二，苏格拉底认为艺术品是来源于生活的，但还应在此基础上进行概括和提炼，而不应拘泥于简单地描摹和机械地反映，比如他问画家巴拉苏斯："如果你想画出美的形象，而又很难找到一

---

[1]　北京大学哲学系美学教研室编：《西方美学家论美和美感》，商务印书馆 1980 年版，第19 页。

个人全体各部分都很完美，你是否从许多人中选择，把每个人最美的部分集中起来，使全体中每一部分都美呢？"① 巴拉苏斯给予了肯定的回答。这实际上已涉及美的理想问题，即艺术品所反映出来的美是融合了诸多现实对象的美而高度概括出来的。第三，苏格拉底强调艺术模仿除了注重形体、外表外，还要注重内在精神，尤其是要通过人的眼睛来传达其内心世界，如心理活动、情感活动、精神风貌等。第四，苏格拉底认为艺术品模仿现实中的对象时，不管是正面形象还是反面形象，都以引起欣赏者的美感为标准，他曾就此类问题问雕塑家克莱陀："把人在各种活动中的情感也描绘出来，是否可以引起观众的快感呢？"② 得到的回答是肯定的。

关于艺术意识的合目的性，是说艺术品凝结了创作者的一种目的。如苏格拉底在和制作胸甲的人——皮斯提阿斯——的对话中，质问皮斯提阿斯为什么在质量和成本都不比别人高的情况下，却卖更高的价格？皮斯提阿斯说是因为他制作的胸甲更适合于穿戴者，更合身；也就是说，他注意到了穿戴者的身材和胸甲之间的比例关系。苏格拉底问皮斯提阿斯：

"你怎么表现出它们的适称来呢？是在尺寸方面呢，还是在重量方面，从而使你可以向人家索取更高的价钱呢？因为我想，如果你把它们造得合用的话，你就不会把它们造得都完全相等或完全一样。"

"我当然把它们造得合用，因为一个胸甲要是不合用就一点用处也没有了，"皮斯提阿斯说。

"既然如此，人们的身体岂不是有的长得适称而有的不适称吗？"

"的确是这样，"皮斯提阿斯回答。

"那么，你怎么能造出一个合用于身体长得不适称的人的适称的胸甲来呢？"

"总是要把它造得合用，"皮斯提阿斯说，"因为合用的东西就是适称的。"

"我想，"苏格拉底说道，"你所说的适称，不是就事物的本身来说，而是就其和使用者的关系来说，正如你可以说一个圆盾或一件短

①　北京大学哲学系美学教研室编：《西方美学家论美和美感》，第19—20页。

②　北京大学哲学系美学教研室编：《西方美学家论美和美感》，第21页。

外衣，对于那些合用的人来说就是适称的一样，并且按照你的说法，对于其他事物也有同样的情形。但是，合用还可能有另外一些不小的好处。"①

从这段对话中，我们可以看出苏格拉底心目中所谓的艺术品，应该体现出创作者的产品和使用者之间协调、适合的比例关系，从实用的角度来说，艺术品必须适合于对方的使用，其价值是建立在这个基础上的。这和康德所提出的审美无利害不一致，其中的原因我们在上面已分析过。在苏格拉底这里，美在有用性这一观点，实际上隐含了美和善的统一问题，也就是说二者是有亲缘关系的，在其对人的有用性或对人的生存上，二者都是好的，都会促进人的生存，从这一点我们也可以认为，苏格拉底的美学思想对康德所提出的美、善、圣的过渡提供了思想资源。

五　柏拉图的理念美②

柏拉图（Plato，公元前427—前347年）的美学思想对后世影响最大的主要是他的理念论、模仿论和灵感论思想。对我们的主题而言，他对美的定义，尤其是理念美的提出，是最需要关注的。

柏拉图的理念论所涉及的世界被分成了三个层次，③ 分别是理念世界、现实世界和艺术世界，其真实性（或实在性）依次降低，也就是说，理念世界是最真实的，它是真实世界的原型，真实世界的自然物是因为分有（participate，share）了其理念而存在的；由是言之，真实世界就是对理念世界的模仿了，而艺术世界又是对真实世界的模仿。柏拉图在其《理想国》中以床为例说明了这个道理。他认为，床的理念是最真实的，现实生活中的床是在分有床的理念的前提下产生的，木匠制造的床就是依据床的理念做出来的；画家画床是依据木匠造出来的床进行的；由此就可

---

① ［古希腊］色诺芬：《回忆苏格拉底》，第124—125页。

② 我们在前面曾指出过柏拉图的"理型"的翻译问题，在这里为了和引文一致，用"理念"。特此说明。

③ 从认识论的角度来看，柏拉图提出的分离学说可以将世界分成可感世界和理智世界；按柏拉图的"四线段说"，人的认识可以将外在对象的世界分成"本原""数学型相""自然物"和"影像"，这四种对象的实在性依次降低。

以看出，柏拉图心目中的理念与现实以及艺术品的关系就成了：理念→现实物→艺术品。以此观点来审视美的问题，就会产生出不同于前面哲学家的美的定义：

> 这种美是永恒的，无始无终，不生不灭，不增不减的。它不是在此点美，在另一点丑；在此时美，在另一时不美；在此方面美，在另一方面丑；它也不是随人而异，对某些人美，对另一些人就丑。还不仅如此，这种美并不是表现于某一个面孔，某一双手，或是身体的某一其他部分；它也不是存在于某一篇文章，某一种学问，或是任何某一个别物体，例如动物、大地或天空之类；它只是永恒地自存自在，以形式的整一永与它自身同一；一切美的事物都以它为泉源，有了它那一切美的事物才成其为美，但是那些美的事物时而生，时而灭，而它却毫不因之有所赠，有所减。①

柏拉图对美的这个定义反映出：第一，现象界具体事物的美是因为有"美的理念"的存在，否则，没法谈论美这一问题，理念论在认识论上带来的问题要多于在美学上的问题，抛开认识论不谈，我们认为柏拉图对美的理念之界定，确实解决了美的来源问题，因为如果没有"美本身"，没有关于美的认识和界定，我们何以知道"美"，何以区分美与丑呢？换言之，我们可能在感觉上体验到了被称为美的感受，但却有难以表达之苦，柏拉图的美的理念有助于解决这个问题。第二，美的理念是永恒的，它不生不灭，也不增不减，不会发生变化，具有恒定如一的特点。第三，美的理念具有绝对性，它不会因时间、地点的变化而显得不美，也不会因欣赏者的不同而改变。第四，美的理念是先验的，亦即具有普遍性，不会混同于具体的个别事物，毋宁说它是从具体事物中超拔出来、升华出来的，所以它是单一的，是某一类事物中的唯一者，它自为自在地存在，有其独立性。柏拉图的这一观点，对于我们考察康德提出的美、善、圣的过渡这一思想，有价值的地方在于，第一，它解决了美的来源问题，即首先是因为

---

① ［古希腊］柏拉图：《文艺对话集》，朱光潜译，人民文学出版社 2016 年版，第 249—450 页。

存在着理念的美，然后才有被人感知到的美；第二，"柏拉图是用理念来代替神的"，因为早期的古希腊哲人们用数或元素等来代替神话中的神，①其目的在于，当时的哲学家想找到万物的本原（包括美的本原），从这个意义上来讲，理念的美相当于古希腊神话中的神，它们之间还是有一定的关联的。第三，在柏拉图的理念论中，最高的是善（虽然不直接等同于道德上的善），善和美是统一的，同时也是一切存在中最明亮的。② 所以有的学者指出，真善美三者的统一是柏拉图美学思想的本体论基础之所在。③ 基于这一论断，我们可以说，康德对美、善、圣之间的过渡这一思想，在柏拉图这里已有明晰的线索。

六　朗吉努斯论崇高感与神圣感

朗吉努斯（Longinus）在《论崇高》④ 的开头谈到该如何来看待他这篇著作时指出："我们与神性相似之处就是兼爱和爱真理。"⑤ 他一上来就强调人的认识中神性的一面，亦即，追求真理的过程和对神性的向往有相似之处，这就为他后面谈论天才问题定下了基调，即，在探讨如何传授使文章风格崇高的技巧时，朗吉努斯认为这只有天才能办得到，而天才可以用来代替"运气"，⑥ 由此就使得天才发挥作用时带有了某种神秘性。当然，这一观点在后人的天才观那里也有所体现，比如康德就指出，天才是创立规矩的人，但他首先却必须要打破前人的规矩；至于天才到底是怎么创作、怎么订立规矩的，康德认为这中间的奥秘深不可测，可以说是个难解之迷。

关于崇高的来源，朗吉努斯认为有五个方面，一是思想方面的，必须有庄严而伟大的思想才能产生崇高；二是情感方面，要强烈而动人；三是辞藻的运用，要有高超的技术；四是措辞方面要高雅；五是文章的结构，

---

① 朱立元主编：《西方美学史》，第46页。

② ［古希腊］柏拉图：《柏拉图全集》（第2卷），第515页。

③ 朱立元主编：《西方美学史》，第52页。

④ 尽管《论崇高》的作者历来是有争议的，但本书不予深究，只是按普通的做法，将《论崇高》归于朗吉努斯名下。

⑤ 伍蠡甫、胡经之主编：《西方文艺理论名著选编》，北京大学出版社1985年版，第115页。

⑥ 伍蠡甫、胡经之主编：《西方文艺理论名著选编》，第116页。

必须要堂皇卓越。① 虽然朗吉努斯是从谈论文章写作和措辞使用等方面来论述崇高的，但其中不乏对美学（美感和崇高感）研究的借鉴意义。尤其是在谈到思想的崇高时，朗吉努斯引用了《创世纪》中的话来加以说明："上帝说，要有光，就有了光。"（1：3）这就和我们在上面分析朗吉努斯的真理观联系了起来，他认为对神性的追求就是对真理的探求，以此原则来谈论崇高，那么崇高的思想是来自上帝那里的，或者说是在对上帝的崇敬之中才会产生的，这体现了对上帝的敬重之情。对这个观点，我们一方面可以认为这是基督教信仰传统对当时思想界的影响；另一方面由于崇高感远远超越于主体之上，有时甚至会给人带来压抑感而使主体不得不借助于思想的转换，即，将自己想象成从那种压抑感之下超拔出来，此后才能转换出一种不被外在巨大的对象或力量压垮而产生的优越感，在这个意义上，朗吉努斯说崇高感来源于上帝，是有一定道理的。

朗吉努斯在后面接着用一个例子来印证了这一观点。他首先说读柏拉图的散文会给人以潺潺流水般的平静之感，但其中也不乏崇高感的收获。到底该如何将人引向崇高呢？可以"模仿过去伟大的诗人，并且同他们竞赛。我亲爱的朋友，让我们以这一点作为坚定不移的奋斗目标吧，因为很多人就像受到神灵的启示一样"②。他接着引用了古希腊阿波罗神的女祭司这个故事，说女祭司靠近德尔菲青铜祭坛时，地面有一条裂缝，神灵的气息从裂缝中冒出，女祭司由此感受到天神的威力……最后就说出了天神的神谕……③朗吉努斯通过这个故事来说明，崇高的情感是带有神性的，由神圣感转换而成，或至少带有神圣感的成分。我们分析康德宗教哲学中的情感因素，说康德经由美感和道德感，借崇高感这个中介而过渡到神圣感，是有一定的思想史传统的，也并不是康德自出机杼的结果。在这个意义上，我们认为朗吉努斯的崇高感和后来"柏克、康德讲的崇高是一致的"④。

七　普罗提诺"流溢说"中美与善的统一

普罗提诺（Plotinus，公元205—269年）作为一名新柏拉图主义者，

---

① 伍蠡甫、胡经之主编：《西方文艺理论名著选编》，第119页。
② 伍蠡甫、胡经之主编：《西方文艺理论名著选编》，第121页。
③ 伍蠡甫、胡经之主编：《西方文艺理论名著选编》，第121页。
④ 李衍柱：《西方美学经典文本导读》，北京大学出版社2006年版，第136页。

其美学思想继承了柏拉图关于理念（理型）与经验对象相分离的观点，与柏拉图的"分有"说不同的是，他采用了"流溢说"（theory of emanation）来联结这两个世界。在他看来，作为可感的经验世界，都从其最高的原则——"太一"（the One）那里流溢出来。太一就像一个超越的"存在"（Being），普罗提诺将其流溢的过程比喻为泉水的流溢和太阳光的放射，流溢不是一次性的、短暂的，而是永恒的。① 至于美与太一之间的关系，他在其《九章集》中指出，太一并不是在简单意义上的万物之总和，而是先天地而生的，具有至高无上的地位，也是"美"与"善"的理念。人对美与善的把握靠的是灵魂，而灵魂是从太一那里流溢而出的，灵魂可以对太一进行关照；对万物进行关照的是人的灵魂，而灵魂来自心智，从心智那里流溢出来，在此流动之中，就创造出了时间和空间。

值得注意的是，普罗提诺认为，太一就是至高无上的神，人只有在非常虔诚的信念和情感中，才能凭自己的直觉来与太一相遇，对美与善的感知也是如此。这就是他的"美在精神说"的主要原因，现实事物之所以是美的或善的，是因为它们从太一那里流溢而出，而太一又是与美和善的理念等同的；这种观点一方面与柏拉图的理念论有传承关系，另一方面又表现出普罗提诺的神秘主义色彩。他指出：

> 只有用灵魂来看的人，才能领略这一种美；见到它之后，他们欢欣鼓舞，顿生敬畏之心，比之其他一切感受都更要躁动不安，因为如今他们在走进"真"的王国。这就是"美"必然会引起的体验、惊喜、迷惑、渴望、挚爱以及激动得发抖的快感。②

由此可以看出，对美的感受不是用肉体的感官，而是用人的灵魂来获取的，这显然是受柏拉图"美在理念"的影响而提出的一种审美观，但又不同于古希腊"美在比例"的学说，由此就提高了灵魂在审美中的地位。说到底，事物之所以是美的，不在于它的外在形式和比例，而在于它

---

① ［美］门罗·C. 比厄斯利：《西方美学简史》，高建平译，北京大学出版社 2006 年版，第 55 页。

② ［古罗马］普罗提诺：《九章集》，第一集，第六章，第 4 节。转引自朱立元主编《西方美学史》，第 76 页。

从太一那里流溢而来，分享了太一的美；同时这样的美只有用灵魂才能捕捉到，灵魂必须变得像至高无上、既美又善的神一样时，才具有这种能力，"这就是说，灵魂变成某个善的和美的事物，也就是变得与神相似。因为一切美和善的存在，都是从神而来"①。

通过上面的分析，我们可以看出，美感、道德感（善）和崇高感之间的亲缘关系，从古希腊的哲学家那里就已经显露出来了，只不过到了古罗马时期，由于宗教（主要是基督教，当然也有犹太教）的影响，而进一步增强了这种趋势。到了康德的时代，虽然强调启蒙的价值，哲学家需要张扬理性的精神；但对于情感问题，尤其是我们分析的美感、崇高感、道德感和神圣的宗教情感，其因缘关系是没有多大变化的，康德在处理这一问题时，仍然沿袭了这一思路。

第二节　康德哲学里从美感向崇高感、道德感和宗教情感的过渡

康德讨论美学问题，不仅仅是从美本身这一角度出发的，而是立足于他的整个哲学体系，即他在《纯粹理性批判》和《实践理性批判》里以划分现象与物自体的"二分法"，分别探讨了知识和道德、知性和理性之间的关系，由此而使得这两种知识判然分明，前者是经验对象的知识，后者是非经验对象的知识。此举优点很明显，使这两种知识都有了各自的心灵机能（知性和理性）来把握，也都有了各自的先天法则（前者是范畴及其诸知性原理，后者是道德法则）；但其缺点也不可避免：将人所面对的世界分割为现象界和物自体的世界，将人的浑然一体的心灵机能分割为知性和理性，从而也使得康德意欲建构的形而上学大厦被割裂开来，即认识论的形而上学和道德的形而上学之间产生了鸿沟。康德写作《判断力批判》的目的之一就是要弥合这条鸿沟，其中美学问题起到了一个过渡作用和中介的作用，即从美过渡到崇高，再过渡到道德，道德目的论引申出道德神学，由此而使得他的形而上学大厦成为一个完整的整体。其中由

---

① ［古罗马］普罗提诺：《九章集》，第一集，第六章，第 6 节。转引自朱立元主编《西方美学史》，第 77 页。

美的问题而引申出的生活世界的问题，是我们必须要认真加以对待的，它隐含着后来有胡塞尔从现象学所开显出来的生活世界的内在逻辑线索。①

一　康德对美的界定

1. 对鉴赏②进行的判断是审美的。这是康德在《判断力批判》里对美的鉴赏判断所进行的四个"契机"③的分析时所提出的，他指出："为了分辨某物是美的还是不美的，我们不是把表象通过知性联系着客体来认识，而是通过想象力（也许是与知性结合着）而与主体及其愉快或不愉快的情感相联系。"④也就是说，对美的判断不同于对客体认识意义上的判断，因为它有其特殊性，"审美中的认知因素，理解的过程虽然不排斥概念、判断和推理等逻辑思维，但理解的目的不是要把鲜活的感觉经验上升为抽象的逻辑思维，而是为了在理解之后更好地感觉"⑤。也就是说，审美判断的落脚点在于主体的感受、感觉；而对认识活动来讲，它是主体运用知性范畴来对客体进行归类的判断，将需要认识的对象归到其所应属于的范畴和知识的"类"下，而审美活动则不需要知性或不主要靠知性来归类，而只是用想象力将其与主体的情感联系起来，看该对象是否激起了主体愉悦的情感，是一种关于主观感受（感觉）的判断，不是靠逻辑来联结主体与对象，而是靠反思，由反思性判断而体察主体的感受，在这个意义上，我们在本书开头的方法论部分所使用的海德格尔的生存论分析方法，是与康德的思路颇有契合之处的，这种情感判断更多地体现出主体的一种生存体验，康德将其与逻辑判断区分开来而称之为反思判断，其见地与海德格尔可以相互沟通。康德在后面接着说："鉴赏判断并不是认识

---

①　叶秀山：《一切哲学的入门》，《云南大学学报》2012 年第 2 期。

②　此处的"鉴赏"（Geschmack）指口味、品味、味道、滋味等，和我们在第三章、第四章所分析的关于"趣味"的判断有类似的意思，但到了《判断力批判》里康德侧重于指对于审美和艺术的鉴赏，其含义比趣味判断层次高了一些。

③　关于"契机"，康德使用的是"Moment"，在德语里指：顷刻、瞬间；契机、要素、特征；（某一）时刻。若译成"要素"，较为平实，且通俗易懂，但失去了康德在分析鉴赏判断时的逻辑指引功能和四个契机之间紧密的内在关联性，康德此处使用契机，含有汉语里的"机要"之意，即这种契机不是普通的构成意义上的要素，而是说这些契机有引发审美情感产生的生发性。

④　［德］康德：《判断力批判》，第 37 页。

⑤　陈炎：《美学》，高等教育出版社 2013 年版，第 57 页。

判断，因而不是逻辑上的，而是感性的［审美的］，我们把这种判断理解为其规定根据只能是主观的。"① 其"主观的"这一说法，进一步说明审美判断是一个感觉的判断，依赖于主体的生存体验，与海德格尔生存论分析中所说的 Dasein 本己的切身体验是一致的，只不过海德格尔将其分析上升到存在论的层面，而康德未能做到这一点，其出发点仍是存在者的层面，即情感所关切的对象属于一存在者，而不是存在；海德格尔所说的存在，在康德这里相当于物自体，康德想用情感判断与目的论判断来沟通物自体与现象之间的裂痕。我们可以说康德已经意识到物自体领域对现象领域的"范导性"作用，他在《实践理性批判》里所提出的道德法则的作用已现此端倪，但他终究没有像海德格尔那样做出"存在论的区分"，不过我们可以认为在关于形而上学的思考上，其致思思路还是有相通之处的。

　　对于这种不同于认识论意义上的审美判断对象，康德认为它对于我们的认知并没有多大意义，而只是关于我们的生命感的，即在审美关照之下的对象所给予我们的表象"是在愉快和不愉快的情感的名义下完全关联于主体，也就是关联于主体的生命感……如果这些给予的表象是合理的，但在一个判断中却只是与主体（即它的情感）相关的话，那么它们就此而言就总是感性的［审美的］"②。在这个意义上我们可以说，在审美活动中，审美主体是"用完整、饱满的生命去感知和拥抱审美对象"③。由此就可以看出，审美是关于整个生命的，而不仅仅是和认知有关，也不仅仅是一种感觉。康德在这个地方从反思性判断力的角度加以剖析，其用意在于将关于审美的判断和其他的判断（认识意义上的以范畴和知性原理为根基的判断，以及道德法则提供行为规定根据意义上的以道德法则为模型的判断）区分开来，专门分析只关联于人的愉快与否的情感的判断。从海德格尔的生存论分析这一角度来看，做这样的区分是不妥当的，它割裂了人的生存整体性，但在康德看来，不做这样的区分似乎难以剖析审美判断的内在机制，也不能找到他所设想的审美判断的先天法则（形式的主观合目的性），此处我们也只能跟随康德做如是解。因为任何一种方法

① ［德］康德：《判断力批判》，第 38 页。
② ［德］康德：《判断力批判》，第 38 页。
③ 陈炎：《美学》，第 57 页。

都有其优劣处，难以包打天下且放诸四海而皆准。

2. 审美无利害。关于审美无利害的观点，康德是在其审美判断的四个契机中的第一个，即"质的契机"里提出的，其论证思路按"总论——反论——结论"的模式展开，首先从总体上提出鉴赏批判是关于审美的，它与人的生命感有关，与认识截然不同（§1）；有了这个铺垫之后又从审美对象与主体的利害关系入手反证自己的观点，即分析与主体有利害关系的内心感觉有哪些，它们分别有什么特点，指出它们因其与主体有利害关系而不是审美的（§§2—4）；然后又从那些有利害关系的内心感觉的具体表现上入手与审美进行对比，从而得出"唯有审美是无利害关系的"这一结论（§5）；最后推论出第一个契机的中心论点，即审美是无利害关系的。统观这样一个论断，即"那规定鉴赏判断的愉悦是不带任何利害的"，在康德看来，一种愉悦感是否与主体有利害关系，其原因在于对象是否实际存在，"被称之为利害的那种愉悦，我们是把它与一个对象的实存的表象结合着的"①。单纯从这一句话，还是难以理解康德为什么认为实际存在的对象所引起的愉悦感就是有利害关系的，我们还需要结合康德的行为规定理论（即他在《纯粹实践理性》里提出的以道德法则作为行为规定根据的理论）来理解，因为这涉及主体的欲求能力。

康德在《实践理性批判》里说："我虽然并没有任何规定这概念（指能为主体提供行为的规定根据的纯粹实践理性的'自由因'——引者注）之客观理论实在性的直观，但这概念依然有可以在诸意向和准则中 in concreto（拉丁文，'具体地'——引者注）表现出来的现实应用，也就是有能够被指明的实践的实在性。"②康德认为，自由意志采纳为行为规定根据的原因，固然不在经验直观范围内，但它一旦得到落实，就会变成可经验的对象，所以它的实在性是"实践"上的，意志的欲求能力终归还是以实存对象为欲求目标的。③而对于和美有关的愉悦感，其判断过程并不

_____

① ［德］康德：《判断力批判》，第38页。

② ［德］康德：《实践理性批判》，第76页。

③ 这个论证我们也可以从相反的方向来理解，即道德法则或其他欲求对象，在欲求之前处于非经验对象领域，其实在性只有欲求目标被实现出来后才可被经验到，所以康德称其为"实践的实在性"；但它们终究是以可以预见到的经验对象为目标的，在这个意义上，以欲求能力为基础的愉悦感是与实存对象的表象结合着的。

依赖于该对象是否实际存在，在判断中"我们并不想知道这件事的实存对我们或对任何人是否有什么重要性，哪怕可能只是有什么重要性；而只想知道我们在单纯的观赏中（在直观或反思中）如何评判它"①。也就是说，对象是否美，与其是否实存没有直接联系，判断者对此并不关心，只关注自己的情感处于什么状态。

这样的一种对美的判断，反映的是主体的态度，而不是价值，即对象对主体的有用性；换言之，审美判断既不是认识论里的事实判断，也不是实践哲学里的价值判断，② 而是一种特殊的（反思）判断，"要说一个对象是美的并证明我有品位，这取决于我怎样评价自己心中的这个表象，而不是取决于我在哪方面依赖于该对象的实存"③。由此可见，我"怎么"去判断这个对象，比我"依赖"于"什么"去判断这个对象更重要，所谓的"什么"就是指对象的实存与否，或他给我带来什么"好处""用处"，亦即康德所谓的"利害"，因为一旦涉及这些，主体就会陷入利害、利益的"算计"之中，对美的判断就会被"搁置""悬搁"起来，这个思路渗透着生存论的因素，④ 即生存中利益的考量要重于对美的考量，所以"每个人都必须承认，关于美的判断只要混杂有丝毫的利害在内，就会是很有偏心的，而不是纯粹的鉴赏判断了"⑤。

3. 美不在概念中，而在普遍的愉悦中。按康德的观点，既然美的判断是与利害无关的，那么这种判断就具有普遍性，因为审美的对象不管对哪一个主体都一样，都没有利害关系，所以这种判断的结果可以被要求于每一个主体，它因此而带有普遍性。做这样的分析只是一种可能性，因为美与不美是一种感觉，其普遍性不像知识的普遍性那样对每个理解知识的人都有效，康德所要做的是进一步追问审美判断的内在根据，即一种自由

---

① ［德］康德：《判断力批判》，第 39 页。

② 我们说审美判断不是一种价值判断，只是就康德的"审美无利害"这一论断而言的；从更高一层次的角度而言，审美的愉悦感虽然不是一种实用性的价值，但它让主体获得了愉悦感，也是一种"价值"。

③ ［德］康德：《判断力批判》，第 39 页。

④ 这个生存论不是海德格尔意义上的"生存论分析"，海氏强调超越于存在者层面的存在，在"存在"的意义上，事实判断、价值判断、美的判断，都是切己的，具有源初性，没有逻辑上的先后和地位的高下之分。

⑤ ［德］康德：《判断力批判》，第 39 页。

的感觉，他指出：

> 既然它（指审美的愉悦感之根据——引者注）不是建立在主体的某个爱好之上（又不是建立在某个另外的经过考虑的利害之上），而是判断者在他投入对象的愉悦上感到完全的自由：所以他不可能发现只有他的主体才依赖的任何私人条件是这种愉悦的根据，因而这种愉悦必须被看作根植于他也能在每个别人那里预设的东西之中的；因此他必定相信有理由对每个人期望一种类似的愉悦。①

这种愉悦感首先是某个主体感到的，但其根据不是此主体的一己之情，因为这种感受完全没有利害关系，只是一种自由感，所以我们就可以设想每个主体都会有这种感受。康德在这个地方还没有详细阐释这种自由感的特质，到了后面他才指出，这种自由感是知性和想象力自由配合的结果（知性不是为了认识对象，而是为了寻求某种"一致性"，这是知性的一大特点；② 自由感在很大程度上是想象力发挥作用的结果）。

正是基于这种可预设的、推己及人的"自由"意义上的美感，才保证了它具有普遍性。按照人类心灵机能的特点，要做出具有普遍性的判断，逻辑是最有效的手段，即，将概念以逻辑为工具联结起来（这种做法在亚里士多德那里以形式逻辑构建起了严密的知识体系，但康德认为其"形式"性太明显，他以自己的先验逻辑进一步从判断内容方面加以完善）；在这个意义上，审美判断可以从逻辑判断那里借鉴些什么。所以审美判断的普遍性和概念判断的普遍性至少在形式上是有相似之处的，从这个角度来看审美判断，我们可以"这样来谈到美，就好像美是对象的一种性状，而这判断是（通过客体的概念而构成某种客体知识的）逻辑判断似的；尽管这判断只是感性的［审美的］，并且只包含对象表象与主体的某种关系：这是因为它毕竟与逻辑判断有相似性，即我们可以在这方面预设它对每个人的有效性。但是这种普遍性也不能从概念中产生出来"③。

---

① ［德］康德：《判断力批判》，第46页。
② ［德］康德：《判断力批判》，第128页。
③ ［德］康德：《判断力批判》，第46页。

至于为什么审美判断不是从概念中产生的，康德参照着他的道德哲学来加以讨论，在《实践理性批判》里，康德提出，道德行为虽然不能建立在情感之上，而只是以抽象的、概念式的道德法则为基础，但从道德法则那里可以产生道德的敬重感，这种情感作为道德行为的动机，可以引发主体的道德行为。① 美感不同于道德情感，它不是由概念引发的，只是主体在对审美对象的自由关照中产生的自由情感；但从其具有普遍性这一特点来讲，它又和从概念判断中产生的逻辑的普遍性、和从概念式的道德法则那里产生的道德情感的普遍性，都有相似之处，所以审美情感不是由概念产生出来，却具有概念意义上的普遍性，这也从另一个方面保证了从美感过渡到道德感的可能性，进一步证明了美感和道德感的亲缘关系。实际上从生存论的角度看，它们都是源于作为一个整体的心灵机能，做出区分只是为了分析、研究的方便而已，其亲缘性是本已具足的。

4. 美的规定根据：主观合目的性。在对审美判断的这个特点进行分析之前，必须首先分析康德对"目的"概念的界定。康德在审美判断的"第三契机"里提出："目的就是一个概念的对象，只要这概念被看作那对象的原因（即它的可能性的实在的根据）。"② 也就是说，目的是主体从概念上分析某一对象的可能性被实现出来的原因，或者说是主体对某一对象预先设定其所要达到的状况，该状况作为主体对对象所欲求的目标，在概念上就是主体的目的。对于审美判断来说，是不是可以说主体能对被判断的对象有一个预先的目的，即期待着对象是美的呢？康德认为不可以，因为"一切目的如果被看作愉悦的根据，就总是带有某种利害"③，因为我们在上面已经分析过，康德认为审美判断是无利害的，所以审美活动是不可以把一定的目的作为其评判根据的，这是从主体评判的主观方面来看的，即在这种情况下所要求的目的是一种主观目的。

那么对于一个客观目的呢，它能不能充当审美判断的根据？康德认为也不可以，因为以客观目的作为规定根据的情况是出现在道德判断里的，在道德判断中，道德法则作为最高的善，它可以充当行为的规定根据而形

---

① 贺方刚：《情感与理性：康德宗教哲学内在张力及调和》，中国社会科学出版社 2017 年版，第 124 页。

② ［德］康德：《判断力批判》，第 55 页。

③ ［德］康德：《判断力批判》，第 56 页。

成一种客观目的的表象，而在审美判断中并不存在这样的表象，故而康德指出，在审美判断里"没有任何客观目的的表象，亦即对象本身按照目的关联原则的可能性表象，因而没有任何善的概念，可以规定鉴赏判断"①，也就是说，审美判断不是关于善的道德判断（尽管二者有关联性，有内在的亲缘关系；但在具体分析二者的差异时，还是要指出其不同点），它不可能有一个像道德法则那样的东西来作为标准以衡量主体的感受，所以没有所谓的客观目的可作为审美判断的法则。

但我们在前面的分析中已经指出过，康德认为审美判断还是有普遍性的，当然不是概念判断意义上的普遍性，但至少在形式上让我们觉得美这种现象是普遍的。现在的问题在于该如何找到这种普遍性的规定根据，因为光说它在形式上显得像是概念判断还不够，审美毕竟不是认识活动，不是一种知性知识。所以康德接着指出："能够构成我们评判为没有概念而普遍可传达的那种愉悦，因而构成鉴赏判断的规定根据的，没有任何别的东西，而只有对象表象的不带任何目的（不管是主观目的还是客观目的）的主观合目的性。"② 质言之，审美判断是一种主观的合目的性，也就是说，美合乎主体的目的，但此主观目的不是判断美的规定根据，而只是一种无目的的合目的性。比如说我们经常会把大自然描绘成"风景如画"并从中得到美的享受，但这只是说大自然在其外在形式上好像一幅被画家画出来的作品一样，究其实是不存在这个"画家"的，做这样的描绘只是说，大自然如绘画一画般的美，既不是它内部有一种目的是为了显示其美，也不是我们人类主观上给予了它一种美，而是说大自然如画般的风景适合了主体的愉悦感。③ 这就是康德所说的美的规定根据在主观形式的合目的性的要旨。

二　由美过渡到善：美象征着德性

关于这个论断，康德主要是从他对概念的分类入手，来加以论证的。在康德看来，对概念的理解和人的直观能力有关，由此就可以为概念奠定

---

① ［德］康德：《判断力批判》，第56页。
② ［德］康德：《判断力批判》，第56页。
③ 邓晓芒：《〈判断力批判〉释义》，第124页。

实在性的基础。他在《纯粹理性批判》里把概念分为三类，第一类是关于经验性对象的概念，人的直观可以为这些概念提供"实例"，其中发挥作用的是感性直观；第二类是关于知性—知识的概念，它们是由知性范畴和感性直观（即上面的第一类概念）结合成的"图型"，其中发挥作用的主要是感性和知性（想象力也起了一定的作用）；第三类是关于（狭义的）理性这样的概念，它们是一些超感性的对象，如自由、灵魂、上帝等，康德将其置于物自体的领域，不属于知性—知识的领域，没有感性直观与之配合，在此意义上康德认为它们是不可"知"[①] 的，形成这些概念的心灵能力主要是想象力，要对其加以把握，康德认为主要靠"象征"的方法。[②]

从实在性的角度来讲，康德认为第一类概念的实在性在于经验，靠人的外感官能力来把握；第二类概念的实在性在于"图型"和知性知识，靠人的知性能力来把握；第三类概念的实在性，康德并没有明确指明，在此处用象征手法，我们认为其实在性在于情感，审美判断的实在性是美感，自由、灵魂、上帝等对象的实在性在于信任情感，即确信此类对象对主体的影响，确切地说是对人的生存之影响，主要指道德实践生活和宗教信仰活动（尽管康德提出理性宗教的观点，不是把上帝的诫命，而是把道德法则作为生存选择的基础，但他仍然采纳了宗教的形式），就此而言，这些非感性对象对人的生存之影响还是很明显的。

对于"象征"的作用，在康德看来，它仍然要落实到感性表象能力上来，所以"一切作为感性化的生动描绘（演示，subjectio sub adspectum）都是双重的：要么是图型式的，这时知性所把握的一个概念被给予了相应的先天直观；要么是象征性的，这时一个只有理性才能想到而没有任何感性直观能与之相适合的概念就被配以这样一种直观，借助于它，判断力的处理方式与它在图型化中所观察到的东西就仅仅是类似的"。[③] 这

---

① 此处的"知"主要是指靠知性来"知"，这种求知方式以感官能力的感知为起点，由此获取经验杂多，然后用"图型"将此经验杂多进行归类，并以知性范畴和知性原理建构起此类"知识"。康德还指出了另一类知识，即关于自由意志、审美情感和神圣生命感的知识，也就是道德、美学和宗教的知识。

② ［德］康德：《判断力批判》，第 198 页。

③ ［德］康德：《判断力批判》，第 198 页。

涉及人类认识能力的基础问题，即思维的最终归属在于经验对象，就此而言经验论者的观点是令人信服的（康德在《纯粹理性批判》里的折中做法在于，唯理论者所认为的知识中普遍性、先验性的抽象结论也不容忽视，对此我们不能在这里展开讨论）。基于此，康德认为"一切我们给先天概念所配备的直观，要么是图型物，要么是象征物，……后者（指象征——引者注）是借助于某种（我们把经验性的直观也应用于其上的）类比，在这种类比中判断力完成了双重的任务，一是把概念应用到一个感性直观的对象上，二是接着就把对那个直观的反思的单纯规则应用到一个完全另外的对象上，前一个对象只是这个对象的象征"①。对此康德用了手推磨和靠单一的绝对意志来统治的专制国家做例证，后者在统治过程中所贯彻的绝对意志，在手推磨的推动力上被象征性地表达了出来。简单地说，象征的作用，就在于将不能被直接用感性直观加以表达的对象（大多都是一些抽象的概念、理念），用另外一些有类似功能、作用的感性对象间接地表达出来。

以此方法来看待美感和道德感，康德认为也可以将后者用前者象征性地表达出来。其理由在于：美是具有普遍性的，虽然不像概念所给出的普遍性那样明显；道德上的善直接来自于概念的普遍性，同时美"伴随着对每个别人都来赞同的要求而使人喜欢，这时内心同时意识到自己的某种高贵化和对感官印象的愉快的单纯感受性的超升，并对别人也按照他们判断力的类似准则来估量其价值"②。也就是说，我们在感到美的愉悦感之后，也会将这种感受推己及人地转移到别人那里去，认为其他人也可以感受到类似的美感，这样做的结果是让我们内心有一种"高贵化"的感觉，即类似于崇高感，觉得我们因为让别人也体验到了美感而显得伟大起来，类似于一种道德上的高尚，也类似于一种与美感接近的崇高，觉得自己在人格性上得到了提升。

为了让这个过渡更令人信服，康德又举了一些常见的例子，比如："我们经常用一些像是以道德评判为基础的名称来称呼自然或艺术的美的对象。我们把大厦或树木称之为庄严的和雄伟的，或把原野称之为欢笑的

---

① ［德］康德：《判断力批判》，第 199 页。

② ［德］康德：《判断力批判》，第 201 页。

和快活的；……因为它们激起的那些感觉包含有某种类似于由道德判断所引起的心情的意识的东西。鉴赏仿佛使从感性魅力到习惯性的道德兴趣的过渡无须一个太猛烈的飞跃而成为可能。"① 这些感受实际上在日常生活中人们都会经常遇到，但正因为习以为常了，"百姓日用而不知"，由此而缺少了像康德这样的反思，缺少从哲学的高度来对此类感受所进行的提升。康德从美感、崇高感到道德感的过渡，由此就顺理成章地完成了，他虽然对从这些情感过渡到宗教情感没有直接的理论证明，甚至也没有直接提宗教情感，但由于康德在其理性宗教观里遇到了逻辑上的矛盾（这是下一章的内容），所以他的理性宗教观的实在性只能是一种信任情感，舍此无法解决其宗教观里的矛盾，所以我们将审美、道德和宗教中的情感做一综合分析，其内在的关联性，由前到后的过渡还是言之有理的，其关键点就在于崇高感的中介作用，它既和美感有亲缘关系，也和道德感、宗教情感有亲缘关系。

---

① ［德］康德：《判断力批判》，第 202 页。

第六章　情感实在性：解决康德宗教哲学逻辑困境的一种途径

对宗教问题的研究，当然必须采取理性的方法并持一种科学的态度。① 但宗教本身却是信仰的对象，是人靠理性构造出来供信仰者膜拜、信守的；换言之，一种宗教之被信仰，其信仰过程是在信任情感中被确定为实在的，是非理性的。② 当我们以这种思路来反观康德的宗教观，尤其是他的恩典观时，就会遇到理性与信仰的对立问题，这虽然是所有宗教在面对理性的拷问时都会遇到的，但因为一般的宗教本身都是信仰的对象，而康德意欲建构的宗教是理性的，他称之为理性宗教或道德宗教，是不能完全靠信仰来对待的，需以理性的、道德的态度来看待；我们之所以说"不完全"靠信仰来对待之，是因为康德一方面强调信仰者在增进德性上要靠个人的努力，绝对按道德法则行事；但另一方面在人的去恶从善、实现德福一致上又离不开对上帝的信仰和对上帝恩典的依赖，在这一点上康德的恩典观陷入了逻辑困境。揭示这一点对我们理解康德道德哲学中的道德法则，对理解康德宗教哲学的要旨，都至关重要。因为康德哲学中的理性精神是再怎么强调都不过分的，他发起的对理性自身的批判，是对这种精神的最好诠释与贯彻。按这种思路来推论，康德哲学体系中的宗教是个什么情况呢？是否也贯穿着一种理性精神呢？这是我们考察康德的宗教哲学时必然会遇到的问题，由此就产生了我们本文要研究的主题。对于这个

---

① 吕大吉：《宗教学通论新编》，中国社会科学出版社 1998 年，第 25—40 页。

② 按美国的康德研究专家汤姆·罗克莫尔（Tom Rockmore）的观点，"实在"可分为四种，即常识实在论、形而上学实在论、科学实在论和经验实在论（见汤姆·罗克莫尔《康德与观念论》，第 32 页）。我们在此基础上再增加一种实在论：信任情感中的实在论，宗教信仰中的实在问题就属于这一种。

问题，国内已有一些知名学者展开了相关研究，如在李秋零、邓晓芒二位教授的中译本《单纯理性限度内的宗教》导言部分就提出，康德对基督教是"从道德的需要出发来裁剪基督教教义的"①，也就是说，他的宗教哲学是为其道德哲学服务的，如此一来，他对上帝、启示、教仪、教规等概念都从道德的目的出发重新加以界定，但对于恩典，按李秋零教授的研究，康德虽然从其理性宗教观的一致性上来看意欲否定之，"但离开了恩典，康德又委实难以解释从恶向善的转变。康德只好对恩典采取了一种姑且听之任之的态度"②。也就是说，在李秋零教授看来，康德对恩典采取了保留的态度，并未完全否定它的作用。国内另一位著名的宗教哲学研究专家谢文郁教授，在其于美国做的博士论文中指出："康德对恩典概念的理论否定是有逻辑盲点的。"③ 谢教授认为，在宗教中，恩典是信仰生活的基础和生存事实，舍此，宗教信仰难以成立。康德建立的理性宗教逻辑上不需要恩典的存在，但离开了它，道德目的和德福一致难以实现。国外对这个问题的研究，最有代表性的当属罗伯特·马瑞修·亚当斯（Robert Merrihew Adams）和约翰·希尔博（John R. Silber）的观点，前者在由艾琳·伍德（Allen Wood）主持翻译的新译本 *Religion within the Boundaries of Mere Reason*（《纯粹理性限度内的宗教》）的导言中指出，康德"担心恩典概念会败坏了道德需求的严峻性；但他认为道德信仰或许要承认一种确定的恩典"④，只不过康德觉得这种恩典只是在我们人做了该做的事情之后才能考虑要信靠它。后者（希尔博）在《仅论理性限度内的宗教》1960 年的英译本 *Religion with the Limits of Reason Alone* 导言里也提出过类似的观点，篇幅所限，不再具体引用原话。

　　上面提到的这四位学者都对康德的恩典观所面临的两难境地有所揭示，但遗憾的是都没有展开深入的分析，李秋零教授是在《单纯理性限度内的宗教》的"中译本导言"里提到的，整个分析只占一个段落，并

---

① ［德］康德：《单纯理性限度内的宗教》，"中译本导言"第 34 页。

② ［德］康德：《单纯理性限度内的宗教》，"中译本导言"第 28 页。

③ 谢文郁：《自由与生存：西方思想史上的自由观追踪》，上海人民出版社 2007 年版，第 186 页。

④ Kant，*Religion within the Boundaries of Mere Reason*，Translated and Edited by Allen Wood and George di Giovanni，Cambridge University Press，1998，p. XXI.

未展开，也未指出康德恩典观的逻辑困境，只是说康德的这种恩典观，在理论上行不通，不能把自然界的因果概念推广到信仰的领域；在实践上也不可行，因为人不能知道也没必要知道恩典作为超自然的力量如何发挥作用。谢文郁教授是在其《自由与生存》的一个很小的段落里提出康德恩典观的"逻辑盲点"的，但并未深入揭示形成此盲点的原因，也未考虑如何解决，因为谢教授是在更宏阔的背景下将康德与施莱尔马赫、齐克果相比较来考察的。美国的亚当斯教授更多的是从康德的道德哲学方面来谈康德的恩典观的，即道德上的完善，从康德哲学的一贯性来讲，是要靠个人自己努力的，在此基础之上，人已尽力完善自己的德行之后，要实现终极意义上的德福一致，也离不开上帝的恩典。总而言之，目前学界对这个问题的研究，更多的是从道德的角度切入的（李秋零、亚当斯二教授），也有从逻辑的一致性这个角度切入的（谢文郁教授），但没有展开，我们的思路是在此基础上往前推进一步，从逻辑扩展到认识论，指出康德的恩典观是他在认识论中区分现象与物自体后所导致的必然结果，即恩典作为宗教信仰中的对象，其实在性只在信任情感中有效，离开了这种信任情感的氛围（也就是康德所说的物自体领域），把它当作经验对象来看待，就会有逻辑上的困境。基于此，我们在康德研究专家汤姆·罗克莫尔（Tom Rockmore）所提出的四种实在性（详见第三节）的基础之上，提出"信任情感的实在性"，以此来解决康德恩典观的逻辑困境。

第一节　康德提出恩典观时所面对的基督教传统

关于恩典，康德是如此界定的："对一位主宰者关于分配一种善的旨意，子民除了（道德上的）接受能力之外，别无所有，这旨意就叫作神恩。""把只是用来补偿人的各种道德能力的阙失的，并且由于道德能力的充足也是我们的义务因而只能向往，或者也可以希望和祈求的东西称作神恩。"① 也就是说，恩典是善的，是基于道德行为基础上的不断完善，是行为者能力不足时的补充。康德恩典观的产生，主要有两个背景；一是基督教背景，二是他自己哲学中的人性论背景。

---

① ［德］康德：《单纯理性限度内的宗教》，第 75、202 页。

从康德的成长经历来看，他长期浸染于一种基督教的氛围当中，对基督教的经文、仪式等相当熟悉，且他的父母都是虔诚的敬虔派信徒。该教派属于当时德意志境内新教的一个支派，它强调信徒"自发性的圣经研究、个人的虔诚、平信徒司祭职的必要性，以及表现于善行当中的信仰实践"①。通过这种对《圣经》的研读和信徒个人态度的虔诚以及善行的实践，来反对正统派对《圣经》字面意思的教条恪守等古板作法，并以此抵抗正统派鄙视教育水平低的信徒这种态度。敬虔派的另一特征是"近乎神秘主义的情感主义（Emotionalismus）"②。由此可以看出，该教派虽然反对正统派墨守成规、刻板教条的做法，但又因倒向神秘主义而丧失了理性精神，强调在神秘的祈祷中反省心灵的过错，这是康德在中学阶段反对敬虔派乃至整个基督教的主要原因。据他的好朋友之一希佩尔（Hippel）的回忆：

> 康德虽然与父母同住，就读的也是公立学校，即当时人称"敬虔会馆"的腓特烈中学，仍然尝遍了年轻人的各种苦头。他常说，他只要一回想到被奴役的年轻时代，就不由得感到恐惧与害怕。③

康德之所以对中学的生活感到恐惧和害怕，是因为那种教育非常机械刻薄，时常有体罚现象发生，不利于人的自由成长和独立思想的发展，培养出来的更多的是人的奴性和唯命是从的性格。比如老师会要求学生"撰文报告其灵魂状况"，④ 以此来强化学生的内省，所提出的标准自然要符合敬虔派信徒的要求，在这个过程中祈祷是很重要的，老师明确告诉学生："一切都可以成为祈祷主题，并且应用于基督徒的生活与转变。"⑤ 从这些情况可以看出，康德在态度上是非常反感祈祷的，而祈祷的目的无非是希望得到上帝的恩典，这是他从感性上对恩典进行反对的表现。当然在

---

① ［美］曼弗雷德·库恩：《康德传》，第66页。

② ［美］曼弗雷德·库恩：《康德传》，第67页。

③ Malter, *Kant in Rede und Gespräch*, p. 95，转引自［美］曼弗雷德·库恩《康德传》，第77页。

④ ［美］曼弗雷德·库恩：《康德传》，第83页。

⑤ ［美］曼弗雷德·库恩：《康德传》，第79页。

这个阶段，他还不能如思想成熟期那样深刻体会到恩典与理性之间的矛盾和对立，但他在这个阶段所学习的路德（Martin Luther）的相关教理对他以后在这个问题上的理解打下了基础，尽管他在其作品中没有直接提到路德的思想，不过我们有理由认定，康德思想形成的内在逻辑是如此的，因为那个时候他第一年要"背诵路德的小教理问答"，并学习圣经故事，第二年则学习路德的大教理问答并学习更多的圣经故事，第三年则是对所学内容进行复习。① 由此可以看出，他对路德的宗教思想是烂熟于胸，他所反对又难以完全舍弃、只好听之任之的恩典概念，是与路德的恩典观有紧密关系的，而路德的恩典观又是与奥古斯丁（Aurelius Augustin，公元354－430）的恩典观一脉相承的，对于意志的自由和恩典之间的关系，路德宣传："奥古斯丁……完全与我一致。"② 如此一来，我们就有必要对奥古斯丁和路德对恩典与理性（主要指意志）之间的关系分别做一梳理，这样才能透彻分析康德恩典观陷入逻辑困境的深层次原因。

奥古斯丁讨论恩典问题，主要集中在公元412年对罗马的一位官员马色林（Marcellinus）相关疑问的答复中，因为马色林在主持公教会和多纳图派教会之间的迦太基大会上，对奥古斯丁所说的这一观点，即"没有人曾经没有罪，也没有人将来会没有罪"③ 的说法颇感疑惑，所以奥古斯丁就从意志与恩典的关系入手，来讨论恩典问题。他的主要思想特点集中在两个方面，一是从出发点意义上来看待恩典问题，比如像骆驼穿过针眼、一万两千天使为基督而战这类《圣经》里所说的事情，只能在《圣经》文本里读到，而现实生活中从未发生过，那么以后是不是会发生呢？马色林的困惑也在这里。按经验主义的观点，一切知识、认识都是以经验为起点的，那么对于《圣经》里提到的这类事情，我们也只能从经验出发来加以认识，以此观之，那么此类事情今后也不会发生。奥古斯丁则认为："人的意志在追求义的过程中是如此地得到神助，……人若不知真

---

① ［美］曼弗雷德·库恩：《康德传》，第79页。

② E. Fordon Rupp and Philip S. Watson, *Luther and Erasmus：Free Will and Salvation*, Philadelphia：The Westminster Press，p. 45. 转引自谢文郁《自由与生存：西方思想史上的自由观追踪》，第80页。

③ ［古罗马］奥古斯丁：《原罪与恩典——奥古斯丁反佩拉纠主义文选》，香港道风出版社2005年版，第1页。

理，他的自由意志就与他无益，……为了我们可以有这般的行为，上帝的'爱浇灌在我们心里'，不是藉着出于我们自己的自由意志，而是'藉着赐予我们的圣灵'。"① 也就是说，这类神迹一般的事情，我们从经验主义的角度没法理解，只能将其看作圣经的奇迹，这是以自己的自由意志为出发点来理解问题的模式。奥古斯丁提出了他的理解方式，即，如果谈论者对上帝充满了爱与信任，因着这种信心和信任的情感，这种可能性是有的，如此一来，就是把信任情感当作出发点了，完全是在一种以可能性为起点的信任情感中来理解此类事情，这类似于普兰丁格所提出的信念与情感的关系② （已超出本书主题，不赘述）。这样就把自由意志在理解恩典中的作用大大弱化了，而径直以信任情感作为出发点。当然，奥古斯丁的这个思路也不是一蹴而就的，中间有一个慢慢转化的过程，毕竟他早年曾作为一名新柏拉图主义者苦苦追求真理，只是在对真理求而不得后转向基督教，并为捍卫基督教教义而与佩拉纠、半佩拉纠主义者展开论战才不断形成这种观点的，这就是奥古斯丁的恩典观的第二个主要特点，即"恩典是意志的动力"③。奥古斯丁所反对的佩拉纠派认为，人的意志有三种职能，"能力、意愿和行为"，奥古斯丁将佩拉纠的观点解读成："'能力'是指人藉之可以成义的东西；'意愿'是指人藉之希望成义的东西；'行为'是指人藉以实际成义的东西。"④ 这里的"成义"主要指藉着恩典而成为义人。在奥古斯丁看来，佩拉纠派的主要思想是承认意志的能动性，强调恩典是由人的意志发挥能动作用后的一种辅助力量，这是奥古斯丁所极力反对的，他也针锋相对地将意志区分为三种，即认知、意愿和能力，意志的这些因素能辨别善恶并作出相应的判断，但却没有佩拉纠派所认为的力量，它们的力量来自恩典，也就是说，意志属于一种中性的力量，靠恩典赋予它行动的能力。比如面对《圣经》中的律法，佩拉纠派认为人凭自己的意志就能实行；而奥古斯丁认为如此理解律法只是停留在字面

---

① ［古罗马］奥古斯丁：《原罪与恩典——奥古斯丁反佩拉纠主义文选》，第3页。

② ［美］阿尔文·普兰丁格：《基督教信念的知识地位》，邢涛涛、徐向东、张国栋、梁骏译，赵敦华审校，北京大学出版社2004年，第322页。

③ 贺方刚：《奥古斯丁"恩典—信仰"观的认识论困境》，《甘肃社会科学》2014年第1期，第29页。

④ ［古罗马］奥古斯丁：《原罪与恩典——奥古斯丁反佩拉纠主义文选》，第96页。

上，因为律法来自上帝，是属灵的，而人由于肉体的束缚，是属地的，没有圣灵的降临和恩典的爱之浇灌，难以真正遵守律法。如此一来，就把恩典置于最高的地位，它是以信任情感为基础的出发点，是赋予意志以能力的动力源泉。从信仰和理性相对立的角度来看，这种思路虽然一时把恩典和意志之间的关系暂时调和了起来，但终究并未真正解决二者之间的逻辑关系，所以到了康德那里，重新面对这一问题时仍会遇到它们之间的矛盾和对立，当然康德是走向了另一个极端，将意志放在了最高的位置，所以陷入了逻辑困境。究其根本原因，在于恩典概念的特殊性，即它不是个经验对象，也不是感官所能把握的，如果康德像在《纯粹理性批判》里对待灵魂概念那样，将其置于物自体的领域；或像在《实践理性批判》里对待上帝那样，将其作为一个公设，也不会遇到这样明显的逻辑困境。恩典的特殊性在于它的神秘性和动力性（如奥古斯丁所说的，赋予意志以能力），所以康德只能"听之任之"，并未完全否认它在实现道德目的和德福一致时的作用。当然，从奥古斯丁到康德，并不是直接过渡过去的，康德的恩典观主要受路德的影响。

　　路德对恩典的看法是深受奥古斯丁的影响的，他早年曾选择作奥古斯丁修道院的一名僧侣，并在一个名叫爱福特（Erfurt）的奥古斯丁隐修院学习神学。[1] 在后来的思想发展过程中，经历了一个和奥古斯丁类似的阶段，即他在和伊拉斯谟（Erasmus，公元 1466 - 1536）的辩论中逐渐形成了自己的恩典观。伊拉斯谟秉承基督教的大公传统，认为人拥有自由意志并且按自己的意志去判断善恶，在恩典中也是如此，即凭着自己的意志接受恩典并实现自己的愿望。我们可以看出，这和奥古斯丁所面对的佩拉纠派极为相似。在路德当时所处的环境中，他认为这里面涉及两种权威问题，即教皇依据《圣经》形成的权威和每个人凭自己的良心（即自由意志）解读《圣经》而形成的理性权威。对第一种权威，路德认为我们的所作所为皆"不能信靠我们的物质力量，而是要谦卑地依靠上帝的力量"[2]。当时的教皇就是依此行驶自己的职权的。每个教徒都完全放弃自

---

① Dennis Ngien, *The Suffering of God According to Martin Luther's "Theologia Crucis"*, New York：Peter Lang, 1995, p. 35. 转引自《自由与生存》，第 79 页。

② ［德］马丁·路德：《路德三檄文和宗教改革》，李勇译，谢文郁校，上海人民出版社2010 年版，第 30 页。

己的意志和判断，将自己交托给教皇，换句话说，这也是奥古斯丁所倡导的恩典观的理想状态。但敏锐的路德还是从中发现了问题，他觉得教皇对《圣经》的理解是否真正代表了基督的意愿，是值得拷问的。如对于《圣经》里所说："我要把天国的钥匙给你（指彼得。——引者注），凡你在地上所捆绑的，在天上也要捆绑；凡你在地上所释放的，在天上也要释放。"（《马太福音》16：18—19）这里彼得取得钥匙及所获得的一切权柄，每个读《圣经》接受恩典的人都能得到，不仅仅是教皇；在每个人按自己的意志理解《圣经》时，教皇和平信徒是平等的。由于教皇的不得人心、为所欲为，路德还想根据他们的种种劣迹意欲推翻之。他说：

> 因着这些以及其他许多经文的权威，我们应该变得大胆而自由。我们不应让"自由之灵"被教皇的胡编乱造吓倒。相反，我们应该大胆地向前走，依据我们对《圣经》的信心去理解，去检验我们已经做过的和没有做过的 。我们要迫使罗马主义者放弃他们自己的解释，接受更好的解释。①

如果教皇以其特殊的地位拥有了相应的权柄，形成了一定的权威，那么就应像耶稣那样全身心地爱世人，但实际情形并非如此，路德在此呼吁每个接受恩典的人都应靠自己的意志，如教皇那样依据《圣经》，直接形成自己的理性权威。路德的本意是想通过个人解读《圣经》以对抗教皇的权威，他所倡导的方法是凭着对恩典的信心直接领受《圣经》的旨意和恩典的指引，所以他认为"凡是自己没有体验到心灵之见证的人都不能接受圣灵，……而一切其他（外在的、教会的）教导都不过是毫无意义的言语"②。我们看到，路德的这种做法在撼动教皇的权威上是达到了目的，他确实抓住了问题的要害：既然教皇是从《圣经》的阅读中得到的权柄，那么每个人也可以，这实际上涉及《圣经》的诠释问题，也为后来的相关诠释学理论发展奠定了基础。但路德的做法有双刃剑之效，即

---

① ［德］马丁·路德：《路德三檄文和宗教改革》，第39页。
② 梅列日可夫斯基：《宗教精神：路德与加尔文》，杨德友译，学林出版社1999年版，第12页。

他在与伊拉斯谟的辩论斗争中，想以此强调自己的《圣经》解释权威来驳斥对方的权威时，就显得无能为力了。伊拉斯谟和我们上面提到的奥古斯丁早期的思想极为相似，他认为对处于恩典与意志所形成的张力中的意志之自由，应该做如此界定："关于这里谈到的自由选择，我们认为它是人类意志的一种力量，通过它一个人能够把自己置身于那些导向永恒得救的事物上，也可以置身于相反方向。"① 就自由意志的理性能力和向善的倾向而言，我们认为伊拉斯谟的论述是强有力的，在一定意义上也可以说，他侧重于突出自由意志本身弃恶扬善的能力。而路德针锋相对地使用了另一个有力的论据——基督教传统中人本性的堕落，正是由于这一点，所以人没有能力选择恩典。由此我们可以看出，路德在反对教皇权威时，凸显了人的自由意志；在与伊拉斯谟辩论时则凸显了来自上帝的恩典之作用，而弱化了自由意志的能力，由此深深陷入恩典观的逻辑困境之中，这种情况在康德那里也同样会遇到。

第二节　康德恩典观的人性论基础

康德在"三大批判"里也结合幸福、道德、德福一致等问题谈到过恩典，但对其进行集中讨论却是在他的《单纯理性限度内的宗教》一书里。这本书的前半部分主要是对他在道德哲学里提出的善、恶原则与人的本性之关系结合至善的实现进行了深入辨析，其中绕不开的一个问题就是恩典。他的人性论理论是其"三大批判"的理性精神和自由观的进一步延伸，所以不同于历史上其他的人性理论。概览历史上曾经出现过的关于人性的论述，无非是性善论、性恶论、不善不恶论、既善又恶论、善恶相混论等。不过康德并没有在这个基础上接着讨论人性问题，而是以自己哲学体系的内在逻辑阐发之。在他看来，人性的善恶是和自由意志紧密相连的，只有从意志的自由运用这一角度来分析善恶，才能找到人性的形而上学基础，这和他的动机论道德思想一脉相承。他认为：

---

① E. Fordon Rupp and Philip S. Watson, *Luther and Erasmus*: *Free Will and Salvation*, Philadelphia: The Westminster Press, p. 45. 转引自谢文郁《自由与生存：西方思想史上的自由观追踪》，第 96 页。

本性一词如果（像通常所说的那样）意味着［出自］自由的行为之根源的对立面，也就是说，它和道德上的善的或恶的谓述完全相反，那么，为了不至于使人立即就对这一用法感到反感，我们在这里把"人的本性"仅仅理解为一个主观根据——不管它存在于那里——它先行于感官范围内每一个行为（按客观道德法则）对自由的一般运用。①

出于本书论证逻辑前后一致的需要，考虑到康德提出恩典观的基督教传统，我们对康德所使用的"本性"需进行更多的分析，中译本对此顾及不多，而英译本于此有所体现，故我们在相关引文中结合德文原版以英译本为主进行分析（下一段述及）。"本性"一词，在古希腊哲学的语境里有"生成""本来如此""如其所是"等意思，奥古斯丁论述人的本性时，认为本性有两种意思，一种是指作为类的人，在最初被造时从本性上来看是无罪的；另一种意思指作为有限的生物学意义上的人，一出生就带有从始祖那里传来的罪，② 但他在谈论恩典时则采用了第二种意思，即人在本性上是恶的，必须借助于上帝的恩典才能弃恶从善。路德对本性的看法和奥古斯丁有相似之处，他认为人在堕落之前，本性是善的；堕落之后就变成恶的了，要想向善，就必须依靠上帝的恩典。这是康德所面对的基督教传统里面恩典观的人性论基础。我们看到，康德的用意很明确，他就是要让人凭自己的自由意志来弃恶从善，这是他的道德哲学和理性宗教观的必然归宿。要实现这一目的，就必须要重新探讨人性问题。他认为，人的本性里面有向善的禀赋，也有趋恶的倾向，但前者更具基础性地位，否则就谈不上弃恶从善。他把人向善的禀赋分为三类：一是保存自己生命的禀赋，属于动物性的，也是一切生命体的基本特征；二是在动物性的自我保存的禀赋之上再加上理性的能力，康德称其为"人性的禀赋"；三是人所特有的人格性，其最大的特点是能负责任，这是康德义务论道德哲学的

---

① Immanuel Kant, *Religion within the Boundaries of Mere Reason*, Translated and Edited by Allen Wood and George di Giovanni, Cambridge University Press, 1998, p. 46.

② Robert P. Russell, Saint Augustine, *The Teacther*; *The Free Choice of the Will*; *Grace and Free Will*, from *The Fathers of the Church*, Washington, DC: The Catholic University of America Press, 1968, III. 54. 转引自谢文郁《性善质恶——康德论原罪》，《哲学门》2007 年第 2 期。

基础，也是秉承古希腊以来人格学说的结果。只有这种禀赋才是纯善的，不会在其上滋生恶的行径，前两种则不行，所以这种禀赋就会对道德法则产生敬重感①，以此来抵制各种恶。正是由于人的本性里面有这三种向善的原初禀赋，才能使康德面对恩典时有底气让人靠自由的选择和意志的力量弃恶从善。

与这三种向善的禀赋相对应，康德认为人的本性里还有三种趋恶的倾向。所谓"倾向"，康德将其看作人追求享受的一种气质、秉性或习惯性的特质，它脱离不了人为了自我保存而做出一系列选择的生存冲动，在这个意义上康德认为倾向既可以看作与生俱来的，也可以认为是由人自己选择的。它具体包括三个方面：一是脆弱的倾向，即人在做出选择时面对理智的、"应当的"准则、规范时，意志不坚定，表现得软弱无力；二是动机的不纯正，即将道德动机和非道德动机混在一起，或者是没有分清二者的界限，或者是有时以道德的名义去实现一己之私利，也就是道德的不纯粹性；三是本性的恶劣、人心的败坏，若将其和行为动机联系起来加以考察，那么就表现为行为者明明知道某一行为是与道德法则的要求相违背的，却有意选择之，顺应了自己作恶的倾向。基于这种向善的禀赋和趋恶的倾向之分析，康德认为人在本性上的善恶都是由于人的自由意志之运用所导致的结果，诚如他在《纯粹理性限度内的宗教》的第 1 版序言中所言："在随后的四篇文章中，为了明确展示宗教和人的本性——它带有部分的善禀赋，也带有部分的恶禀赋——的关系，我将这些善的原则和恶的原则之间的关系表述为相互独立自存的临时性原因，它们对人产生影响……"② 如此一来，康德就以自由意志为基础建立起了自己的人性论，为后面提出与路德宗神学大异其趣的恩典学说做了逻辑上的铺垫。所以他在谈人性论后面的第三节提出"人在本性上是恶的"（The human being is evil. Der Mensch ist von Natur böse），③ 仍是在凸显自由意志的作用，若以

---

① 贺方刚：《论康德的"敬重感"》，《伦理学》2013 年第 10 期。原文出自《齐鲁学刊》2013 年第 4 期。

② Immanuel Kant, *Religion within the Boundaries of Mere Reason*, Translated and Edited by Allen Wood and George di Giovanni, Cambridge University Press, 1998, p. 39.

③ Immanuel Kant, *Religion within the Boundaries of Mere Reason*, Translated and Edited by Allen Wood and George di Giovanni, Cambridge University Press, 1998, p. 55.

中译本"人天生是恶的"，康德的这层意思就难以表达出来，所以谢文郁教授提出用"性善质恶"来解读康德谈论恩典时的人性论，就顾及了康德面对基督教传统时的多重内涵，康德的恩典观既如认识论的贡献一样，发起了"哥白尼式的哲学革命"，也因此而引起了逻辑上的困境。

第三节　康德恩典观的逻辑困境

综上所述，康德以自由意志为基础提出的人性论学说，为其讨论恩典问题做好了铺垫，同时也带来了不可避免的困难，因为此处他仍然遵循从《实践理性批判》里延续下来的思路，即，以自由意志为核心，让道德法则作为实现至善的行为规定根据；或者对其自由进做一步区分的话，让意愿（Willkür，选择意义上的自由）的自由，服从意志（Wille，真正意义上自由，是理性服从道德法则的一致性）的自由。[1] 这个思路从道德哲学的层面看，其内在逻辑是讲得通的；但以此思路讨论恩典，就难以贯穿到底，其原因在于恩典的特殊性，它作为宗教信仰的核心要素，是脱离不了其神秘性的，所以亚当斯（Robert Merrihew Adams）认为，康德的道德哲学在一定意义上可以说是严峻的，严峻到容不得半点感性因素掺杂进道德行为的规定根据之内；但从另一个方面来讲，康德又认为道德信仰或许要承认一种确定的恩典。[2] 在这种窘困的境况之下，亚当斯觉得，"康德对这个问题的解决颇有神秘性"[3]。亚当斯所说的神秘性，我们可以将其理解为康德的恩典观陷入逻辑困境的无奈与必然，因为他一方面同意在实现至善、成为善人之路上有超自然力量的介入；另一方面又强调主观努力的根本地位，这种看法有康德文本上的依据：

> 假如为了使人成为善的或更善的，还需要一些超自然力量的参
> 与，那么不管这种参与仅仅在于减少障碍还是能给予积极援助，他必

---

① 邓晓芒：《德国古典哲学讲演录》，湖南教育出版社 2010 年版，第 158 页。

② Immanuel Kant，*Religion within the Boundaries of Mere Reason*，Translated and Edited by Allen Wood and George di Giovanni，Cambridge University Press，1998，p. XXI.

③ Immanuel Kant，*Religion within the Boundaries of Mere Reason*，Translated and Edited by Allen Wood and George di Giovanni，Cambridge University Press，1998，p. XXIV.

须都得使自己配得上接受这种参与；他必须接受这个帮助（这并非微不足道之事），亦即，他必须将这个力量的增长纳入自己的准则之中：只有如此，善才能归之于他，他也才能被称之为为善之人。①

这里需要注意的是：第一，康德强调接受超自然力量的援助之前，接受的人必须"配得上"这种援助，取得这种援助的资格，其具体途径，在康德的道德宗教这个语境里，主要就是提高自己的德行，我们也可以将其称之为"以德配'恩'（指'恩典'，而不是普通的恩情等）"；这和康德在道德哲学里提出的"以德配福"有相同的意思，即幸福的享受是以德行为前提的，是积德行善所带来的自然而然的结果，不能只讲求享福而忽略德行的修养。第二，康德认为这种超自然力量的帮助非常重要，并不是"微不足道"的事，因为它能帮助行为人增长自己采纳道德准则的力量，康德的这个提法不可小觑，这是在《实践理性批判》里所没有的，在那里，他只是强调，对道德法则的敬重和对上帝的爱这二者之间的关系所进行的考察，"并不仅仅是要将前述福音书的诫命归到清晰的概念上来，以便在对上帝的爱方面遏制或尽可能预防宗教狂热，而是也要直接地在对人的义务方面精确规定德性意向，并感染着大众头脑的单纯道德的狂热"②。也就是说，康德在这里并不赞成靠对上帝的爱来增进个人德行修养的力量，因为这样做会导致宗教狂热或道德狂热，他在道德哲学的语境里只提倡出于义务的德行，为义务而义务，为道德而道德，这种力量来自对道德法则的敬重，源于人自身本已具足的人格性（Persönlichkeit，personality），舍此无他！所以康德才感叹道："义务！你这崇高伟大的威名！你不在自身中容纳任何带有献媚的讨好，而是要求服从，但也绝不为了推动人的意志而以激起内心中自然的厌恶并使人害怕的东西来威胁人，而只是树立一条法则。"③ 这条法则就是道德法则。这样的感叹语气，在康德晦涩拗口、佶屈聱牙、逻辑严谨、层次分明的行文中，是少有的，由此可见康德对纯粹实践理性所具有的将其自身贯穿到道德法则中去的力量的自

---

① Immanuel Kant, Religion within the Boundaries of Mere Reason, Translated and Edited by Allen Wood and George di Giovanni, Cambridge University Press, 1998, p. 66.

② ［德］康德：《实践理性批判》，第115页。

③ ［德］康德：《实践理性批判》，第118页。

信，对他所建构的道德哲学之严谨性的自信。

　　但康德的这种态度和思路在他提出道德宗教时，却发生了变化，或者说，在道德自律，在纯粹实践理性自身有能力将道德法则作为行为的规定根据上，做出了让步。无独有偶，康德的这种两难性的、有点犹豫的态度，在他的《伦理学讲演录》里也有所体现，他说只要我们尽了自己的义务做了所有能做的事，那么上帝作为超自然的力量就会给予我们想要的帮助。① 对此，约翰·希尔博（John R. Silber）在《单纯理性限度内的宗教》1960 年的英译本导言里指出，从实践的层面看，恩典还是有存在的可能性的，康德并未完全否定这一点；但从人不断地趋向自我完善而言，最好还是靠每个人道德上的努力，而不是指望上帝的恩典来完善自己。② 康德将这个问题归结为"心灵改善"，其关键就在于重建向善的原初禀赋。也就是说，人虽然会因感性欲望的驱使而作恶，但只要心中那个向善的原初禀赋尚未泯灭（康德将其作为人格性的东西，并称之为禀赋，是人之为人的根本，只要人具有理性能力，这种禀赋就不会泯灭），就有希望靠这种禀赋来强化道德努力而弃恶从善。至于恩典所起的作用，康德将其放在道德宗教里，指出迄今为止所有的宗教可以分为两类，一类是祈求神恩的宗教；另一类是道德的宗教。前者只一味地邀功祈福，对于成为一个道德上的善人无益，他反对之；后者才是他心目中最好的宗教。但既然是一种宗教，就免不了要谈恩典，他认为道德宗教的基本原理是"每一个人都必须尽其力所能及去做，以便成为一个更善的人。只有当他不埋没自己天赋的才能（路 19：12—16）利用自己向善的原初禀赋，以便成为一个更善的人时，他才能够希望凭借更高的援助，补上他自己力所不能及的东西。人也完全没有必要知道这种协助存在于什么地方"③。

　　康德在这里也意识到了问题的困难之所在，即恩典在人成为更善的人这一过程中的作用，我们是不能认识的。利用他在《纯粹理性批判》里

---

　　① Immanuel Kant, Religion within the Boundaries of Mere Reason, Translated and Edited by Allen Wood and George di Giovanni, Cambridge University Press, 1998, p. XXII.

　　② Immanuel Kant, Religion with the Limits of Reason Alone, Translated by Theodore M. Greene and Hoyt H. Hudson, New York: Harper Torchbooks, 1960. Introduction, pp. cxxxii – cxxxiii.

　　③ ［德］康德：《单纯理性限度内的宗教》，中译本导言第 45 页。

所提出的认识论的方法，善人和更善的人是经验对象，存在于现象界，靠其范畴表里的范畴及其知性的先验原理就能将其"建构"成"知识"，是可以被认识的，如运用"量、质、关系、模态"这四类范畴里的相关概念都可以把"人"界定下来；或运用构成性的知性原理（直观的公理、知觉的预测）就可以经验到人的言谈举止、坐卧行走等，运用调节性的知性原理（经验的类比、一般经验性思维的公设）① 就可以经验到一个人从"不那么善"到"更善"的变化过程。问题在于，在这个变化过程中，那使一个人成为更善的人的辅助力量、那在其中成为辅助力量之一的东西——恩典——我们该怎么"看待"它呢？认识之路是行不通的，康德区分现象与物自体的用意即在此，在知识论、自然科学范围内无恩典的立足之地。康德的立意很明确也很高明，恩典是和上帝、灵魂、自由一样属于物自体领域里的东西，他只能"悬置理性，为信仰腾地盘"。在学理上做这样的区分是必要的，于康德哲学而言，它使得自然科学和形而上学的基础得以夯实，但此举对恩典问题就带来了不可避免的悖论式的结果：恩典在成为更善的人的过程中的因果作用，不能被经验到，其存在与否不能被证实；但对信仰者而言，既然信，就必须假定它"存在"，尽管其存在方式不是经验性的。在这种情况之下，康德一方面要求通过自己的道德努力成为更善的人；另一方面又允许在力所不能及之际，仰赖上帝的恩典，但这两者之间的因果关系却难以被确定下来，难以被证实。试以康德所回应的休谟的因果性疑难为例来做一比较：尽管休谟认为"太阳晒"和"石头热"之间的因果关系是靠前人的"习惯"联想出来的，在经验观察中发现不了因果关系，康德利用范畴表里"关系的范畴"中的"原因和结果"这对范畴，将其加诸"石头"和"太阳发热"这些现象之上，不是利用联想的能力，而是利用人的知性能力——知性中的先验统觉产生出原因和结果等范畴，知性利用其统一性原理将石头和太阳的热量统一在一起，以"人为自然立法"的方式——建立起这种因果关系，其根据在于现象界可以观察到这种结果，可被反复验证；而对道德上积德行善和成为德福一致的善人之间的关系，就不能做这样的推论；亦即，在现象界有的人行善积德了，并没有成为德福一致的善人，恩典的作用不能被观测到。

---

① ［德］康德：《纯粹理性批判》，第 151—197 页。

用公式表示如下：

石头 +（太阳发热）= 热石头，

积德行善 +（恩典）［不一定］= 德福一致的善人。

上面这个公式很清晰地表明，由于恩典的非经验性、非实证性，所以将其作为通过道德努力再辅以恩典的作用而成为善人的原因，是不充分的；或者也可以说，其推论过程是有跳跃的，上面我们提及的亚当斯认为康德在这个问题上有"神秘性"，原因也在这里，也就是说，康德以一种跳跃式的推论和神秘的手法，硬将恩典和成为善人联系在了一起，并"建构"其因果关系，由此陷入了一种困境。

该困境的实质反映出这样一个问题：恩典是信仰的对象，而不是经验性的对象，那么信仰的实在性在哪里呢？我们不得为追问之，因为康德知识论的实在性在于经验论的实在性和唯理论的形而上学实在性，道德哲学的实在性在于纯粹实践理性的实在性，[①] 按康德的说法，其哲学体系是一个整体，按叶秀山先生的研究，康德哲学的体系严丝合缝，毫无半点撼动的余地，[②] 那么我们必须要拷问康德哲学体系中信仰的实在性，此问题之解决关系到康德恩典观的逻辑困境问题能否解决。

第四节　康德恩典观逻辑困境的解决

实在，作为人类思维的"基点"，尽管在不同的文化传统中有不同的表达方式（对应于汉语中的"是""有""存在"等），[③] 但它对于人类正确地思考、顺利地交流所发挥的基础性作用，却是有目共睹的。对于实在的理解，首先是和现象有关，如将客观的现象作为实在；其次是和人的意识有关，如将意识作为客观的实在；最后是将实在理解为现象与意识之间

---

① ［德］康德：《实践理性批判》，第 64 页。

② 叶秀山：《一以贯之的康德哲学》，《中国社会科学院研究生院学报》2012 年第 1 期。

③ 王太庆：《柏拉图关于"是"的学说》，载《柏拉图对话集》，王太庆译，商务印书馆2004 年版，第 675 页。

的一种关系。① 按照美国哲学家汤姆·罗克莫尔（Tom Rockmore）的研究，"实在"可分为四种，② 我们将其整理为：1. 常识性的实在，指人们在日常生活中基于文化传统所积累的常识而产生的实在之观点，如"太阳东升西落"作为一种常识，是有实在性的；2. 形而上学意义上的实在，这和古希腊哲学的形而上学传统，尤其是柏拉图的"理型论"有关，强调超越于经验之上、对关于经验的认识有规定作用或作为经验知识之源头的知识，突出知识的普遍性；3. 科学的实在，是在自然科学兴起后的一种哲学反思，如康德所做的为自然科学的形而上学奠基之类的工作，此处科学意义上的实在，也包括以自然科学的理论体系建立起来的定义、公式、关系等推导、建构起来的理论体系的实在性，也就是说，人们对科学知识的认可和接受，乃至相信，产生了一种实在性；4. 经验性的实在，其基础在于人的外感官的感知能力，经验论者的实在性即为此类。这四种关于实在的观点，对于理解西方哲学史上的经验论与唯理论、唯名论与实在论之间的争论，的确发挥了很大的作用。但在理清理性与信仰之间的关系，尤其是我们本文提出的"接受恩典"与"成为善人"之间的关系，尚显不够，我们上面的分析已体现出这一点，即不能明确解释宗教信仰对象的实在性到底在哪里。

　　基于此，我们提出一种实在论（实在性），即信任情感的实在论。在开始对信任情感的实在论进行界定、分析之前，我们先来看一下"情感"的概念，在布宁、余纪元主编的《西方哲学英汉对照词典》里，情感有两个词条，一个是 Emotion，它引用了亚里士多德的观点，指出情感首先是一个活动或过程，表现为复杂程度不等的精神状态，往往伴有身体上的症候或行动。情感的地位与作用很复杂，难以理清，按柏拉图，灵魂有三部分（理性、情感、欲望），情感居中，可以被理性控制，也可以附着在欲望上反对理性。而后来的情感主义者认为情感能引起认知；另有一些人认为情感为理性之补充，故而有道德、审美和宗教的价值。③ 该词典的另一个词条是 Feeling，指出情感与情绪是同义词，此外值得注意的一点在

---

① 尼古拉斯·布宁、余纪元：《西方哲学英汉对照词典》，人民出版社 2001 年版，第 858 页。
② 汤姆·罗克莫尔：《康德与观念论》，第 32 页。
③ 尼古拉斯·布宁、余纪元：《西方哲学英汉对照词典》，第 295—296 页。

于，按美国哲学家 M. 纽斯堡姆（Marthe Nussbaum）的观点，情感有自身的认识作用。① 关于情感的分类，该词典认为包括爱、怒、惧怕、快乐、焦虑、自豪、轻蔑、同情、愤怒等。按亚里士多德的观点，情感包括"欲望、怒气、恐惧、信心、妒忌、愉悦、爱、恨、愿望、嫉妒、怜悯，总之，伴随着快乐与痛苦的那些情感"②。根据上面的分析，我们认为，情感是人因着某种外在的对象、境况，或因着某种内在的观念、印象而做出的一种情绪上的反应。它的地位，若从狭义的认识概念（单纯从自然科学的认知来界定）来讲，不同于认识，可以为认识提供辅助性的作用，如激发灵感、增强动力等；若从广义的认识（人的身体对外界的感触）来讲，情感也是认识的一种，因为"从哲学上来讲，情感是人理解世界的一种方式"③。这在情感主义者，以及上面提到的 M. 纽斯堡姆那里已得到了理论上的支持。实际上康德本人到了写作《判断力批判》时期也有这层意思，他一方面为了弥合理论理性和实践理性之分离而产生的哲学体系的鸿沟，不得不深入研究判断力；另一方面也提出判断力和知性、理性是同出于心灵机能的一个根芽，属于一个完整的体系，有同等的地位，基于此，他为理论理性找到范畴及其诸知性的先验原理作为先天法则，为实践理性找到道德律作为先天法则，为判断力找到主观的合目的性作为先天法则（当然他认为前两者可以有形而上学，后者则未谈及），这些都说明了情感的地位在一定意义上是和理性平齐的。此外，海德格尔于《存在与时间》里提出的"生存论分析"，就不仅仅局限于我们上面提出的狭义的认识方式，而是以一种更宽泛的、包括认知和情感等诸感触能力在内的生存方式来把握世界，"此在能以这种或那种方式与之发生关系，甚或常常与之发生关系的存在（Being），我们称之为'生存'［Existenz］"④。这些都说明，我们把情感的实在性提升到和经验、理性的实在性同等的地位，是有充分的理论根据的。

对于信任情感，我们以亚里士多德在《尼各马可伦理学》里提到的

---

① 尼古拉斯·布宁、余纪元：《西方哲学英汉对照词典》，第 396 页。

② ［古希腊］亚里士多德：《尼各马可伦理学》，1105b，第 43 页。

③ 周宪：《美学是什么》，北京大学出版社 2015 年版，第 200 页。

④ Martin Heidegger, *Being and Time*, Translated by John Macquarrie & Edward Robinson, New York: Harper Collins Publishers, 2008, p. 32.

"信心""愿望"为基础，提出此概念。亦即，信任情感是指主体凭着对某一对象、观念的相信、信任而确认该对象、观念的存在，并将其纳入生存当中来指导实践的一种精神活动。需要做出解释的是，此处的"存在"不一定是经验上的，也可以是信心上的，即在信心中认定它（们）存在，哪怕一时实现不了或在经验上从来没有实现过，但在信心中，将其作为一个指向未来的对象或观念，其实在性只出现在接受者的信心中。比如亚里士多德在《解释篇》里所举的海战的例子，在明天发生一场海战是可能的，对当时的人来说，若相信此事是可能的，其生存就会发生影响。① 当时的人对尚未发生的海战会有两种态度，一种是不相信，当然其生活在海战发生以前不会变化；另一种是相信，尽管海战尚未来临，但他们却深信不疑，并为此做了充分的准备，在这一阶段，相信者一直生活在一种信任的情感中，未来的海战作为一个尚未出现的事件，其实在性对他们的心灵产生了影响，这种影响是实在的，所以信任情感的实在性也就得到了确认。再比如在本章第一节谈到的奥古斯丁所举的一万两千天使为基督助战，相信者就会因着信心而接受基督的恩典。以信任情感的实在性来反观康德的恩典观所遇到的困境，我们就可以清楚地看到，康德所谓的从"行善积德"到"成为更善的人"这一过程，是属于经验的实在性的，这在其道德哲学的理论体系内可以凭意志的力量，坚决按道德法则行事，逻辑上没问题。但如在此过程中引入恩典，认为在个人力量不够时凭靠上帝的恩典，就可以达到目的，是将两者混为一谈的做法，即：将经验的实在性和信任情感的实在性混在一起了，恩典只在对上帝的信任情感中出现，不会在经验中出现，它是凭信心"领受"的，而不是凭感官感知的。借用康德的理论，"善人"是现象界的对象，"恩典"是物自体领域的对象，二者只能凭各自适用的感知能力来讨论，不能混在一起。所以，我们引入信任情感的实在性后，康德恩典观的困境就可以解决了，即恩典只能在信任情感中才有其实在性，它对成为善人这一过程所起到的帮助，也只有在信任情感中才是实在的，若不区分信任情感的实在性和经验的实在性，就会产生逻辑上的困境。在这个意义上，形而上学的研究需要引入情感因

---

① ［古希腊］亚里士多德：《范畴篇 解释篇》，方书春译，上海三联书店 2011 年版，第76 页。

素，"把情感因素引入形而上学分析，目的是引导我们在处理认识对象这个问题上有视角转换"①。这个视角的转换对于解决康德恩典观的逻辑困境大有裨益。此外，这种（信任）情感的实在性，其形而上学基础在迈农（A. Meinong，1853—1920）那里也可以找到，我们在本书的"结语"部分，即讨论迈农的"亚实存对象"的意义功能时，再进行分析。

---

① 谢文郁：《形而上学与西方思维》，广西人民出版社 2016 年版，第 203 页。

结语：宗教情感语言表达的出路：
生存论分析中的语言观

康德恩典观的逻辑困境，其解决方案是从"信任情感的实在性'这一角度来切入的，由此反映出康德'知性概念"和"（狭义的）理性概念"之间的对立是经验对象和非经验对象的实在性问题，即，虽然都从语词上给出了一个称谓和界定，但其认识论上的实在性却截然不同。按康德统一"个体"与"普遍"所使用的 Schema（图型）这一做法（本书"研究方法一"已经进行了分析），Schema 对经验对象是适用的，但对上帝、恩典等非经验对象则不适用。个中缘由在于康德未能区分我们在上面所提出的信任情感实在性与经验对象的实在性之间的差异，也就是说，没有注意宗教信任情感的语言表达的基础问题。

我们通览西方思想史，即便是忽略了这种实在性，却并没有影响康德以及其他哲学家谈论宗教中的非经验对象，这种现象不只是在康德那里存在，在古希腊哲学家那里也是如此，那么该怎样从语言学的角度来看待这一问题呢？我们下面着重分析与此问题密切相关的一些语言学理论，并着重指出，只有到了海德格尔那里，他的生存论分析中的语言观才更好地解决了非经验对象的实在性与语言表达的基础问题。

一 亚里士多德的语言理论与宗教语言

亚里士多德（Aristotle，公元前 384/3—前 322）的语言理论和他的逻辑学思想紧密相连，他提出的范畴、命题和逻辑论证等方面的理论，标志着古希腊人理性思维能力的成熟，他的被称为《工具论》的著作是一系列关于推论的文章，其"工具"意谓着"科学的工具"之意，我们今天称这些作品为逻辑学方面的著作，但在亚弗洛底细亚的亚历山大之前的一段（五百年的）时间里，逻辑一词并没有获得它被后人所理解的意义。

和我们的论题密切相关的主要是《工具论》里面的《范畴篇》，在其中亚里士多德提出了著名的十大范畴，着重讨论语词的意义以及使用方法，这十大范畴分别为"实体、数量、性质、关系、地点、时间、场合、状态、活动、遭受"①。在古希腊语里，"范畴"有"指谓""分类""表述"的意思；我们在中文语境里的"范畴"一词取自《尚书》的"洪范九畴"，"洪范"意谓着范围的广大，"畴"是指"类别"。我们今天理解的范畴是指比普通意义上的概念更具普遍性的语词。

亚里士多德对语言，尤其是语言结构的分析，是从命题的主谓形式入手的，他指出，处于主词位置上的范畴并不能表明命题的真假，它只有和命题中的其他范畴结合在一起才能做出肯定或否定的判断，也就是说："这些词自身并不能产生任何肯定或否定，只有把这样的词结合起来时，才能产生肯定或否定。"② 由此我们可以看出，亚里士多德用范畴来表述事物，其深层用意在于表明人的理性思维对事物的把握，其中所反映的是事物间的逻辑关系，语言只是一种工具和符号，"口语是内心经验的符号，文字是口语的符号"③，也就是说，日常生活中的口语直接表达了内心的经验，而书面文字比口语要高一层，是用符号对口语的再表达；再往上分析，就是哲学范畴了，它"是最具普遍性的语词，也是作为哲学研究对象的存在本身的分类和意义概括"④。

关于亚里士多德的十个范畴之间的关系，康德认为并无严密的逻辑排列顺序，他在《纯粹理性批判》里曾说亚里士多德是偶然捡拾到了这些范畴，所以就不如他自己先验逻辑中的"范畴表"⑤ 来得严谨。我们认为

---

① ［古希腊］亚里士多德：《范畴篇 解释篇》，方书春译，上海三联书店 2011 年版，第 9—55 页。

② ［古希腊］亚里士多德：《范畴篇》2a5—10，引自《工具论》，余纪元等译，中国人民大学出版社 2003 年版，第 6 页。

③ ［古希腊］亚里士多德：《解释篇》16a5，引自《工具论》，第 49 页。

④ 姚介厚：《古代希腊与罗马哲学》（下），《西方哲学史》（学术版）第二卷，江苏人民出版社 2005 年版，第 692 页。

⑤ 康德按照"量、质、关系、模态"的顺序分别在《纯粹理性批判》和《实践理性批判》里建立的"范畴表"，以及在《判断力批判》里按照"质、量、关系、模态"对鉴赏判断所进行的四个契机的分析，都体现了范畴之间的严密关系，就此而言，康德的范畴之间的关系，比亚里士多德的分析要显得更严密；但不能由此就否定亚里士多德的十个范畴之间无逻辑关系，康德说亚里士多德是凭运气偶然得到的，这一批判有失公允。

康德的这种观点有点言过其实，根据著名的英国逻辑学专家威廉·涅尔的研究，"《范畴篇》似乎是在我们现在称为类型差别理论方面做出了第一次尝试，这种类型差别理论就是说，实在是按照能够有意义地讲到它们的东西来进行分类的"。涅尔这里所提到的类型差别理论，无疑是指亚里士多德的十个范畴之间如何通过指谓、修饰而表述事物的功能，实际上亚里士多德也已明确指出，十个范畴中的"实体"处于最高的位置，"实体，在最严格、最原始、最根本的意义上说，是既不述说一个主体，也不存在一个主体之中"，也就是说，实体是要被其他范畴来界定、谓述的，实体之外的其他范畴能"述说一个主体的名称和定义，也一定能表述一个主体"，"除了第一实体，所有其他事物，或者都可以被用来述说作为主体的第一实体，或者存在于作为主体的第一实体中"。① 亚里士多德虽然在这里区分了第一实体和第二实体，它们有种、属之间的差异，但实体这一范畴被其他范畴来解释、分析、述说的特点还是很明显的。

与我们的论题密切相关的是，亚里士多德的范畴理论对论证"上帝存在"这个命题有何启发。康德驳斥该论证的理由是"存在不是谓词"，即"存在"不能被放在谓词的位置上来界定主词，它应该成为被界定的对象，作为主词出现在命题中。针对"上帝存在"这一命题而言，上帝应该是已被证明为存在的，然后对其属性进行解释，而不是首先要对其"存在"进行证明，困难处在于，上帝这种"存在"的状态是证明不了的。这在他的《纯粹理性批判》范畴表里也表现得很明确，出现在这个表里的都是经验对象。按亚里士多德的范畴理论，实体是被界定的对象，实体之外的范畴都围绕它进行解释，同时亚里士多德也多以经验对象为例来进行分析，这从他所提出的"组合体"概念可以得到确证，在亚里士多德看来，"组合体由于由它和质料构成而称为实体"②，实体包含了经验性的质料部分，以及如柏拉图所提出的如理型（eidos）那样的形式，所以我们有理由认为，亚里士多德的实体主要是指经验性的对象（当然他也用实体来表示非经验性的对象，并称其为"神"，不过那离我们的主题已经有点远了）。由此我们可以看出，从亚里士多德的范畴理论里也得不

---

① ［古希腊］亚里士多德：《范畴篇》2a15—35，引自《工具论》，第6页。
② ［古希腊］亚里士多德：《形而上学》，苗力田译，1037a25，第150页。

到多少有利的因素来证明"上帝存在"。换言之，这个命题就不是理性思维所能解决得了的，它只是一种信任情感的产物。

二 实在论、唯名论论战中的语言理论与宗教语言

从科学与宗教相对立的思维方式上来讲，漫长的中世纪往往被认为是蒙昧甚至黑暗的代名词，但这个阶段对逻辑、语言上的相关问题之争论，却对后来的哲学思考带来很大启迪，其中在唯名论者和实在论者之间引发的关于共相与殊相之争，就是典型的例子。

1. 波菲利问题与"实在"概念。这场争论中涉及的问题，即对"实在"概念的理解问题，最早由3世纪的波菲利（Porphyrios，公元233—304）提出，他说：种、属"是否独立存在，是否仅仅寓于单纯的理智之中，如果存在，它们究竟是有形体的还是无形体的，以及它们究竟是与感性事物分离，还是寓于感性事物之中，与感性事物一致"[1]。在波菲利看来，这类问题是非常高级的问题，要解释清楚需花费很大的功夫。但这类问题却具有思想的穿透力，吸引着一代又一代的"智者"为之殚精竭虑，其争论的焦点涉及对"实在"概念的理解。到底什么是"实在"，或什么东西是实在的，难以给出一个明确的界定，因为"实在"一词"有时指存在之所是，与'现象'相对立；有时指世界或一切存在的总体（维特根斯坦的观点）；有时指意识或意志的客观存在"。按伯格和卢克曼的观点，"实在"是指这样一种情况，"就我们的目的而言，把'实在'界定为与现象相关的一种性质就足够了，我们承认它独立存在于我们自己的意志之外"[2]。概而言之，我们可以将"实在"的内涵归纳为：第一，从感觉的角度来看，它是指我们能感知到的经验对象的独立存在，类似于康德所限定的"现象"范围内的对象，或也可以用自然科学的研究对象来与之相对应；从理性的角度来看，它是指隐藏在经验对象背后的，靠理智活动抽象、概括出来的东西，如单纯靠概念所表达的思想，靠概念的推演所表达出来的命题（及其蕴含的思想），靠自然科学活动得出的理论体系的表达，靠传统的形而上学的思辨活动得到的纯思想［其中既包括如柏拉

---

[1] 北京大学哲学系编译：《西方哲学原著选读》（上卷），第227页。

[2] ［英］尼古拉斯·布宁、余纪元：《西方哲学英汉对照词典》，第858页。

图的理型（eidos）那样的对象，也包括算术的推演所得到的结论、几何的定理演绎所获得的结果，以及物理学中最基础性的一时难以靠实验验证的纯思辨的产物等]①。

2. 实在论的观点。根据上面的"实在"理论，我们对外在对象的理解，要么就是关于直接能感知到的经验对象的把握，要么就是对它们的再把握，即关于思想的"思想"，将这些过程表达出来，就要靠语词（或词项）的功能。按中世纪希雷斯伍德的威廉的说法，词项的特征有四个，即意谓（*significatio*，meaning）、指代（*suppositio*，substitution）、连接（*copulatio*，union）、称呼（*appellatio*，title）。意谓是一个表述的动作和过程，指在理智中呈现某种形式；指代是指某一具体存在物被安排在另一种东西之下；连接是指把某一东西附加在另一个东西之上；称呼是指把某一词项应用到与其对应的东西上去。用这些词项的特性来分析一个句子，我们就会得出：句子中的主词和谓词都有所意谓，在一个意义完整的句子里，主词和谓词的意谓趋于一致才能达到表达完整意义的效果，也就是说，谓词的意谓要围绕主词展开，对其加以陈述、描绘。指代的作用就是来指称出现在主词位置上的普通名词，连接的作用表现在用以表达形容词、分词和动词的性质。

在中世纪的哲学家或逻辑学家当中，大多数都认为一般词项可以表示事物的"共相"，尤其是希雷斯伍德的威廉和西班牙的彼得，他们指出，通过简单的指代作用，事物可以由一般词项而表达出其所普遍具有的形式，这就引出了共相问题。所谓的"共相"，它"作为形容词，意为'属于一类中的所有成员的'，'无限制的'，或'包容一切的'，如普遍法则。作为名词，共相表示抽象特征，如美、正义、智慧和善。……可追溯到柏拉图的形相和形式（eidos），亚里士多德从主谓关系讨论共相。唯实论认为共相是独立于心灵的客观实在，唯名论认为共相只是一个通名或语词。"按传统的说法，亚里士多德认为"所谓'共相'，它可以述说许多主体；所谓殊相，乃是指不能这样述说的东西。因而，'人'是一个共

---

① 在上一章，关于"实在"问题，已在现有四种"实在性"的基础上，笔者提出了"信任情感实在性"。此处对"实在"的概括性总结，只是对将原有的四种实在性简略地分为两种，并不包括"信任情感实在性"。

相，而‘加里亚斯’则是一个殊相”①。我们可以用上面一段文字中我们对实在的界定来理解共相问题，它就是我们所知道的关于实在的第二类含义，即一种思想的对象，以此与经验对象区别开来。中世纪的实在论者认为，在所有的对象当中，共相是最实在的。对这种观点我们可以从两个方向进行解读，一是柏拉图的理型论，即理型是最高的知识、最大的善，其他的知识，如数学知识、经验对象的知识、对经验对象的摹写（影子、画作等）等，其可靠依次性下降，共相就类似于理型，所以是最实在的；二是从古希腊的自然哲学入手，此方向所采纳的方法始于经验观察，但终于理性归纳，因为经验对象具有可朽性、易变性，所以它不稳定，而作为知识不能是这个样子的，它们应该具有相对的稳定性，从而保证其可通约性、可交流性，所以理性思维所提供的共相，就具有更高的实在性。

通过上面的分析，我们可以看出柏拉图属于典型的极端实在论者，这种观点认为共相独立于心灵之外单独存在，与个别事物相分离；而亚里士多德则属于温和的实在论者，该派观点认为共相可以独立存在，但存在于具体的事物当中。在中世纪，香蒲的威廉（William of Champeaux，公元1070—1121）持温和实在论的观点，认为种、属共相是一些“相似观点的集合”，具体而言，个别事物中的一些相似因素组合成了属，而一些属的相似因素组合成了种。香蒲的威廉由此推导出，共相是一些具体事物的本质，是实际存在的。后来的邓·司各脱（John Duns Scotus，公元1274/1266—1308）提出了“此性”（haecceitas）的概念来解释共相的实在性，此性的本意是指决定某一事物为此事物而非彼事物的特性，它“不是质料、形式，也不是它们的复合，因为这些都是属性，此性是不同于质料、形式或它们复合物的终极实在”②。换言之，此性决定了共相的实在性，共相之所以被认为具有实在性，就是因为它是包含有此性的。这样的语言学理论主要还是为把握事物的本质服务的，贯穿了从“普遍”到“个别”自上而下的认识路线，其认识论含义很深刻，但对于上帝这样的宗教信仰对象，还是难以把握，因为按此思路，需要先有一个关于上帝的本质，才能把握它，而困难就在于这样的一个本质是难以预先给出的。

---

① ［英］尼古拉斯·布宁、余纪元：《西方哲学英汉对照词典》，第1038页。
② ［英］司各脱：《牛津评注》2卷3部6题，转引自赵敦华《西方哲学简史》，第175页。

3. 唯名论的观点。在中世纪与实在论者针锋相对的是另一些哲学家，即唯名论者，其中彼得·阿伯拉尔（Peturs Abalard，公元 1079—1142 年）为其思想先驱。他指出，像逻辑中的种、属，作为普遍的词项，它们能够在语句中满足亚里士多德意义上的共相之要求，在句子中起到谓述的作用，但说这些语词有相应的实在事物存在，是不恰当的，所以他认为只有个别事物才是唯一具有实在性的，种、属意义上的共相只不过是些语词而已，由此就将此类问题从形而上学的角度转向了语言分析的角度。① 之后，罗色林（Roscelin，约公元 1050—1125 年）更是在此基础上持有一种激进的观点，认为像种、属这类的共相，只不过是人发出的一种声音而已，仅作为一些符号而存在，真正有实在性的还是个别事物。到了威廉·奥康（William Ockham，约公元 1285—1349 年）这里，他在其著名的作品《逻辑大全》里进行了如下阐述，我们将其整理成三段论式的论证更易理解：

> 大前提：共相仅仅存在于思维中而非实体中，
> 小前提：殊相仅表述了实体而不同于共相，
> 结论：共相不是实体。②

这里面还涉及"殊相"的概念，所谓"殊相"，在亚里士多德看来，是不能被用做事物的谓词的，殊相"是承载属性、性质或特性的本体，包括物质对象、历史事件、人及其影子，但不包括性质、特性、数和属。罗素认为：'殊相可被定义为这样一个事物，它只是作为主谓关系中的主词或作为一种关系的一端而进入复合体，而其自身则不作为谓词或联系。'（《罗素文集》第七卷，56 页）"③ 按通常的理解，殊相只是对个别事物、事件的描述，反映它们的个别属性，其普遍性要低于共相。奥康在上面的推论中突出强调共相与实体（个别事物）的差异，殊相在其论证过程中起了一个过渡的中介作用。他还进一步把共相区分为两类，一类是

---

① 黄裕生主编：《中世纪哲学》，《西方哲学史》（学术版）第三卷，江苏人民出版社 2005 年版，第 557—558 页。

② ［英］奥康：《逻辑大全》，王路译，商务印书馆 2006 年版，第 40—41 页。

③ ［英］尼古拉斯·布宁、余纪元：《西方哲学英汉对照词典》，第 728 页。

自然形成的，它可以以符号的形式代表许多事物，从而具有普遍性，其普遍性是由心灵的意向来保证的，但它所代表的具体事物却是个别的，不具有普遍性；另一类是基于人的意愿而产生的，人们出于习惯而根据自己的意愿来形成共相。在奥康看来，共相的形成有其认识论的基础，他认为人们在认识过程中对个别事物首先会获得一种"直观认识"，这种认识的印象非常清晰，在此基础上再形成抽象的印象，直至共相，故而直观认识"只能由个别事物直接产生，或者它的本性是为这个个别事物所产生的"；它是认识的起源，与此相对照，共相"在适当（即对理智对象的适当）序列中是一个对象，但不是认识的起源的第一个对象。"① 言外之意是说，共相是经过归纳、概括得出的，建基于作为认识之起源的直观认识。按唯名论的观点，像上帝这样的对象就没法得到它的共相，因为该理论的起点是经验对象，而对于上帝恰恰没有经验对象可以对其进行"直观"，所以这种语言学理论没法深入讨论宗教语言中的上帝等概念。

4. "奥康的剃刀"。奥康这种唯名论观点的得出，也得益于他所提出的著名的思维经济原则，即"若无必要，切勿增加实体"，简单来说，就是这样一条原则：在表达思想的过程中，如果没有必要，就不要使用复杂的东西，而宁愿用简单的东西来表达。后人将他的这一观点（或方法）称为"奥康的剃刀"，言外之意，他剃掉了那些在表述中多余的东西。奥康在《逻辑大全》中是这样说的："如果人们能够以较少的东西行事，就不应假设有更多的东西。……没有必要假设任何超出进行理解的行为这样的东西。"② 根据这样的原则，我们可以如此理解共相理论：它不是人们遵循自然过程理解事物的程序；相反，是增加了一个抽象的假设，设定共相的存在，再将其与个别事物联系在一起。所以奥康宁愿坚持这样的主张：认识过程中心灵的意向一方面代表了个别事物的符号；另一方面代表了由语词组成的命题的意义，由此就可以表达人们对事物的认识，完全没必要再设定一个共相出来。如果硬要承认共相的地位，它也只不过是对语词、概念的抽象而已，并无实际存在的实在性。由是观之，在奥康的剃刀之下，对上帝的理解就变得简单至极，它只是人们构想出的一个符号，用

---

① 北京大学哲学系编译：《西方哲学原著选读》（上卷），第293—296页。
② ［英］奥康：《逻辑大全》，王路译，第33—34页。

以表达一个虚构出来的对象。显然这种理论是对宗教信仰对象的简单化处理。

5. 小结。总括唯名论与实在论的论战，其争论的焦点在于共相的实在性问题。按唯名论的观点，共相只是一个语词或概念，它不单独存在，能独立存在的只有个别事物；共相是对个别事物的反映与概括，它以概念的形式存在于语言中，在人们使用语词表达事物时，共相依附于事物而存在，不具有实在性。实在论的观点在于，坚持共相的实在性、至上性，即它是第一位的，在思维过程中体现为思想的基点，离开了它思维没法进行，故其实在性最高，殊相比共相的实在性要差一些；除此之外，实在论者也承认个别事物的独立性。就此而言，我们可以将其看作两个流派的共同点，即都承认殊相和个别事物的独立性、实在性。究其实，这两派的争论既是形而上学的，也是语言上的，因为共相是对语词的高度概括，就像亚里士多德、康德的逻辑学背景下的"范畴"一样，是对个别事物及其属性、关系、处所等特质的抽象表达，它能否独立存在，取决于我们的观察态度和处理方式，所以两派的观点都有道理，没法给出一个具有决定意义的定论。从另一个角度来分析，两派的观点可以给我们更多的启发，让我们更深入地思考语言与个别事物的关系问题：从唯名论的角度来看，语言是对个别事物的反映、摹写、刻画与表述，这在知识发生学和进化论等理论上都有所反映。但从实在论的角度讲，说我们人类先有了摆在面前的事物然后才会发明语言来标识它们，只是一种假设，更为合理的做法，可否从海德格尔的生存论分析入手做如此设想：人类的语言与他们同事物打交道的活动一同产生，从时间上不能设想先出现现成的事物，人们再发明语言去指称它们；毋宁说二者是一而二、二而一的，是一个如海德格尔所说的相互交融的"缘构引发态"（Ereignis，张祥龙译名）的过程，是在一个境遇内相互发生、交织在一起的。① 那么对上帝概念来说，它就是信仰者在信任情感的激发下，于实际生存体验中产生的一个情感对象，这就涉及语言的本体论地位问题了。此处只是一个引子和思路的火花，系统的阐述有待于下一步深入、系统的研究。

---

① Martin Heidegger, *Being and Time*, Translated by John Macquarrie & Edward Robinson, New York：Harper Collins Publishers, 2008, pp. 128 – 145.

三 经验论、唯理论的语言观与宗教语言

经验论（又称经验主义）是与近代自然科学的兴起分不开的，自然科学重视对经验现象的观察，这一方面与古希腊早期自然哲学中的一派——视水、气、"四根"、元素等对象为万物的本源之观点——有思想上的渊源关系；另一方面也是自然科学的本质要求使然，诚如牛顿所说："实验科学只能从现象出发，并且只能用归纳法来从这些现象中推演出一般命题。"① 亦即，自然科学运用实验的方法，按预先设定的方案对经验对象进行有目的、有计划、有选择地观察，并重复验证所得出的结果，使其具有可被重复验证性。从其对经验对象的重视来讲，它和我们上面提到的唯名论有相同之处，实际上这二者也一直因其理路上的相似性而有亲缘关系。唯理论则更强调概念及其理性规则（如逻辑）的作用，该派观点认为经验对象由于其易变性而缺乏可靠的普遍性，而这种不足却可以由概念及其推演的规则来弥补，所以概念的先验性、逻辑的普遍性就成了其获得普遍知识的工具。

1. 经验论阵营。经验论这一派中的培根（Francis Bacon，公元1561—1626年）是较早对语言问题进行探讨的哲学家，他提出的"四假相说"② 中的"市场假相"，对后来的语言哲学颇有启发意义。他指出，所谓的"市场假相"，主要是指人们在相互交往的过程中，由于对有些语词的含义界定不一致而产生了混淆，或者有的语词的含义本来就不甚清楚，或者使用者在使用语言的过程中产生了错误，诸如此类的现象，就导致了一种假相：人们交流中产生的混乱只是一种表面的情况，究其实，原因在于语言，所以他把人们对语言的滥用当作无价值的争论和错误观点的主要根源。在此基础上他还提出了对语言进行层次区分的设想，即将语言根据使用场合的不同区分为"日常语言"和"科学语言"，后者主要是针对科学家来说的，科学家要做的是使用"定义"来让其所使用的语言更精确。③

---

① H. S. 塞耶：《牛顿自然哲学著作选》，上海人民出版社1974年版，第8页。

② "四假相说"包括："种族假相、洞穴假相、市场假相和剧场假相"。见北京大学哲学系编译《西方哲学原著选读》（上卷），第349—351页。

③ 周晓亮主编：《近代：理性主义和经验主义，英国哲学》，《西方哲学史》（学术版）第四卷，江苏人民出版社2004年版，第243页。

　　和我们的论题相关的是，康德将人的广义上的理性能力区分为知性和狭义上的理性，并将语言的概念区分为范畴和理性概念；范畴是由知性在其范围内来使用的，主要针对经验对象，是在为自然科学寻找认识论基础的过程中发挥作用的，理性概念是为狭义的理性准备的，其所针对的范围是非经验性的，如上帝、自由、灵魂等。我们对康德的宗教哲学进行情感分析，也就是要区分哲学认识论使用的语言概念和另一类由道德、美学、宗教等所使用的非认识性的语言概念之不同，在这方面做出贡献的有：孔德从实证主义的角度对实证哲学和另一类非实证的（如神学、形而上学等）哲学研究的区分，孔德指出后者是一种情感式的对世界的解释方式；卡尔纳普在《世界的逻辑结构》中从逻辑构造的角度将关于世界的概念进行分类，从中梳理出分别属于传统形而上学和属于科学的概念，以便于人们更真切地认识我们的世界；艾耶尔遵循早期逻辑实证主义的原则，将命题分为关于经验科学的、关于纯观念的（主要是指逻辑、数学）、关于情感的（指伦理学、美学一类的），[①] 其中的最后一类，就是和我们的论题所要探讨的属于一种情况；美国哲学家布莱克伯恩（S. Blackburn）所提出的"准实在论"（Quasi-Realism）认为，我们可以将道德思想、情感等也看作如经验对象那样具有实在性的东西，虽然我们不需要持实在论者的态度，[②] 这表明我们可以对世界和认知持不同的观点而达致把握世界、求得认知的最终的类似效果。

　　经验论者中另一位对语言问题进行深入探讨的是霍布斯（Thomas Hobbes，公元 1588—1679 年），他认为，语言不仅是人类记录历史、表达思想、交流沟通的工具，而且也是人类社会能够最终被建立的一条纽带。他根据自己对语言的研究，将"名称"进行了更细致的划分，将其区分为"标记"和"记号"，前者是属于单个人的，具有私人属性，可以只为标注者所知，用以区分其内心的不同事物或想法；而后者则是在前者的基础上附加了公共性，可以为不同的人所接受、使用，所以这样的一个名称一方面是"我们随便拿来用作标记的一个词，这个词可以在我们心中唤起与我们以前所具有的某个思想相像的一个思想"，另一方面，当我们用

<hr />

① 江怡：《分析哲学教程》，北京大学出版社 2009 年版，第 199 页。
② 江怡：《分析哲学教程》，第 231 页。

这个标记来与别人交流时，即"当这个词被说给他人，它对于他人就可以成为一个记号，表示出说话者心中以前曾有或没有何种思想"①。此外他还对唯名论者和实在论者所争论的共相给出了自己的观点，但基本上仍站在了唯名论者一边，即他认为专名表达了特殊事物的名称，至于共相，那是许多同类事物所共有的成分，当我们把这些事物放在一起，将其共同的部分集中表达出来时，就形成了它们的共相。因此之故，共相只是一个名称而已，与专名只表达一个事物相比，共相表达的是许多同类事物中的一个，或表达了同类事物所共有的某一属性。

在经验论的阵营中，对语言问题关注最多的要数洛克（John Locke，公元 1632—1704 年），他在其著作《人类理解论》中专门辟出一卷（第三卷），从人类观念的起源入手，对语言的形式、语词和观念之间的关系、语词表达的不足，以及人们在使用中对语词的不当使用等方面进行了较为详尽的分析。其工作主要表现在如下几个方面：第一，洛克在和霍布斯相类似的意义上，对语言的私人性和公共性做出了区分，他认为，个人在内心形成的观念是私人的，它表示了私人内在的独白一类的东西；但人们一旦要进行交流，就必须把内在的观念用语词加以表达；同时，语词作为观念的标记，也负载着其相应的意义，在此基础上他指出："语言所以有表示的作用，乃是由于人们随意赋予它们一种意义，乃是由于人们随便来把一个字当作一个观念的标记。因此，字眼的功用就在于能明显地标记出各种观念，而且它们固有的、直接的意义，就在于它们所标记的那些观念。"② 当然，洛克此处所说的人们随便就把一种意义赋予了一个语词，随便就把一个意义标记用来代表一个语词，公允地讲，是欠妥当的，从发生学的角度来看，人们这样做，拿汉语来讲，是有其内在根据的，像造字过程中所遵循的原则，如象形、会意、假借等，都是拥有深刻的用意而后才约定俗成地被沿用下来的。第二，洛克在唯名论者的立场上对共相提出了自己的看法，他认为共相是表达了普遍概念的标记，其所以会发生，是人们动用理智的结果，即："总相和共相不属于事物的实在存在，而只是

---

① ［英］霍布斯：《论物体》，转引自周晓亮主编《近代：理性主义和经验主义，英国哲学》，第 292 页。

② ［英］洛克：《人类理解论》（下册），关文运译，商务印书馆 1983 年版，第 386 页。

理解所做的一些发明和产物，而且他所以造它们亦只是为自己的用途，只把它们作为一些标记用，——不论是字眼或观念。"① 第三，洛克认为，人们要想对事物进行区分，就必须先知道此事物区别于彼事物的标准和界限，它们是被用做尺度的东西，这样的东西就是本质。本质有两种，一种是名义上的，即人们通过它来对不同的事物进行分类，谓之"名义本质"，它与人们对事物的名称之使用有关；另一种本质与人们对事物的理解有关，是人们把握某一事物的必要因素，舍此难以形成对事物的理解，谓之"实在本质"。两者的关系是，当人们不了解实在本质时，仍可指称某些事物。我们认为，洛克可能是想表达这样一种观点，即人们由于约定俗成的习惯来实施此类行为。第四，洛克指出了语言的一些缺陷，这与他对语言的分类有关，在他看来，语言有两类，一类是日常语言；另一类是哲学语言，缺陷就出在哲学语言上，因为哲学语言所要表达的事物非常复杂，而其所表达出来的观念有时难以反映事物间的复杂关系，这主要包括：定义含混不清、语言前后矛盾、语词使用不当、误把语言当作事物本身等等。针对这些缺陷，洛克认为，要想避免它们，就必须使语词的定义清晰明确，在使用过程中符合人们的常规用法，使用中必须前后一致。对上帝概念的种种不同理解乃至误会，用洛克的语言学观点，可以看作是人们误把语言本身，即关于上帝的概念当作上帝本身而造成的，我们可以这样来进一步澄清：上帝在语言表达中是一个语词和称谓，而上帝本身则是人们在信任情感中构造出来的一个对象。

在经验论者当中，贝克莱（George Berkeley，公元 1685—1763 年）最有名的贡献当属他那句哲学命题"存在就是被感知"了，其要旨也与贝克莱对语言的理解有关。在贝克莱看来，语言一方面为人们的交流与表达提供了便利；另一方面也由于其被误用而成了求知的障碍，比如对一些基本的知识原理，如果它们由于语言的原因而欠清晰或被误解，建立在这些原理的基础上的推论就会妨碍知识的扩展。基于此，贝克莱提出了一种反抽象主义的观点，这在其《人类知识原理》中得到了系统的表达。他指出，我们的知识是建立在一系列观念的基础之上的，而内心的观念在起初都是个别的、特殊的，所谓普遍的观念只是人类理智的一种抽象、概括

① ［英］洛克：《人类理解论》（下册），第 395 页。

之结果，是标记个别观念的名称，所以贝克莱持极端的唯名论观点，他的"存在就是被感知"也就是表达了"感知"对于观念的基础作用，即人们只能知道那被感知到的事物，此处的"存在"，按海德格尔后来提出的存在论区分①，是指存在者，是经验对象，而不是抽象意义上的存在。在此基础上对存在者的进一步规定、对不同存在者之关系的进一步推演以及知识的扩展，才是贝克莱心目中的普遍概念，由是言之，贝克莱心目中的普遍概念是建基于"感知"中的经验对象之上的一个"建构"，其实在论基础仍在于外感官的"感知"。以这种语言学理论来指称上帝，当然是难以达到目的，因为上帝从根本上来讲就不是存在者，即，不是能被感知的经验对象。

休谟（David Hume，公元 1711—1776 年）对人类思想的贡献是多方面的，比如他区分了事实命题和道德命题，认为我们不可能从关于"是"的命题当中推论出有关"应当"的命题；再比如他区分了 和"数""量"有关的真理，以及建立于经验事实基础之上的真理，这一思路后来被发展为数理逻辑真理和经验真理；还有就是他最著名的怀疑论思想，尤其是关于因果关系的怀疑，不啻摧毁了当时自然科学大厦的基石，这对康德乃至对其后哲学家的影响，都是难以估量的。休谟对语言持一种约定俗成论，他认为人们对语言的使用是遵从习惯而产生的一种结果，但这中间有任意性，即人们根据自己表达观念的需要来选择语词。这与他对人类心灵产物的分类有关，在他看来，人类在其心灵中对外物的反映有两种结果，一种是印象，这是初步的；另一种是观念，它们是对初步印象的再加工，可以再分为两类，一类是简单观念；另一类是复杂观念。人们在从初步印象向观念转化的过程中，需要靠抽象概念的联结作用，因为印象是不甚清晰的、易变的，只有辅之于概念的作用，才能使其更清晰，形成完整的、抽象的观念，从而变得较为稳定。在这个意义上休谟认为观念是特殊的，是由印象转变而来，中间加上了一个相应的概念；它之所以还有普遍性，是

---

① 指海德格尔针对自亚里士多德之后哲学家误把"存在者"当作"存在"的做法，所以他在《存在与时间》的开篇就重提"存在"问题，并指出（哲）人们两千多年以来自以为对"存在"已有所理解，实际上却仍为其所困扰。他的目的之一就是要对"存在"与"存在者"加以区分（见 Martin Heidegger, *Being and Time*, Translated by John Macquarrie & Edward Robinson, New York：Harper Collins Publishers, 2008, p. 1）。

因为在特殊观念的基础上，遵从相应的习惯而附加了一个普通名词，这个普通名词具有更多的意义，是从更多事物的属性中抽象出来的更高层次上的特征，所以就使得不同特殊观念之间产生了相应的联系。基于此，休谟指出："观念就其本性来说既然只是特殊的，同时它们的数目又是有限的，所以观念只是由于习惯才在其表象作用上成为一般的，而且包括了无数其他的观念。"① 在这里，休谟反复强调习惯的作用，这是值得我们注意的，从语言的演变、发展过程来看，习惯确实起了很重要的作用，但习惯的形成又不是完全随意的，它像黑格尔在其历史哲学中所指出的那样，有其内在的绝对精神，我们认为，这种思路下的"习惯"，是人们根据交流的需要而在一些关键环节刻意定制出来的，绝不是一个完全随意、自然而然的过程，一些"智者"起了重要作用。如中国文字发展过程中的"仓颉造字"，不管其真实性如何，语言文字的形成是大众的习惯与关键人物的"规范行为"相结合的产物。我们需要指出的是，休谟的语言观仍然是唯名论的，即语词只是对经验对象的代称与表达，所起到的只是符号的作用。从休谟的语言学理论来看，对我们指称上帝还是有一定启发和借鉴意义的，比如他指出习惯在语言运用中的作用，我们可以认为上帝是人们许久以来就在使用的概念，这与人类文化的起源有关，即世界上几大文化（古希腊文化、希伯来文化、印度文化、中国文化等）或所有文化都从宗教发展而来，是人类认识世界的必由之路（达尔文的进化论可以看作此认识路径的证明之一），由是言之，上帝在人们处理天人关系、现实世界与超越的世界之间的关系、此生与来世之关系等，已经历史地发挥作用了，所以人们会"习惯性"地运用这一概念来进行语言表达。但他提出的人们使用语言中的随意性，并不适用于分析上帝概念的使用，毋宁说人们仅仅遵从习惯而使用这个概念。

2. 唯理论阵营。对这一派的语言理论的考察，我们只强调莱布尼兹（Gottfried Wilhelm Leibniz，公元 1646—1716 年）的影响，尤其是他提出的"普遍语言"的设想。他在《人类理智新论》中指出："我们还可以引进一种很通俗并且比中国文字更好的普遍文字，如果我们用一些小小的图形来代替字，它们用轮廓线条来表现那些可见的事物，并且对那些不可见

① ［英］休谟：《人性论》（上册），第37页。

的事物也用伴随着它们的可见事物来表现，再加上某些其他的符号以便使人懂得那些语形变化和质词〈所代表的意思〉的话。"① 此处和我们讨论的主题密切相关的是，莱布尼兹这种普遍语言对表达上帝概念有何启发？我们注意到，莱布尼兹想用图形和线条来表示外在对象（可见的经验对象和不可见的非经验对象），他不否认中国的汉字对其思路的影响，只是这一点对我们的讨论并无多大帮助。他接下来的做法倒大有可研究的余地，他说以可见的事物来表现不可见的事物，这对那些靠想象而构造起来的对象是适合的，如牛头马面的东西、带翅膀的马，乃至金山、圆的方形等等②。由此再进一步推论，当然也可以用来表达上帝，这在一些宗教画像或宗教语言中已有所体现，比如将宗教信仰的对象、天使等画成一些模样，或用一些表达经验对象的语言描述上帝的特性等等。所以从莱布尼兹这里我们可以得到宗教语言表达方式的哲学基础，即，上帝离不开以经验对象为基础的语言表达方式（康德所使用的"象征"的方法与此类似③）。我们本书的重点是进一步追问这种表达的形而上学实在性属于哪一种，其实在性的基础在哪里。

四　意义与宗教语言

从"意义"的角度来看待宗教语言，可以将上面实在论与唯名论、唯理论与经验论之间，在语词与其所指向的对象之间的复杂且难以给出一个定论的关系，用意义来表达，进一步抽象出了意义的内涵并将上述关系转换成了意义与其所指称的对象之间的关系。

1. "意义"词群。"意义"，按《现代汉语词典》的解释，是指"语言文字或其他信号所表示的内容"。从这个定义中我们可以看到，"意义"可由两类对象给出，一类是语言或文字；另一类是一些信号，如交通信号灯发出的信号、汽笛发出的鸣笛声等等。我们在这里只讨论第一类，况且用"词项"来代替所要讨论的"语言文字"，词项，在经典逻辑中指直言

---

① ［德］莱布尼兹：《人类理智新论》，陈修斋译，商务印书馆1982年版，第477页。

② 此类不合逻辑的非经验对象，我们固然可以从逻辑学的角度来分析其谬误处，但就该类对象之得以表达而言，它们确实是遵循了莱布尼兹的思路进行的，即在经验对象的基础上添加另一些经验对象（或经验对象的一部分）而构成新的并不存在的经验对象。

③ ［德］康德：《判断力批判》，第199页。

命题里的主词和谓词，我们的讨论也在这个意义上来展开。"意义"的近义词有"意思、含义、内涵"等。

将意义与逻辑学中的"内涵"和"外延"（intension and extension）放在一起讨论，更便于理解。"内涵"是"反映对象特有属性的思想"，"外延"是指"词项所指称和表达的对象，它是词项指称和表达的边界，一旦超出这一界限，词项就会变为另外的词项"①。也就是说，"内涵"决定了"词项"的"意思"，"外延"决定了"词项"所指称对象的范围，比如对于"人"这个词项，其内涵可被规定为"有理性、会劳动，没有尾巴和羽毛，两手两脚"，王五、赵六满足了这个内涵的要求，他们就分别被包括在了人的外延之中。关于内涵和外延之间的关系，内涵越大，外延越小，比如说男人的内涵比人的内涵大，它的外延就相应地小。还有一点需要注意的是，两个词项的内涵相等，其外延也相等；但反之则不成立，即，不能说两个具有等值的外延相应地具有等值的内涵，比如说，"有肾脏的动物"和"有心脏的动物"它们的外延是相同的，但其内涵却是不同的。从意义理论来看，宗教语言中对上帝的表达，就包含了其相应的意义，它是一个供信仰者来膜拜的对象，信仰者因信任它而带来情感上的依赖、抚慰和心灵上的寄托，并由此而改变信仰者自己的生存状况。

2. 意义的指称②。关于意义的指称问题，密尔（John Stuart Mill，公元1806—1873 年）系统地提出了一套理论，其实在他之前，奥古斯丁（Aurelius Augustine，公元354—430 年）针对《约翰福音》的开篇第一句话"太初有道"，就提出了语言创生万物的思想，并同时将声音与意义区别了开来，他说："声音与意义是两回事，声音方面有希腊语、拉丁语的区别，

---

① 杨长福、吕进、于宇、徐光霞编著：《现代逻辑导引》，重庆大学出版社 2011 年版，第 21 页。

② 关于"指称"，不同的分析哲学家有不同的界定，如在弗雷格那里，他用 Bedeutung 来表示，Bedeutung 是某一词项（或语词）所指向的对象。但对于这个被指向的对象，到底是指和词项相对应的实物，还是指该词项所蕴含的意义，学者们有不同的看法，弗雷格主要作品的汉译者王璐教授主张将 Bedeutung 译为"意谓"而不是"指称"，就反映了这个意思（参见陈嘉映《简明语言哲学》，第 65 页）。本论著在此处将"指称"所指向的对象理解为其所对应的实物或对象，哪怕是一个虚拟的对象，如麒麟；或一个长久以来在信仰中被确立起来的具有一定"实在性"的对象，如上帝（对经验论者而言，上帝是非实在的；对信徒而言，上帝是实在的，只不过是一种信任情感里的实在性）。

意义却没有希腊、拉丁或其他语言的差别。"① 这里面隐含着一个观点，即声音在不同语言中是有差别的，但其所表达的意义却没有差别，具有同一性，正是靠着这种同一性，操不同语言者才可以交流。奥古斯丁称这种"意义"为内在的语言，按他的观点，内在语言对于上帝来说始终是清楚的，对于人来说，就需要通过声音来传达。上帝正是靠着这种内在的语言而创生万物，所以"太初有道"的"道"就蕴含着语言的力量在里面。

如果说奥古斯丁的意义指称理论重在指出语言与外在对象的创生、创造之关系，不成体系的话，那么密尔在这方面的理论就更具系统性，其要旨表现在如下几个方面：

第一，只有名词、代词等可以作为词项在命题中充当主词，像"是、不、如果、和、经常"等，不能独立充当主词，只是起到连接作用，他将其称为"语法词"或句子中的"语法成分"。这一发现在今天我们的语法知识已非常丰富的情况下，觉得没有什么新意，但在他那个年代是很有价值的，指出了不同类型的词的功能之不同。

第二，密尔将"意义"进行了区分，一种是指称意义（denotation），即某个词指向了其所对应的事物（对象），它因此而具有了指称意义；另一种意义是蕴含意义（connotation），是说某个词涵括了一定的意义。在密尔看来，大部分词（名称）都兼具这两种意义，即，既有指称意义，也有蕴含意义，但"专名"则只有指称意义而没有蕴含意义。② 对此他指出："每当赋予对象的名称传递了信息，就是说，每当它们有了专门的意义，那么这个意义并不存在于它们所指的对象，而是在于它们所内含的东西。只有对象而没有内涵的名称就是专名；严格地说，它们是完全没有意义的。"③ 这里的"意义"与"对象"之间的关系，对我们分析上帝概念颇有启发，即上帝的概念，其要紧处在于它带给使用此概念者以意义，而

① ［古罗马］奥古斯丁：《忏悔录》，周士良译，商务印书馆1997年版，第196页。

② 对于密尔的这一观点，我们认为不甚完善，专名不是没有意义，而是说它只有"其所指向的对象"这种意义。因为哪怕即便只是一个专名，也有它狭窄的意义。当然按密尔的解释，它只有指称意义，也可以接受。但在通常的理解中，往往把密尔的这个观点当作"专名有指称但无内涵，通名既有内涵也有指称"来看待，即专名有指称而无意义，就会产生误会。实际上它是有"指称"意义的。指出这一点对理解密尔的意义理论很重要。

③ J. S. Mill, *A System of Logic*, Book I, Chapter II, §5, p. 34. 转引自江怡《分析哲学教程》，第69页。

不在于其对象到底是什么样的，如此一来，就可以避开对上帝是经验对象还是非经验对象的争执，而只关注其意义。

第三，密尔将名称区分为一般通名和集体名称（collective names），比如皇室中的某一成员和皇室，前者指具体的某一个人；而后者则是指属于皇室成员的一个集体。

第四，密尔区分了具体名称和抽象名称，前者如苏格拉底、柏拉图等，它们分别指一个具体的人；后者如智慧、勇敢等，它们是从一些属性中抽象出来的，必须和以具体名称表达出来的事物（或对象）相联结才能被更好地理解，否则就只是一种抽象的属性。依此观点来审视上帝概念，我们很难将上帝归属到这两类中去，若非要如此，那也只能将其归到第一类中，但上帝是有关非经验对象的具体名称。

第五，关于专名，密尔对太阳、上帝（神）这样的名称进行了专门的考察。他指出，若按多神论的传统，就不止有一位神，所以将神作为专名就不合适（他认为应该将其归于通名的范围）。但在我们的讨论中，将上帝作为专名来对待还是可以的。

后人对密尔的意义指称理论提出了许多诘难，和我们的主题相关的是对专名"上帝"的反思，我们将在后面从弗雷格的"空类"概念，迈农的"虚存"概念，以及罗素的（摹状词理论）特称描述语来分析之。

3. 弗雷格的"空类"概念所蕴含的"意义"。作为"分析哲学的创始人"，弗雷格（Gottlob Frege，公元 1848—1925 年）的思想是自成体系的，其主旨表现在以逻辑的方式求真的过程，他指出："逻辑探讨求真的规律，而不探讨被看作真的规律；不探讨人如何进行思维的问题，而探讨必须如何做才能不偏离真的问题。"[①] 也就是说，在弗雷格看来，以逻辑为工具所进行的语言分析，本身表现为一个不断探求"真"的过程所发现的规律性的东西，但其关注点却不是那被看作真的东西，也不是如传统逻辑那样探讨如何正确思维的规律。他的思想基础是他所提出的"概念文字"。

（1）概念文字。在弗雷格看来，这种文字是一种形式语言，其优点在于，它可以非常精确地描述出一些由复杂概念所组成的命题之意义，这

---

① ［德］弗雷格：《弗雷格哲学论著选辑》，王路译，王炳文校，商务印书馆 2006 年版，第206 页。

近似于算术中的符号，具有简约化、客观化的优势，通过它可以使推理过程更清晰、严谨。弗雷格提出概念文字的目的在于："通过揭示有关由于语言的用法常常几乎是不可避免地形成的概念关系的假象，通过使思想摆脱只是语言表达工具的性质才使它具有的那些东西，打破语词对人类精神的统治。"① 简言之，概念文字可以使我们透过语言的表象或假象来更容易地把握思想的"真"②，其优点表现在如下几个方面：

一是概念文字具有算术方法的形式化特征。我们知道，算术的方法最大的特点就在于它从经验性的对象中抽象出数的概念，并以之为基础来进行纯思想的、形式的运算，这在命题的判断中也可以加以借鉴。换言之，对一个命题的真假，我们做出判断时不仅仅按符合论的标准来进行，在纯思想的领域也需要按融贯论的标准来进行。亦即，借鉴算术的形式化语言，以符号、字母为记号来表达思想，不是对算术语言的简单模仿，而是通过这种方法来涤除经验性的、心理想象中的不稳定成分，让思维过程变得更清晰、客观。

二是概念文字能以"形式"来表达纯粹的思维。在纯粹的思维过程中，我们不仅需要概念，更重要的是需要将概念联结成命题并对其做出判断。当然，按弗雷格的观点，这里的判断不是仅仅意味着从简单的命题推导出复杂的命题，而是要进一步考察各个判断之间的关系，这在日常语言中是难以做到的，因为日常语言中的混乱、重复等现象是难免的，基于此，弗雷格认为："我们需要一个符号系统，这个符号系统排除任何歧义，内容不能脱离这个系统和严格的逻辑形式。"③ 这里面涉及符号所表达的内容和符号之间的关系，在传统逻辑的研究中，基本上是将日常语言纳入传统逻辑的思维规律当中来进行考察的，也就是说，将我们要表达的内容以形式逻辑的思维规律体现出来，如对"苏格拉底是有死的"所进行的判断，依据

---

① ［德］弗雷格：《概念文字》，载《弗雷格哲学论著选辑》，王路译，王炳文校，商务印书馆 2006 年版，第 4 页。

② 关于"真"的讨论，大致有三种思路，即真理的符合论、真理的融贯论和真理的冗余论。

③ ［德］弗雷格：《论概念文字的科学根据》，载《弗雷格哲学论著选辑》，第 40 页（转引自江怡《分析哲学教程》，第 82 页）。

　　大前提：人是有死的，

　　小前提：苏格拉底是人，

　　结论：苏格拉底是有死的。

　　这样一种三段论的思维模式来进行命题的推演和结论的判断。在弗雷格看来，这种判断方式是内容决定形式；而以算术语言的形式来组织概念文字的方式，则是靠形式来决定内容，即以算术符号及其运算原理来表达思维的过程，其所达到的效果就是，概念文字这样的符号摒弃了普通词项（语词或名称）依赖于所指称的经验对象之羁绊，能够使我们将其与非感官的、看不见的乃至不存在的东西联系起来，这也就是他后来所提出的"空类"概念，其所解决的方法是引入了函数的方法。弗雷格的这种方法对我们讨论上帝概念还是有借鉴意义的，我们在下面的内容中展开讨论。

　　（2）"意味"概念。弗雷格以"概念文字"为基础发展起来的相关思想，后来在一系列的作品里面，如《算术基础》《算术的基本法则》等，得到了进一步的发展，这些对分析哲学的发展起了很大的作用。概括其思想的主要特点，主要有：**逻辑主义**，即对心理学的东西和逻辑的研究对象加以区分，以此来从逻辑推论的角度对命题进行分析，这就使得他的研究方式和传统哲学、传统逻辑大异其趣，他在《算术基础》中提出："要把心理学的东西和逻辑的东西，主观的东西和客观的东西明确区别开来；必须在句子联系中研究语词的意谓，而不是个别地研究语词的意谓；要时刻看到概念和对象的区别。"[1] 这是他在该书中提出的第一条原则，实际上也和第二条原则紧密相连，特别是他所谓的在句子的相关关联中对语词进行研究的思路，就是第二条原则，即"语境原则"的先声。**语境原则**。简言之，该原则主要是强调将句子作为命题分析的重点，以此来辨明语词的意谓。若要说该原则有助于在心理学对象和逻辑对象之间划清界限，那么其原因在于逻辑分析靠符号和命题演算来展开，不单纯如心理学那样依赖经验性的东西，所以其客观性更有保障。**意义与意谓**。在弗雷格看来，对意义的分析就体现在对意义和意谓之关系的研究上，概言之，由意义走向意谓，就是一个求真的过程，实际上弗雷格的"意谓"（Bedeu-

---

① ［德］弗雷格：《算术基础》，王路译，商务印书馆1998年版，第8—9页。

tung）一词本身就是一个动态的过程，在将意义赋予其所指对象的过程中展示概念的意义。[①] 他将对意义和意谓的区分运用于对专名、句子的分析上，具体见下表：

	意　义	意　谓
专名	专名的意义应当在它所处的句子里体现出来。	专名的意谓是它被用来表达（或指向）的对象本身。
句子	句子的意义就体现为它所表达的一种思想。	句子的意谓就是句子的真值，即它为真（或为假）的情况。

我们现在回到论题的主旨上来，这种"意味"概念表达了什么意义呢？在弗雷格看来，它是一个求真的过程。对我们所分析的上帝概念而言，这个求真的过程不仅仅是说明要从对"真"的经验"证实"上，来证明上帝的存在并求得上帝的"真"，这样做必定无功而返；弗雷格带给我们的启发是，在表达上帝这一概念的过程中，表达者获得了意义，即海德格尔生存论上的一种意义，是信仰者在信仰过程中的生存体验所带来的一种对上帝的信任感。这不是单纯从字面分析中所能得到的，它是一种体验，是"意味"这一动态过程的结果。

4. 罗素的描述（语）理论（即摹状词理论）的"意义"功能。关于罗素（Bertrand Russell，公元 1872—1970 年）的描述（语）理论，一般通行的语言哲学里都将其称为摹状词理论，这种称谓非常简洁地给出了一种理论的术语名称，自有其优点，但按陈嘉映教授的研究，称其为描述（语）理论更符合罗素的本意。[②] 因为罗素在其著名的文章"On Denoting"（论指称）里提到"（特称）描述（语）理论"时，起初用的是"denoting phrase"，后来又进一步将其发展成为"Description Theory"，这里的描述是和他所提出的"亲知"（acquaintance）相比较而言的，即，按罗素对知识的划分，一类是认知者本人亲自感知、体验到的，谓之亲知；另一类是靠别人的描述（口头或书面）间接得知的，就是所谓的描述。在

---

① 陈嘉映：《简明语言哲学教程》，第 65 页。
② 陈嘉映：《简明语言哲学教程》，第 81 页。

这些描述过程中，不一定只用一个词，而是往往要用更多的词或短语才能奏效，所以将罗素的这种理论称为描述语理论更恰当些，也利于理解。

（1）描述语的功能。罗素在《论指称》一文中刚开始就把描述语区分为特称的和非特称的，前者如 the clever boy，后者如 a clever boy，其差异表现在冠词上，即前者使用定冠词，后者使用不定冠词。但在汉语里我们用"这个聪明的男孩"和"一个聪明的男孩"来表述时，"这个"和"一个"都是数量短语，这种语法上的差异给我们的理解带来了困难，尤其是在 the present King of France 这个表述里面，汉语直接省略描述语 the present，用"当前的法国国王"来表达。我们可以通过下面的两个例子来进行分析：

> 金山不存在。＝没有一个 x，这个 x 既是金子做的，又是山。
> 当今法国国王是秃头。＝存在一个人，这个人是当今的法国国王，这个人是秃头。①

例子中的变化在于，经过改写后，原句中的主词被用描述语加以刻画、描述，虽然意思没变，但其位置发生了改变，亦即，原句中的主词经过改写后被消解了，变成了谓词，也就是说，它在改写的句子里变成了这种情况：在第一个句子变成了"是金子做的"和"是山"，第二个句子里变成了"是当今的法国国王"。若用弗雷格所提出的命题函数来分析，以第二个句子为例，原来句子里的 the present King 本来是一个特称描述语，被改写后则成了：

> （）是秃头。＝存在（）；（）是当今的法国国王，（）是秃头。

the present King 就成了一个空项，即"空类"概念，它是不饱和的，有待于填充，当填充的内容符合要求时，句子就为真，否则为假。第一个句子就可做如此处理：

> （）不存在。没有（），（）既有如此这般的属性，又有如此那般的属性。

---

① 这两个例子都引自陈嘉映的《简明语言哲学教程》，第82页。

　　在罗素看来，他的这一做法可以消除像迈农悖论"金山不存在"一类的问题。因为按罗素的观点，面对"金山"这一对象，从其属性上来看，就根本不存在，哪里有什么用金子做成的山，所以这违反了常识，基于此他指出："不存在的东西怎么能成为一个命题的主词呢？……看起来要否认任何东西存在都永远会落入自相矛盾。"① 也就是说，要想通过一个命题来推论某一对象存在，该对象必须是事先被承认已经存在的东西，否则它没法被置于命题中的主词位置上；反之亦然，要推论一个对象不存在，它首先必须被置于主词的位置上，而符合这一条件的对象首先必须是存在的。而这里的困难在于，已经被承认存在的东西又怎么再去否定它的存在呢？这就是罗素在上面所说的"自相矛盾"的意蕴之所在。

　　遵循罗素的做法，我们可以将传统形而上学中的上帝存在论的证明改写为：

　　　　上帝存在。＝有一个 x，x 是全知全能全善的，全知全能全善的东西是（任何时候任何地方都）存在的。

　　如此一来，是否就给出了上帝存在的有效证明呢？经过改写后，"上帝"就成了一个"空类"概念，它有待于靠 x 来填充，当 x 符合全知全能全善这一要求时，它就无时无处不在。但我们发现，这样的改写仍然不能证明上帝的存在，因为按罗素的观点，处于主词位置上的词项（或对象）首先必须是被证明为已经存在的，这是他在解释迈农悖论时已指出过的，但此问题面临的困难是，它恰恰是需要被证明为存在与否的东西（或对象）。究其实，关键的原因在于，按罗素提供的描述语的"描述"功能，在此过程中"全知全能全善"的属性是新增加的，严格来讲，按同一律的规定，这是不符合要求的，亦即，在描述过程中新的内容已经被偷偷地运了进来并加给了"上帝"。罗素认为他通过描述语的办法解决了迈农的悖论，其焦点在于像"存在"这样的东西，它若被归诸某一对象，在其证明过程中，该对象的实存必须是自明的；如此一来会导致一个这样的结果：说

---

　　① ［英］罗素：《论指称》，载《逻辑与知识》，苑莉均译，第58页，转引自陈嘉映《简明语言哲学》，第83页。

"某某对象存在"这样的命题，是不能被证明的，这也就是康德所提出的"存在不是谓词"的根本原因，换言之，"存在"不是一种属性（这仍然是康德所坚持的观点），罗素以描述语的方式给出了新的论证。

2. 描述语理论的局限性。客观地讲，罗素的描述语理论对陷入困境的"存在论证"给出了一条解决的思路，使后人对"实在论"① 问题有了更清晰的认识。按罗素的观点，"上帝存在"之类的命题就没有了实在性，但这种观点的视野有一定的局限性，且不说它对传统形而上学问题的回应是否到位，就是仅限于我们该论著的主题来说，我们的任务在于：康德宗教哲学作为一种理性的宗教观，其形而上学的根基到底在哪里？康德是在划分心灵机能的基础上来讨论此类问题的，他把上帝、灵魂、自由划到不可知的非经验对象这一领域，认为它们是纯粹实践理性所应解决的问题，其实在性是属于实践理性的，这和康德所欲建立的自然科学的形而上学以及道德的形而上学之思路是一致的，沿着这个思路，康德的理性宗教就仍然隶属于道德，所以从考察宗教问题的实质来讲，康德的思路并未切中要害；换言之，我们认为康德没有为宗教问题，具体而言，并没有为"上帝存在问题"找到立论依据。当然，依康德的文本，他否认"上帝存在"能够被证明。但我们认为康德此举并未解决宗教问题的实质，因为在宗教信仰实践中，信仰者认为上帝存在是自明的，我们进行理论解释的关键是要为这种现象找到学理上的阐释依据，就此而言，我们再回到罗素所反驳的迈农的观点那里，会得到更多的启发。

5. 迈农的"亚实存对象"之"意义"功能。迈农（A. Meinong，公元 1853—1920 年）对形而上学的特殊贡献在于，他把"对象"（Gegenstand，Object）作为形而上学的最高范畴，这样的对象包括了能实际存在的经验对象，也包括了非经验性的、不能被外感官所感知但能被思维、被意指的对象，亦即，能在心灵中出现的对象。他为此提出了一种亚实存（subsistent）的对象，这样的对象不受时空的限制，也不为因果性所制约，其实在程度低于经验性的实存对象，但它也有自己的存在方

---

① 关于"实在论"，美国哲学家汤姆·罗克莫尔归纳出了四种：常识实在论、形而上学实在论、科学实在论、经验实在论。这对我们理解这一问题大有裨益，参阅汤姆·罗克莫尔《康德与观念论》，徐向东译，上海译文出版社 2011 年版，第 32 页。

式和地位。① 比如说像他所举的例子，"相同性"这种性质可以"亚存于
3 和 3 之间，差异性可存在于红和绿之间，尽管它们不能像房子或树那样
实存"②。如果说像差异性、相同性这样的属性作为一种非实存的对象，
我们可以将其看作是对经验对象之性质的归纳和概括，与经验论者的观念
相去不远的话；那么对于像方的圆、独角兽，乃至像上面提到的金山这类
不合逻辑，或在现象界根本就不存在的对象，该怎么看待其存在方式呢？
按迈农的"对象"理论，这些东西因为能被表述、被思维，所以就能以
其特殊的方式存在，他认为这些东西是"有"而不是"无"，他主张一种
非存在论的存在原则，即有这样一种非存在的对象存在（there are non-be-
ing objects）。其理论依据在于，判断一个对象是否实在，首先在于有主体
的意识活动参与，其次在于被谈论的对象进入了主体的意识之中。迈农的
这种理论大大拓宽了具有"实在性"的对象的范围，诸如像上面提出的
金山、方的圆、独角兽，乃至上帝等非实存的对象，都有其实在性，他称
之为形而上学的实在性。尽管罗素对此理论提出了批判，但我们认为此种
理论可以解决宗教哲学中的理论难题，即在信仰者心中上帝的实在性虽然
一直备受争议，各种论证方法相互辩难；但以迈农的理论观之，可以解决
很多问题。迈农这一理论重在突出对象的意义，而不是拘泥于对象的经验
性与非经验性之区分。当然，本书并不机械地沿用这种界定，而是如本论
著"第六章"所研究的，称之为"信任情感的实在性"，其形而上学的基
础在迈农这里也可以找到。

　　通过梳理上面这些语言理论，我们可以得出一个初步的结论，即上面
这些哲学家大致是在一步步地接近合理解决上帝问题的目标；但根据我们
的研究，更合理的解决方案是海德格尔的生存论语言观，这也是我们采用
生存论分析这一方法的主要原因。我们经过了一条曲折的哲学思辨之路，
现在基本又回到了开篇提出的海德格尔的生存论分析上去，就如黑格尔所

---

　　① Meinong, A., *Über Gegengst änd höherer Ordnug*, In R. Haller（ed.），*A. Meinong Gesa-mtausgabe*, Vol. II. Craz：Akademische Druck-u. Verlagsanstalt, 1899, p. 382. 转引自高新民、沈学君《现代西方心灵哲学》，华中师范大学出版社 2010 年版，第 569 页。

　　② Meinong, A., *Über Annahmen*, In R. Haller（ed.），*A. Meinong Gesamtausgabe*, Vol. IV. Craz：Akademische Druck-u. Verlagsanstalt, 1910, p. 57. 转引自高新民、沈学君《现代西方心灵哲学》，第 569 页。

讲的理念的自我发展一样，我们"这种向开端的返回同时也是一种进展"①。

五　海德格尔生存论分析中的语言理论

我们在本书的"方法论"部分已指出，对康德宗教哲学中的情感因素进行分析，尤其是对其上帝概念的阐释，靠传统西方哲学中的概念（范畴）与经验对象相互结合的做法，已不能完全解决问题，尽管康德本人在认识论中是靠范畴与经验对象组合在一起而形成知性知识的，但这种方法对非经验对象领域里的上帝概念并不奏效。康德已意识到这一点，所以他将上帝、灵魂与自由划归到非经验对象的领域，以"理念"（理性概念）而不是范畴意义上的概念来处理这些对象。康德此举在概念分类上固然有一定道理，但到了他的宗教哲学里，这样的上帝概念难以承担起一方面不属于认识论意义上的对象；另一方面也不是信仰意义上的对象的职责，所以康德的宗教哲学处于一个两难境地，上帝一方面不具有认识的价值（是认识之禁区的标志，经验性的知识止于此）；另一方面也不具有宗教信仰的价值，宗教信仰中的上帝是在信仰者中能与其"呼应"的对象，是信仰者在祷告中能与之"对话""交流"的对象，而康德的理性宗教不是这样的，它只要求人们按道德法则行事，不能靠忏悔、膜拜、祷告等宗教行为增进个人德行并带来相应的福报，这是康德宗教哲学中的一个困难之处，我们需要解决的问题表现在：如何从语言上讲清楚康德宗教哲学中的上帝概念？我们在上面的分析中已从相关的语言学理论中对上帝概念进行了论述，在引入海德格尔的生存论分析后，这个问题就能更容易获得理解，即：上帝是在人的切身生存体验中向人呈现的，不是一个纯粹的符号和概念，所以首先应阐释清楚海德格尔的语言观，才能更好地解决康德宗教哲学中上帝概念的理解问题。受种种原因的限制，本书只是以海德格尔《存在与时间》里的语言观为分析对象。

1. 话语的生存论地位。在海德格尔看来，具有生存论地位的不是语言（language，Sprache）而是话语（discourse，Rede）；也就是说，在生存论分析中，话语的地位要高于语言，"语言的生存论—存在论基础是话语（discourse or talk，Rede）。这是我们在前面解释心态、领会、阐释、陈述时经

---

① ［德］黑格尔：《逻辑学》，梁志学译，人民出版社 2002 年版，第 379 页。

常遇到的现象之一"①。这就涉及海德格尔对"心态"等概念的定义了。
"心态"的原文是 Befindlichkeit，befindlich 的意思是指"在……里面的"，
英译本用的是 states of mind，也就是说心态是处于人的内部的东西，是一种
更具基础地位的心灵状态，英译本从字面上看更接近海德格尔的意思，它
呈现在外就表现为人具体的情绪、情态等，张汝伦译为"生存情态"是取
其生存论地位之意。由是言之，海德格尔所说的语言不是从工具主义、实
用主义，或传统西方哲学的角度讲的，他依然立论于生存论分析的基础之
上。有的学者在这个意义上指出，话语"就像植物埋在土里的根那样，看
不见，摸不着，但从根本上却影响语言，它是公开表达出来（说出和写出）
的语言的本质，这个本质之所在（Ort），则是此在展示性的生存论状况"②。
由此，海德格尔所使用的话语的基础性地位可见一斑。

　　和话语密切相关的，除了心态以外，还有领会，它们都和话语一样具
有生存论地位，"话语在生存论上和心态、领会一样源始"③。此"源始
性"在于领会是 Dasein④ 与外物打交道的切身体验，是先于语言表达的一
种生存方式，"在领会中潜伏着解释的可能性——亦即对已被理解的东西
之占有。就心态对于领会是如此具有源初性而言，它在一确切的领会中保
持着自己。因此，和心态相对应，就存在着一种（使事物）获得解释的
能力。"⑤ 从"存在论区别"⑥ 的角度讲，心态和领会都是和话语一样，

---

　　① Martin Heidegger，*Being and Time*，Translated by John Macquarrie & Edward Robinson，New
York：Harper Collins Publishers，2008，p. 203.

　　② 张汝伦：《〈存在与时间〉释义》，第 445 页。

　　③ Martin Heidegger，*Being and Time*，Translated by John Macquarrie & Edward Robinson，New
York：Harper Collins Publishers，2008，p. 203.

　　④ 关于"Dasein"的翻译问题，国内学界的争论已经够多的了，诸如"此在"（熊伟译
文）、"缘在"（张祥龙译文）、"達在"（靳希平译文）、"此是"（王路译文）等等，本书参考英
语学界的做法，保留海德格尔的原来用法，不翻译。

　　⑤ Martin Heidegger，*Being and Time*，Translated by John Macquarrie & Edward Robinson，New
York：Harper Collins Publishers，2008，p. 203.

　　⑥ 海德格尔在《存在与时间》的开篇处就提出西方传统哲学遗忘"存在"的问题，其用
意是很明显的，亦即必须从根子上理清哲学研究的基础，传统哲学是从存在者的层面讲起的，而
他则更深入一步，切入"存在"层面，突出人作为特殊的存在者，有其理解、领会意义上的优
越性，但不能从主客二分，"我"与"对象"二分的知识论、实践论角度看待别的存在者，而是
从自己的切身体验、从与外物打交道的直接交往、水乳交融般的关系入手，在这个意义上的
"人"，海德格尔将其定义为 Dasein，是颇有见地和深意的。这种"存在论区别"就使得存在和
存在者被划分为两个层面，这里面有柏拉图"理型论"的痕迹；当然，二者的差异也是很明显
的，在理解中不得不加以注意。

处于"存在"的层面，它们被言说出来，就成了"存在者"层面的语言。在此过程中，"解释"扮演着重要的角色，这种解释不同于普通语言学或传统西方哲学中纯粹知性理解式的解释，它要发挥作用，还要靠一种被称为"分割、分解、分割勾连"的东西才能实现，海德格尔用的是 Gliederung，本意是"分解"，英译本用的是 articulation，更侧重于指某物被清晰地表达出来，中译本译为"分环勾连"①，贴近海德格尔的意思，是说 Dasein 在与外物打交道的切身生存体验中，首先是对外物有所领会的，尽管此时不一定非用语言表达出来不可，但必定是有领会在先，我们兼顾德文原意和中文表达习惯，采用"分割勾连"② 这一表达，是说"话语"的含义通过这种"分割勾连"而得以和语词物、手势、信号等勾连起来，从而带来意义，亦即"话语是对理解性的分割勾连。因此它是解释和陈述的根基。在解释中被分割勾连，并在话语中表现得更源初的东西，就是我们所说的'意义'（meaning）"③。这种意义被表达出来之前，海德格尔认为它们就像一个"形式构架"（formales Geruest）一样，是由种种关系构成的整体，在具体的生存中，Dasein 所展示的是意义本质、意义构架，表现为一个意义关系的整体性。④ 在这个意义上的"整体"，既是 Dasein 的一种事实性的生存可能性，即在世存在；又是它的一种以"被投—投开"的方式展示出来可能性。换言之，这种含义的整体通过"分割勾连"的作用被进一步分解为更具体的含义，即"含义整体可被分解为诸多含义。从可被分解的东西里面分解出来的含义通常都带有意义（［……sind……sinnhaft]）。如果话语像对'（在）那里'（'there'）的可理解性进行分解一样，是关于展示的源初生存论；如果展示是由'在世之内'源初地建构起来的，那么话语从本质上来讲就有一种特殊的世界式的（worldly）存在"⑤。由此可以看出，我们通常所说的意义，亦即普通语

---

① ［德］海德格尔：《存在与时间》，第 202 页。

② 因为"分环勾连"中的"分环"不太顺口，尽管它突出了海德格尔想说的话语和语词、语言的相关表达手段，如沉默、手势、信号等是相关联结在一起的，有"连环"之意。

③ Martin Heidegger, *Being and Time*, Translated by John Macquarrie & Edward Robinson, New York：Harper Collins Publishers, 2008, p. 204.

④ Friedrich-Wilhelm von Hermann, *Subjekt und Dasein：Interpretationen zu "Sein und Zeit"*, S. 117. 转引自张汝伦《〈存在与时间〉释义》，第 446 页。

⑤ Martin Heidegger, *Being and Time*, Translated by John Macquarrie & Edward Robinson, New York：Harper Collins Publishers, 2008, p. 204.

言学和西方传统哲学中所指的意义，在海德格尔生存论分析中的语言理论里，并不具有根本的地位；换言之，意义并不是决定某一事物是其所是的根本，不像亚里士多德所说的，意义决定了 A 之为 A 而不是 B、表现为 A 的本质。但在海德格尔这里情况远远没有这么简单，意义是被话语传递出来的衍生物，决定意义的是 Dasein 在生存中对物的领会，之后经过分解而传达出意义；或者说，话语从生存论上来看有一定的结构，是 Dasein 与世界之间的一种关系，所以它是"世界式的"，但它终究还要被表现出来而成为存在者，这就是它被分割勾连而以语词物现身于世的结果，因为"被分解展示的含义整体成为语词，是话语固有的现世存在方式"①。

按普通语言学的观点，语言是由基本的语言单位——词语——所构成，二者是整体与部分的关系；而在海德格尔这里却不同，他认为语词是存在者层面的东西，并将其称为"语词物"，语言并不是由它们相加而构成的，毋宁说语词物是话语的承担者，是随着话语而产生的，二者不是并列的关系，更不是前者的简单相加就能成为语言，"语词随着含义而增长。但语词—物（word-Things）并没有被配上含义"②。也就是说，语词物是从属性的，它们跟随着话语的被分割勾连、被分解之后得以展示，其含义展示于外才靠语词物来表达；但不能反过来给语词物提供、配备含义，因为它们没有主导地位，只是对话语进行展示，当然这种"展示于外"不是如普通语言学或传统西方哲学那样，将主体内部的主观意识用词语表达出来，而是以一种"自我出位的方式来分解含义整体"。③ 此处的"出位"是指 Dasein 的一种特殊的在世存在方式，即它首先是以本己的切身体验与外物打交道，是处于一种境域式的、前概念的状态，之后随着这种体验被分解，借助语词物加以表达，此种状态就是所谓的"出位"，在这个意义上的语词物就是随手可用的现成存在者，像普通的用具一样，所以海德格尔说："语言是语词的总体——在此总体中话语有一个关于它自己的'世界的'（worldly）存在总体。因此，这一总体作为在世

---

① Friedrich-Wilhelm von Hermann, *Subjekt und Dasein：Interpretationen zu "Sein und Zeit"*, S. 130. 转引自张汝伦《〈存在与时间〉释义》，第 447 页。

② Martin Heidegger, *Being and Time*, Translated by John Macquarrie & Edward Robinson, New York：Harper Collins Publishers, 2008, p. 204.

③ Friedrich-Wilhelm von Hermann, *Subjekt und Dasein：Interpretationen zu "Sein und Zeit"*, S. 128. 转引自张汝伦《〈存在与时间〉释义》，第 447 页。

界之内的存在者就变成了我们可以遇到的称手物。"① 从这段话我们可以看出，海德格尔将语言这种现象看作沟通存在与存在者这两个领域的一个桥梁，所以，我们一方面可以在存在论—生存论的层面上来谈论语言，在这个意义上它表现为话语；另一方面我们也可以在存在者层面上来谈论，那么语言就是用语词物来表达 Dasein 的一种切身生存体验，一种对外物的领会，就此而言，语词物是随手可用的称手物，与普通的用具有相似的功能。

　　概而言之，海德格尔给话语一种很高的生存论地位，它是 Dasein 的生存方式之一，是 Dasein 在寻求表达时诉诸语词物的一个过程，其间有自己完整的内在结构，它反映的是 Dasein 与世界之间的一种关系，这是海德格尔更看重的。若和普通语言学，尤其是分析哲学中的日常语言学派相比，后者建立于句法、语法、逻辑基础上的语言分析，其目的在于澄清语言表达中的谬误与混乱之处，② 这样就贬低了语言的地位，只是将其当作一种工具。而海德格尔的语言理论已从分析语言的形式深入它的形而上学基础，此乃其生存论的深刻用意之所在，即解释语言与人，与 Dasein 在世界中的互动关系，这显然比对语言的形式分析要深刻得多。所以有学者指出："如果海德格尔这个思想无可辩驳的话，将会对任何语言理论产生重大影响。"③

　　2. 话语结构的构成要素。在海德格尔看来，"话语作为一种 Dasein 在其内得以展开的生存状态，它对 Dasein 的生存有建构作用"。如上所述，Dasein 的生存首先是以理解的方式与外物打交道，这种理解要获得表达，形之于外，就需要运用语词物，但语词物的基础在于话语，故而话语也可以看作 Dasein 生存中的一种方式，将这种方式当成一种现象来分析，海德格尔认为"在此现象中，对生存的生存论（existentiality, Existenziali-taet）（结构）而言，话语的建构作用就首次明朗起来。但整理出话语的结构是目前的主题"④ 也就是说，要彻底分析透彻 Dasein 与话语、生存、语词物等的关系，必须从话语的整体结构入手。这个结构，海德格尔认为

---

　　① Martin Heidegger, *Being and Time*, Translated by John Macquarrie & Edward Robinson, New York：Harper Collins Publishers, 2008, p. 204.

　　② 王路：《走进分析哲学》，中国人民大学出版社 2009 年版，第 125 页。

　　③ 张汝伦：《〈存在与时间〉释义》，第 446 页。

　　④ Martin Heidegger, *Being and Time*, Translated by John Macquarrie & Edward Robinson, New York：Harper Collins Publishers, 2008, p. 204.

包含了四种要素：话语的"关于"什么（which the discourse is "about"，das Worueber der Rede）、话语的所言者（something said-in-the-talk，Geredete）、传达、公布。

（1）"话语的'关于'什么。我们前面的分析指出，话语是 Dasein 对其在世生存的一种理解，"通过话语来表达（discoursing or talking）是我们对在世的理解性根据'含义'对其进行分解的方式"①。在其生存中，Dasein 不紧要与外物打交道，也要与其他的人打交道，由此形成一种"共在"的生存格局，"共在（being-with）从属于在世，它向来（in every case）都以关注共处（concernful being-with-one-another）的方式维持着自身"②。也就是说，Dasein 与其他的人、物相互共处，是生存的必然，也是实践活动之所需，正是在这个意义上，话语才表现出交往的性质，此交往中包含着"关注"与"操劳"，"这样的共处是话语式的，像同意或拒绝，要求或警告，发言、协商或调解；或者像'陈述主张'，以'话语言说'（giving a talk）的方式进行言说"③。这些具体的言说方式，像同意、拒绝、要求、警告、发言、协商、调解等等，不仅是 Dasein 生存的需要、与他人或事物打交道的需要，也是意义的载体，表达出 Dasein 的一些关于"什么"的意义，"甚至一个要求也是对某物发出的；（对某物的）希望也是如此。调解也是针对某物而展开。话语的对象是它必然拥有的结构性环节（item）；因为话语有助于建构在世存在的展开过程，且此结构是以 Dasein 的基本状态为模型建立起来的"④。从海德格尔的论述中我们可以看出，话语的"关于什么"不是普通语言学层面上的对"意义"的解释，而是 Dasein 的一种基本结构特征，它在最源初意义上的生存就是这样的一种状态，要把自己在切身的生存体验中形成的理解通过语词物表达出来，就必然会涉及"关于什么"的问题，这是 Dasein 的话语结构的基本要素之一，是话语展示 Dasein 切身体验的一个方向，关系到话语所言

① Martin Heidegger, *Being and Time*, Translated by John Macquarrie & Edward Robinson, New York：Harper Collins Publishers, 2008, p. 204.

② Martin Heidegger, *Being and Time*, Translated by John Macquarrie & Edward Robinson, New York：Harper Collins Publishers, 2008, p. 204.

③ Martin Heidegger, *Being and Time*, Translated by John Macquarrie & Edward Robinson, New York：Harper Collins Publishers, 2008, p. 204.

④ Martin Heidegger, *Being and Time*, Translated by John Macquarrie & Edward Robinson, New York：Harper Collins Publishers, 2008, p. 205.

说的对象之意义。

（2）话语的所言者。这里的"所言者"不仅包括了被言说的事物、对象，而且也包括了言说的方式和范围，"话语所言说的东西（what is talked about，das Beredete）通常是以确切的方式在某一范围内向某人'言说'（is talked to，angeredet）"①。当然，这种"言说"的方式受制于 Dasein 与事物打交道的方式和对其进行理解的方式，是对此等方式的延伸，海德格尔在其《时间概念史导论》中曾说："言说是关于某物的言说，由此，言说中所涉及的东西就成了公开可见的。"② 也就是说，言说所及的对象和某物（etwas）只有经过言说的过程，其含义才由此变得明晰起来，之前只是停留于存在的层面，局限于 Dasein 与该对象的打交道与领会上。为进一步澄清其个中缘由，海德格尔还举例进行了说明，在日常生活中如果某人对别人说"椅子上放了软垫"这件事，被言说者是椅子和软垫，但并非泛泛而谈，而是有限定范围和方式的，即软垫被放到了椅子上，其范围限于椅子、软垫，其方式是 Dasein 与椅子打交道中的"坐"，其"含义"表达出我由此而感到舒适，这是 Dasein 与椅子打交道的切身体验。这些都是海德格尔语言理论与普通语言学的不同之处，若按普通语言学的分析，只是对"放了软垫的椅子是舒适的"进行语法分析，划分主、谓语（或主、系、表）成分；或进行逻辑分析，指出"舒适感"与"放软垫"之间的逻辑因果关系，这些都是明显的谓述判断；而海德格尔这里的分析则是"前谓述"的，是从切身的生存体验出发的，它构成谓述判断的基础和一切知识的起源。在这个意义上，海德格尔说"在任何话语中，都有某物被如此言说着——当某人希望、询问，或表达某物时，都有这样的某物"③。由此可以清楚地看出，话语的"所言者"是 Dasein 在其生存中所朝向的对象，该对象与 Dasein 所形成的一种相互交融、共在的关系像一个关系网，共同构成了所谓的"意义世界"（海德格尔在《存在与时间》第 32 节用 formales Gereust 来表示，意味着这种关系网就像一个有钢管、竹排、木板等交织而成的脚手架那样组合成一个整体）。其意义之展示代表着 Dasein 的"出位"，从存在层面进入存在者层

① Martin Heidegger, *Being and Time*, Translated by John Macquarrie & Edward Robinson, New York：Harper Collins Publishers, 2008, p. 205.

② ［德］海德格尔：《时间概念史导论》，欧东明译，商务印书馆 2010 年版，第 363 页。

③ Martin Heidegger, *Being and Time*, Translated by John Macquarrie & Edward Robinson, New York：Harper Collins Publishers, 2008, p. 205.

面，靠语词物将与其打交道的"某物""言说"出来，正如赫尔曼
（Friedrich-Wilhelm von Hermann）所说，任何被所言者各自所言说的东西，
在存在者层面都表现为一个存在者自己的揭示方式和展现方式。① 亦即，
此被言说者向 Dasein 展示出来。

（3）传达。对于这个构成话语的要素，海德格尔用的是 Mitteilung，
该词的本来意思是指"传递信息、交流"，英译本用 communication 也有
这个意思；但从这些基本意思入手仍然不能深刻把握海德格尔的用意，他
在后面指出："话语在'被言说的某物'中传达着（它自身）。"② 也就是
说，话语自身传达它自身，从字面意思看颇令人费解，因为按照普通语言
学的观点，语词所传达的是主体的内部思想，语言本身只是一种媒介和工
具，根本不可能传达它自己，这样说只是同义反复的文字游戏。所以我们
就必须要重视海德格尔这里的用意了，其实他的意思在其文本里就有根
据，他说人们以陈述的方式在传达某些东西，如带来消息等情况时，实际
上是在生存论意义上的传达，是对彼此共处的领会和与外物打交道的体
验，"在这种更普遍的传达中，构建起来关于共处的领会式的分割勾连
（Articulation）。此过程'分享'着共同心态（co-state-of-mind, Mitbefind-
lichkeit）和对共在的领会"③。这些领会和体验，只有利用上面所说的
"分割勾连"才能被传达出来，所以这种传达就不是普通语言学意义上的
工具式的传达，而是一种生存论结构，是 Dasein 的生存、在世存在和与
人、物交往的基本方式，所以属于存在层面的东西，而普通语言学的传达
就是存在者层面的东西。正是由于传达是基于不同 Dasein 之间以及 Dasein
与物打交道的源始的生存体验，所以它的特征是"分享"，分享的是不同
Dasein 的心态，这种心态是存在层面的，是源初体验的接受环节，它和领
会密切相关，是领会得以可能的内容之来源，在此基础上领会到的内容再
向存在者层面通过语词物而扩展出去，才能形成传达的内容，所以"传
达从来都不像是从一个主体内部将如意见或希望那样的体验（experience）

① Friedrich-Wilhelm von Hermann, *Subjekt und Dasein：Interpretationen zu"Sein und Zeit"*，
S. 168. 转引自张汝伦《〈存在与时间〉释义》，第451页。

② Martin Heidegger, *Being and Time*, Translated by John Macquarrie & Edward Robinson, New
York：Harper Collins Publishers, 2008, p. 205.

③ Martin Heidegger, *Being and Time*, Translated by John Macquarrie & Edward Robinson, New
York：Harper Collins Publishers, 2008, p. 205.

传递到另一个主体内部那样的情形"①。在这里海德格尔实际上间接驳斥了普通语言学的传达，即，将其定位于传达不同主体内部自我意识的思想沟通，这是工具主义的表现；由此可以看出，海德格尔使用的传达，比普通语言学中的传达要高一个层次，它居于存在论—生存论的层面，根植于 Dasein 之间及其与外物打交道的切身体验，为普通语言学中的传达奠定了生存论基础。他所追问的是语言表达得以可能的基础问题，即语言表达之所以可能，是因为表达者（指 Dasein）先有了关于被表达者的体验与领会，即使不用语言表达出来，这些体验也已构成了一种领会结构，毋宁说这些都是 Dasein 的"生存"性"事实"。

按海德格尔的观点，传达中的分享意味着 Dasein 之间以一种已经共同存在于世的"在先结构"为基础，在尚未进行语词物意义上的交流之前就已经有所理解和领会，这种领会既是彼此之间的，也是彼此对与外物打交道的"经验""体验"的领会，有了这些基础和关于"共在"的结构，它们间的分享就是顺理成章之事了；在分享中，"我说话时，每次都是对应着一个确定的他者，他在倾听我所言说的东西，与我分享我说话中实际所言说的东西。所言者是由本质的共在所决定，因而是实际可分享的"②。这种"共在"是在先的，是 Dasein 的一种生存结构，不管我们是否意识到这种现象，它都是如此，只不过通过话语被分享、被揭示而已，如海德格尔所言："在话语中，共在被'明确地'（explicitly）分享着；也就是说，虽然共在早已存在，但若没有对某物的把握或占有，就不会有分享共在的情况发生。"③ 按赫尔曼的解释，分享并不在任何人的内部进行，它是在被分享的依于事物的出位存在中进行。④ 依此观点，不仅仅是 Dasein 有一个"出位"的问题，以其领会能力和分割勾连的能力，从存在层面"出位"到存在者的层面；而且不同的事物也有一个类似的出位

---

① Martin Heidegger, *Being and Time*, Translated by John Macquarrie & Edward Robinson, New York：Harper Collins Publishers, 2008, p. 205.

② 张汝伦：《〈存在与时间〉释义》，第 452 页。

③ Martin Heidegger, *Being and Time*, Translated by John Macquarrie & Edward Robinson, New York：Harper Collins Publishers, 2008, p. 205.

④ Friedrich-Wilhelm von Hermann, *Subjekt und Dasein：Interpretationen zu "Sein und Zeit"*, S. 172. 转引自张汝伦《〈存在与时间〉释义》，第 452 页。

问题，它们在 Dasein 的领会中向 Dasein 展示出自己。这样的语言学理论就不是简单的语言表达手段或心理学方法所能解释得了的，是一种对传统语言学的革命性观点，离开了生存论的解释模式，难以理解，这也是海德格尔思想的晦涩艰深之缘由。

（4）公布。海德格尔接着要讨论的话语的最后一个结构要素是公布，指 Dasein 通过话语的结构而诉诸语词物将自己表达出来、"说"出来，即："当某物在话语中被传达时，所有关于某物的话语都同时含有表达其自身（expressing itself，［Sichaussprechens］，〈aussprechen 表达出，说出，宣布〉）的特点。"① 这第四个要素和第三个要素有相似之处，即话语表达自己，但和第三个要素不同的是，这里的"表达自己"更接近存在者层面，是用具体的普通语言学意义上的语词物、声音、符号等展示出话语被分解后的意义；而第三个要素更强调"传达"的可分享性。第四个要素里的"表达自己"会面对一个"内部"与"外部"的问题，即按普通语言学的理解，将主体"内部"的东西形之于外，不管是声音的，还是语词的、符号的，都有一个从"内部"通往"外部"并将其加以表达的过程，但海德格尔此处所讲的"内部"和"外部"却另有深意，他说："在话语中表达自身（express itself，［spricht sich……aus］），并不是因为它像那和处于外部的某物相比较的'内部'事物一样首先被包裹起来，而是因为它作为在世存在进行领会时，早已'处于外部'了。"② 按赫尔曼的解释，那被用语词公布出来的东西，不是内在的东西，而是我所依存于其内的世内存在者这一世界的外在存在。③ 也就是说，公布所取得的效果，不是如普通语言学那样将内部的思想公之于众，这样的内、外之转换是机械的、呆板的；而海德格尔遵循的是在胡塞尔那里就有的发生现象学意义上境域式的、缘构发生式的（Ereignis）内外部的转换；换言之，内部与外部的转换不拘泥于传达的

① Martin Heidegger, *Being and Time*, Translated by John Macquarrie & Edward Robinson, New York：Harper Collins Publishers, 2008, p. 205.

② Martin Heidegger, *Being and Time*, Translated by John Macquarrie & Edward Robinson, New York：Harper Collins Publishers, 2008, p. 205.

③ Friedrich-Wilhelm von Hermann, *Subjekt und Dasein：Interpretationen zu "Sein und Zeit"*, S. 175. 转引自张汝伦《〈存在与时间〉释义》，第 453 页。

线性发生、传递过程，而是一个意义领会的生存境遇的立体发生过程，有着 Dasein 被抛入世界之内的展示过程。海德格尔说它"早已'处于外部'了"，是因为这个内部与外部不是机械的分割，而是一个存在论区别，就其早已存在于世来讲，话语既是内部的，也早已是外部的了。海德格尔在其《存在与时间》的自用书与此内容有关的地方批注道：这"外部存在"的"此，作为开放处所的被放逐（Ausgesetztheit）"，表现为"此在是投开的被投"[①] 的另一种说法，也就是说，从普通的物理空间观念来看，此在（Dasein）被投入世界之内，由此而展示自己、开显自己，这一开显处就是有关 Dasein 开启意义的处所；但从现象学意义上的空间观念来说，这样的由 Dasein 之展示而呈现给我们的所谓"外部"与内部之间的区别不仅仅是物理学意义上的，而是一种意义之领会层次上的内外之别，所以并无机械的空间之分，只是一种 Dasein 的开放性，对存在者开放，靠语词物带来意义。

概而言之，话语的"表达自身""说出自己"，不是语词意义上的"表达"与"说出"，而是 Dasein 自我"出位"的一种生存方式，属于话语的生存论结构，也就是 Dasein 的"在世存在"结构，里面包含着 Dasein 的心态或情态（state of mind，Bfindlichkeit），"确切地说，被表达出的东西是在外的——也就是说，它是这样的一种方式，是人们当下拥有却也从属于对内部状态（Bing-in）充分展开的一种心态（情绪）"[②]。海德格尔在这里将这种心态也称作"情绪"，它比心理学意义上的心态或情绪更有源始意义，具有生存论地位，通过语词物、语音、语调、手势等，在对可理解性进行分割勾连的作用下，展示为意义，亦即，"内部状态和心态在话语中得以公布，通过语调、声调、话语节奏和'言说方式'在语言中标识出来"[③]。在这个地方我们不免会产生一种疑问，心态或情绪到底是主观的还是客观的？按生理学、心理学的常识，心态和情绪是主观的，它们表达了主体的一种内部状态，这和普通语言学的观点一致，其客

　　① 　张汝伦：《〈存在与时间〉释义》，第 453 页。

　　② 　Martin Heidegger, *Being and Time*, Translated by John Macquarrie & Edward Robinson, New York：Harper Collins Publishers, 2008, p. 205.

　　③ 　Martin Heidegger, *Being and Time*, Translated by John Macquarrie & Edward Robinson, New York：Harper Collins Publishers, 2008, p. 205.

观性在于这些心态或情绪被用那些具有客观意义的语词、手势、符号等表达出来，获得了有"共通感"① 的其他主体的认可并被赋予了有相同或类似意义的等值物。但在海德格尔这里，心态或情绪却不再是主观的了，毋宁说它们是客观的，而且是最客观的，赫尔曼对此评论道："这意味着情绪不是像我们的传统所说的，是主观的东西，而是'客观的'东西，甚至是'最客观的'，因为世界只是根据情绪展示的，因为根据情绪展示的世界使世内事物有可能显现。……存在者的显现不是中立的，而是本质上根据情绪决定的。"② 也就是说，Dasein 通过心态、情绪所获得的对其他存在者或 Dasein 的理解，是依于心态、情绪而实现的，心态、情绪决定了意义的状况；或者反过来说，心态、情绪是领会与意义的心态、情绪，不是仅仅表现为生理、心理上的，后者是类似于中介性的东西，起了一个传输的作用，意义与生理、心理上的情绪是二分的；而在海德格尔这里，两者是相互融合的，这也就是他的境遇发生式的表达的内蕴之所在，语调、声调、话语节奏和言说方式本身就是 Dasein 的心态或情绪，不仅仅是工具型的东西，换言之，话语的说出或表达首先是由心态和情绪决定了的。

　　基于这种对心态或情绪的界定，海德格尔认为在诗歌中，语调、声调、话语节奏和言说方式等就充分发挥了其生存论结构中的传达意义的功能，他说："在'诗性'话语中，心态的生存可能性的传达可以成为一种目的，亦即对生存的展示。"③ 当然海德格尔最看好的就是荷尔德林的诗，在此类诗歌中，语调、声调、话语节奏和言说方式等淋漓尽致地发挥了展示 Dasein 生存状况的作用，难怪在此之前，黑格尔就以另一种方式表达

---

　　① 此处的"共通感"是借用了康德在其《判断力批判》的第21节"人们是否有根据预设一个共通感"里的观点。在那里，康德指出："如果知识应当是可以传达的，那么内心状态、即诸认识能力与一般知识的相称，也就是适合于一个表象（通过这表象一个对象被给予我们）以从中产生出知识来的那个诸认识能力的比例，也应当是可以普遍传达的。"（康德：《判断力批判》，第75页）康德此处所说的"共通感"，虽然是从批判哲学的高度，甚至说是在为形而上学奠基的角度来谈的，但和海德格尔的生存论结构相比，仍然具有心理学的特点。

　　② Friedrich-Wilhelm von Hermann, *Subjekt und Dasein*：*Interpretationen zu "Sein und Zeit"*, S. 176. 转引自张汝伦《〈存在与时间〉释义》，第454页。

　　③ Martin Heidegger, *Being and Time*, Translated by John Macquarrie & Edward Robinson, New York：Harper Collins Publishers, 2008, p. 205.

了荷尔德林诗歌的这一特点：

> 我仰望你，夜空中耀眼的星辰！
> 所有的心愿，所有的希冀
> 尽皆遗忘
> 思考在凝望中停滞，
> 自我意识渐渐消失，
> 我融入这大千世界，
> 我在其中，是万象，我便是它。①

　　也就是说，黑格尔认为荷尔德林诗歌中所体现出来的正是"我"与外在的境遇融为一体的境界，在这一点上荷尔德林诗歌的某些表达方式与海德格尔的境遇发生思维有相通之处。其实在我们古中国的歌《诗经》里这种情况更为常见。对此张祥龙先生认为海德格尔心中的诗歌"乃是一种在两极之间或'间隙'中的纯发生，格式塔缺口处的跳跃。真正的诗不止于诗人个人灵感的结晶，也绝不止于传统意义上的语言的艺术。它要宏大浩荡得多。中国的孔子与庄子对于'诗'和'言'有着类似的深深体会"②。诗歌的"宏大"之处，在于它突破了主体与客体的二元对立、个人与外物的僵硬壁垒，化概念思维于"意境"之中，在立体的、纯感受（消弭了笛卡尔意义上的"我思"与"我在"之对立）而又将感受升华到意义层面的"体验"中实现对"境"的领会，此乃海德格尔用"诗性"语言概括话语的展示性这一特点的用意所在。从这一角度我们来反观亚里士多德的诗学观，他在《诗学》中提出诗歌比历史这门学科更严谨、更科学，绝不是表达概念意义方面的科学与严谨，而是就对真理的显现而言，亦即，诗歌传达的体验更本真、更切己，更具源始性。

　　在这个意义上，海德格尔总结话语的特点说："构成话语的环节有：话语所关于的什么（话语所道说的什么）；话语所及的内容；传达；公布。这不是那些仅能从语言中经验性地网罗在一起的属性（properties），

---

① ［德］荷尔德林：《荷尔德林诗新编》，顾正祥译，商务印书馆 2013 年版，第 233 页。
② 张祥龙：《海德格尔思想与中国天道》，中国人民大学出版社 2011 年版，第 136—137 页。

而是根植于 Dasein 的存在状态中的生存论属性，也正是它们使得像语言之类的东西在存在论上成为可能。"① 我们需要注意的是，海德格尔在这里强调这些要素不是像经验论者，或像普通语言学学者们所做的那样，从经验的层面随意罗列起一些构成性的材料；而是基于 Dasein 的生存论结构，从 Dasein 的生存体验以及话语的自我展示所必须具备的结构分析出来的。但以往的语言学理论却没有做到这一点，所以海德格尔指出："在有关话语的任何具体情形的实际语言形式中，或许缺少上述的某些环节，或根本就没有引起人们的注意。"② 实际上这不仅仅是在现实的普通语言理论中缺少上述某些要素的问题，或是研究者忽略此要素的问题；而是根本的研究方法的差异和哲学基础的差异这些方面的问题。海德格尔是从存在论的区分入手，将哲学研究的起点推进到存在的层面，以此形成了其迥异于传统哲学的研究风格。当然，海德格尔的这一方法是否就真如他前期所预期的那样取得了相应的效果，也还是有可以探讨的空间的，包括整部《存在与时间》的不完整；第二部分为什么没有继续写下去，而是以间接的方式在其讲座中回应相关问题，却不是以完整的著作（如以《存在与时间》上下册的形式等）呈现；其前后期思想的转折与变化；等等，都反映出海德格尔生存论—存在论的研究方法，尤其是对语言问题的研究，都是有待进一步深入思考的，其用传统的语言表达方法，或者说用传统的形而上学语言，开拓出新的语言观，何以可能？其对传统形而上学的反叛，本身立足于传统形而上学的基础上，这样的一个转折，在原来"跳板"上的"纵身一跃"，多大程度上能实现他心目中的"转型"？他在1941年的《德国观念论的形而上学》课程中，提出他写作《存在与时间》好像是"攀登一座未登过的山"。"因为它陡峭又陌生，凡是攀登者，有时都会跌落下来。徒步旅行者突然迷了路。有时他突然跌落，读者却没有发觉。"③ 这些观点反映出建立新的生存论基础上的语言观是何其艰难。但毋庸置疑，海德格尔

① Martin Heidegger, *Being and Time*, Translated by John Macquarrie & Edward Robinson, New York: Harper Collins Publishers, 2008, p. 205.

② Martin Heidegger, *Being and Time*, Translated by John Macquarrie & Edward Robinson, New York: Harper Collins Publishers, 2008, p. 206.

③ Heidegger, *Die Metaphysik des deutschen Idealismus*, *Gesamtausgabe*, Bd., 49, S. 27. 转引自张汝伦《〈存在与时间〉释义》，第1131页。

对普通语言学理论的批判却是值得深思的，因为如果单单是将语言看作表达思想的工具和材料，那么这个许久以来横亘在语言学家、哲学家面前的"语言与被表达对象的统一问题"就始终难以解决，在这个角度上对语言本质的概括就始终没有跳出"工具论"的窠臼，海德格尔的生存论分析将语言本质提高到一个新的高度，无疑是有深刻见地的，"意欲把握'语言本质'的企图往往都会从上述环节中的某一个入手；……即便有人将这些散乱的定义调和在一起，也不能对得出'语言'的完整定义有所助益。此处我们不得不做出的有决定性的一步是：在对 Dasein 进行分析的基础上提前清理出话语的整个存在论—生存论结构"①。这样的结构不是普通语言学理论所能具备的，由此使语言学研究的基础往前推进了一大步。

3. 理解与听的生存论基础。话语在其传达、交流意义的层面意味着说，说出什么，它必定与听有关，Dasein 之间的理解也与听有关。海德格尔在接下来的内容中就分析了理解与听的生存论基础，这也是不同于普通语言学的方面。

（1）听他人的声音。海德格尔指出："我们可以通过忖度从属于言说（talking）本身的生存论的可能性——听，来弄清楚话语分别和领会、理解性之间的关系。"② 也就是说，"听"是从属于"言说"的，海德格尔在前面的分析中，只是指出了话语的生存论结构中领会、分割勾连与理解性之间的关系，尚未顾及"听"这个方面。因为领会、分割勾连的目的就是为了理解，是 Dasein 自己的理解，涉及它与之打交道的外在事物；如果我们再往前推进一步，探讨 Dasein 与别的 Dasein 或别的"物"在"听"这个方面的交流，那么就必然要涉及"听"这个问题了，基于此，海德格尔指出："如果我们未能'正确地'听，我们并不能说这是因为我们偶尔没有'懂'。听对于话语而言是建构性的。因为语言上的发声是建立在话语上的，所以听就是建立在听觉的感知上的。听……是 Dasein 向与其共在的对象开放的生存论方式。"③ 也就是说，Dasein 与外物打交道

①　Martin Heidegger, *Being and Time*, Translated by John Macquarrie & Edward Robinson, New York：Harper Collins Publishers, 2008, p. 206.

②　Martin Heidegger, *Being and Time*, Translated by John Macquarrie & Edward Robinson, New York：Harper Collins Publishers, 2008, p. 206.

③　Martin Heidegger, *Being and Time*, Translated by John Macquarrie & Edward Robinson, New York：Harper Collins Publishers, 2008, p. 206.

除了"亲手"去"交往"，去体验，如海德格尔所举的锤子的例子，靠自己亲手使用锤子外，还有"听"的例子，听一种声音（后面有论述），进而"懂""领会"声音背后的生存论根源，其"懂"与"不懂"的缘由，不仅仅停留在对声音的捕捉上，而是在听到声音之际必须有对此声音的领会，海德格尔所说的"正确地听"，就是这个意思。由此推己及"人"，不同 Dasein 之间的理解，离开了"听"，就难以实现，"确实，听构成了 Dasein 向其最本己的存在潜能（ownmost potentiality-for-Being）开放的源初且本真的方式——比如 Dasein 倾听随时伴随着它的朋友的声音"①。听来自朋友那里的声音，当然不止于听生理上的"声"或"音"，而是要领会其声音中所包含的意义，因为"Dasein（能够）听，是因为它领会了（什么）。作为一个与其他对象共同在世、能领会的存在，Dasein'屈从'于它的共在（结构），也'屈从'于它自己；它在这种'屈从'中从属于这些（Dasein 的共在和它自己）"②。由此可以看出，Dasein 之间相互听并能够领会什么，不是因为生理学意义上的"听觉"功能，而是因为 Dasein 拥有这样一种生存论结构，它是建基于前面分析的领会、分割勾连的过程，也是 Dasein 之间"共在"的基础。当然，共在也不是一味地肯定，如随从别人、赞同别人；它同时也有否定性方面，所以海德格尔指出："共在发展成了倾听别人，这以如下方式进行：跟随、伴随，或与此相反，不听、拒绝、反抗、背离。"③ 不管肯定还是否定，这些都是 Dasein 在听他人声音的过程中获得领会的共在状态。

（2）存在论层面的"倾听"与存在者层面的"听"。听，作为和语言密切相关的一种现象，海德格尔也用他的生存论分析方法进行了相关研究。和对语言与话语的区分相类似，他也将听区分为存在论层面的"倾听"与存在者层面的"听"，前者是后者的生存论基础，具有一种源初性，表现为 Dasein 能进行"倾听"，并有听的潜能，所以海德格尔指出："正是基于在

① Martin Heidegger, *Being and Time*, Translated by John Macquarrie & Edward Robinson, New York：Harper Collins Publishers, 2008, p. 206.

② Martin Heidegger, *Being and Time*, Translated by John Macquarrie & Edward Robinson, New York：Harper Collins Publishers, 2008, p. 206.

③ Martin Heidegger, *Being and Time*, Translated by John Macquarrie & Edward Robinson, New York：Harper Collins Publishers, 2008, p. 206.

生存论上具有源初性的听之潜能，任何像倾听（hearkening，［Horchen］）那样的东西才得以可能。"① 在做出了这样的区分后，那么生理学、心理学意义上的听就成了倾听的延伸，是将所听到的声音和在存在者层面上与声音相关的对象进行联结的一个外在环节，由此可以清楚地看出，在听之前有一个领会的环节，它是倾听的重要作用，即对将要听的声音和对象进行把握、理解，"从现象上来讲，倾听比起'首先'从心理学上被定义为'听'的东西更源始——后者是对音调的感知和对声音的知觉。倾听也拥有这样一种关于听的存在（方式），即能进行领会的方式"②。接着海德格尔用了这样的例子来进行说明："我们'首先'听到的绝不是什么响声或音的组合，而是嘎吱嘎吱的马车、（嘟嘟的）摩托车。我们听到的是行军中的纵队、（呼呼的）北风、咚咚捉虫的啄木鸟、噼噼啪啪的烈火。"③ 换言之，对于嘎吱嘎吱的马车声，按普通语言学的观点，我们首先听到了嘎吱嘎吱的声音，然后将这声音与"马车"的意义相连，才得出这声音所代表的意蕴；但在海德格尔看来，我们在听到这声音之前已经就对"马车"有所领会、理解了，否则我们对嘎吱嘎吱的声音不会和马车连在一起，也就是说，我们只是听到了一组"音"，但不知道这组音所代表的意义。

按这种语言理论，那么我们听到的任何声音就都不是"纯粹"的音，而是已被赋予意义了，是带着意义的"听"。从这个角度来讲，海德格尔晚年关于"Was ist die Philosophie"（哲学是什么）的演讲就是对此问题的深化，即我们所听到、看到的对象"是什么"④，取决于我们听、看之前对此对象的领会与理解。基于此，海德格尔认为我们要想听

---

① Martin Heidegger, *Being and Time*, Translated by John Macquarrie & Edward Robinson, New York：Harper Collins Publishers，2008，p. 207.

② Martin Heidegger, *Being and Time*, Translated by John Macquarrie & Edward Robinson, New York：Harper Collins Publishers，2008，p. 207.

③ Martin Heidegger, *Being and Time*, Translated by John Macquarrie & Edward Robinson, New York：Harper Collins Publishers，2008，p. 207.

④ 关于这个问题的处理，参考了王庆节教授在其《海德格尔与哲学的开端》中所讲的电影《上帝也疯狂》中的例子：在一落后的非洲大沙漠的原始部落里，有一天此处的原始人偶遇一从空中落下的矿泉水瓶子，他们从未见过，难以名之，由此展开了一系列的命名与处理此物的悲喜剧……这个剧情展示给我们的就是（前）理解或生存论理解对于认识的"开端"作用。具体内容参见王庆节《海德格尔与哲学的开端》，生活·读书·新知三联书店 2015 年版，第 69 页。

到"纯粹"的未与"意义"相连的声音，反而需要一种特殊的技巧，亦即："'听''纯粹的声音'需要非常有技艺、非常复杂的心智系统（frame of mind）。"① 至于到底需要什么样的技巧，海德格尔此处并未进一步探讨，我们可以推论，要做到这一点，只能是过滤掉意义，或摒除意义，但这只是一种"思想实验"，并不符合实际。海德格尔所强调的是，"我们首先听到摩托车和马车这一事实，从现象上来看，作为在世存在的 Dasein 无论如何（in any case）都是已和在世的称手物同在（dwell alongside）了；它首先并不和'感觉'同在；也不首先为迂回的感觉塑型，从而给主体以跳板使它腾跳起来并最终抵达'世界'"②。也就是说，生存论上的切身体验是第一位的，具有存在论基础，Dasein 在任何情况下都是先和外物打交道，并与其同在，共同处于"在世之中"，在这个"混世"中领会了意义；之后的感觉、听觉乃至语言表达，都是以此为基础的。

　　Dasein 听它与其打交道的"物"的声音，存在着提前对该"物"的领会问题，那么听其他 Dasein 的声音是什么情况呢？在海德格尔看来，也存在同样的情形，即："同样，当我们清晰地听到他人的话语时，我们首先领会了他所说的东西，或更确切地说，我们已与他同在。"③ 也就是说，各个 Dasein 之间通过语言进行的交流是建立在听的基础上的，而在听之前，也已有相互之间的理解和领会发生了，这种情况与 Dasein 领会普通的物相类似，在 Dasein 听到物的声音之前，就"提前与话语所涉及的存在者同在了"，也就是共同处于一种"在世之内"的结构之中，这是和普通的心理学、生理学意义上的听所不同的地方，按后者的观点，人听到某种声音，而后辨别声音的来源和性质、特点，最后赋予其意义；而海德格尔恰恰相反，认为对意义的领会在先，没有这些意义，听不"懂"声音，所以海德格尔强调说"相反，我们首先听到的并不是在发声中表

---

① Martin Heidegger, *Being and Time*, Translated by John Macquarrie & Edward Robinson, New York：Harper Collins Publishers，2008，p. 207.

② Martin Heidegger, *Being and Time*, Translated by John Macquarrie & Edward Robinson, New York：Harper Collins Publishers，2008，p. 207.

③ Martin Heidegger, *Being and Time*, Translated by John Macquarrie & Edward Robinson, New York：Harper Collins Publishers，2008，p. 207.

达出来的东西"①，即，不是"纯粹的"声音，而是有意义的声音。以这种观点来分析陌生的异族语言，海德格尔认为："在外族语中，我们首先听到的是难以理解的语词，而不是各种各样的声音材料。"② 尽管有时我们听不懂或听不清，但在我们的"听"中，那不懂的或不清楚的，不是一连串纯粹的声音，而是其所包含的"意义"；我们不懂，是因为我们未领会其意义。这就和普通语言学理论大异其趣了，按普通语言学理论，我们在听外语时，听不懂是因为不知道其中的词，即生词，所以生词成了学、听外语的拦路虎；但按海德格尔的语言理论，对生词的懂，关键是在切身体验中领会其意义，或退一步讲，在记生词的过程中，即便不是意义领先，也要意（义）、音、形同步，否则听其音也难知其意。再往前推论一步，我们在外语写作或讲地道外语时，除个别情况外，大部分人是终其一生也难以企及操母语者的水平，即所谓的"不地道"现象，其原因在于缺乏海德格尔讲的生存论层面的切身体验，这是一种源初的经验，奠定了使语言成为"称手物"的生存论基础。

关于在语言表达中的"措辞"问题，海德格尔将其看成是表达的方式之一，"不可否认的是，当我们'自然地'听到话语之所及的对象，也就同时听出了它的'措辞'，一种将其加以表达的方式，但这只有在对话语之所及的对象提前有了共同—领会时才可能；因为只有这样才能估价话语对其所及的对象进行主题性地言说的方式是否合适"③。这种"措辞"，不是我们按普通语言学理论对词语进行加工、修饰，而仍然是对与 Dasein 共同在世、Dasein 与之打交道的外物的领会；舍此，谈不上有所谓的"措辞"这种方式。至于 Dasein 之间的应答、回答式语言，海德格尔认为也是建基于对它们应答之所及的对象的领会，这种领会是先行于应答、回答的，没有对其所关于的对象的领会，可能就会出现答非所问的现象，即："同样，任何回答相应话语（counter-discourse）所及的问题都首先直

---

① Martin Heidegger, *Being and Time*, Translated by John Macquarrie & Edward Robinson, New York: Harper Collins Publishers, 2008, p. 207.

② Martin Heidegger, *Being and Time*, Translated by John Macquarrie & Edward Robinson, New York: Harper Collins Publishers, 2008, p. 207.

③ Martin Heidegger, *Being and Time*, Translated by John Macquarrie & Edward Robinson, New York: Harper Collins Publishers, 2008, p. 207.

接来自话语所及的、早已为共在（Being-with［Mitsein］）所'分享'的对象之领会。"① 这里的"分享"就是一种意义上的共享，亦即本节开篇讨论的话语在分割勾连过程中对意义之领会的分享。

概而言之，听，对于语言表达，对于话语的"传达"，起着至关重要的作用，但其生存论基础在于领会，"任何人都是于（言）说和听在生存论上得以可能之际才能倾听"②。海德格尔举了这样的一个例子，即有那样一种不能听而只能靠感觉认识事物的人，按普通语言学理论，这种人不能"听"，但海德格尔恰恰认为这种人能很好地听。其原因在于，这种人也能很好地进行领会，虽然是靠其感知，但其对外物的领会能力并不差，所以他"听"的能力也不比正常人逊色。

4. 沉默作为话语的一种方式。从现象上或从存在者的层面来看，沉默和话语恰好相反，一方表现为能"说"什么；另一方表现为不能"说"什么，从"'不能'说什么"的角度来看，沉默好像不能被称其为一种表达。但这只是一种表面的看法，实际情况要复杂得多，比如像"沉默是金"，像"此时无声胜有声"这样的现象，又该如何理解呢？后两种情况似乎隐含着更深刻的用意：沉默不仅是表达，而且是另一种更恰当的表达。这在海德格尔那里用生存论分析的方法可以得出更深刻的见地，他指出："沉默是话语的另一种根本的可能性，它拥有同样的生存论基础。"③显然，这是从生存论的角度来说的，也就是说，沉默和话语同样都拥有生存论基础，都是 Dasein 与外物打交道的方式，只不过在 Dasein 的"出位"过程中展示为不同的存在者方式而已，就其"在世存在"的结构而言，有相同的生存论地位。在存在者层面，不同人之间的交谈，一方的沉默往往使相互之间的理解更深刻，能保持沉默的人是在充分理解了对方的"意义"之后做出的反应，从而也使得对方能领会他的理解力，所以"在与别人的谈话中，沉默之人能'使人领会'（亦即，他能达成理解），比

---

① Martin Heidegger, *Being and Time*, Translated by John Macquarrie & Edward Robinson, New York: Harper Collins Publishers, 2008, p. 207.

② Martin Heidegger, *Being and Time*, Translated by John Macquarrie & Edward Robinson, New York: Harper Collins Publishers, 2008, p. 207.

③ Martin Heidegger, *Being and Time*, Translated by John Macquarrie & Edward Robinson, New York: Harper Collins Publishers, 2008, p. 208.

那从不卡壳之人更能本真地让人理解。在某事上滔滔不绝所能给出的对先行发生的领会之保证并不高（offer the slightest guarantee）"①。与沉默相对立的是滔滔不绝的发言，这种情况是否意味着滔滔不绝者就有了充分的理解呢？在海德格尔看来，不一定，滔滔不绝者也可能是在自说自话，或文不对题，是在不顾及对方或没有领会对方意思的情况下的一种"单向"的言说，因为，"对某事高谈阔论将会掩盖本可以领会的东西，并提供一种虚假的澄明之境——对细微之处并不理解"②。对于这一点，海德格尔在其《时间概念史导论》中印证说："缄默是对他人的一种特定的关于某物的自我道说。谁在相互共处中缄默，谁就能够更原本地进行开示和提供启发，也就是说，比那些滔滔不绝的人更能够在原本的意义上言说。"③赫尔曼对此观点的解释更直接，他认为"沉默是一种相互说的模式。就像发声的说和听一样，它也是对话性的"④。亦即，不发声的沉默与发声的说，在对话、交流上的效果是一样的。

　　和沉默相类似的是哑巴在交流中的表现，哑巴虽然在相互交流中表现出一种"形式上"的"沉默"，但这只是一种表面的现象，究其实，哑巴虽然表面上是在和对方对话，有一种要说出什么的倾向，但他终究不能做到这一点，因为不能领会对方的言说，所以，"如果一个人是哑巴，他仍然有说的倾向。哑巴未曾证明过他能保持沉默；确实，他完全缺乏证明此事的能力"⑤。他之所以缺乏这种证明能力，根本原因在于他从生存论上就不能与平常的 Dasein 共处，不能共享"共同在世"这一结构，毋宁说他在生存论基础上就是有缺失的。

　　另一种情况是沉默寡言的人，他们虽然和"沉默"类似，但不是真正的沉默，因为沉默寡言之人从不参与对话，所以对他而言也就没有

　　① Martin Heidegger, *Being and Time*, Translated by John Macquarrie & Edward Robinson, New York：Harper Collins Publishers, 2008, p. 208.

　　② Martin Heidegger, *Being and Time*, Translated by John Macquarrie & Edward Robinson, New York：Harper Collins Publishers, 2008, p. 208.

　　③ ［德］海德格尔：《时间概念史导论》，欧东明译，商务印书馆 2010 年版，第 370—371 页。

　　④ Friedrich-Wilhelm von Hermann, *Subjekt und Dasein：Interpretationen zu "Sein und Zeit"*, S. 196. 转引自张汝伦《〈存在与时间〉释义》，第 459 页。

　　⑤ Martin Heidegger, *Being and Time*, Translated by John Macquarrie & Edward Robinson, New York：Harper Collins Publishers, 2008, p. 208.

"说"与"沉默"的区别，基于此，海德格尔指出："天生寡言之人并不能很好地证明他能保持沉默或他是这样的人。从不发言之人在任何时候都不能保持沉默。"① 造成这种结果的原因并不在于沉默寡言者没有说的能力，而在于他对待言说和交流的态度。在这里我们必须区分"真正的沉默"与沉默寡言之人的"沉默"，前者也是话语的表现形式和对话的展示方式，而后者则是一种非本真的沉默，并不构成对话，"只有在真正的话语中才能保持本真的沉默。为了能保持沉默，Dasein 必须有东西要说——亦即，它必须能将其自身本真而丰富地展示出来"②。沉默寡言之人恰恰没有把自己展示出来，这是他没有能保持沉默的生存论原因。海德格尔在其《存在与时间》的自用书旁边对此解释道：Dasein 有东西要说表明它要"去说什么？存在"③，也就是，它要生存，在生生不息的生存中展开自己。

沉默除了是话语的一种方式外，在海德格尔看来，它还能消除"闲谈"，亦即，"沉默（reticence，［Verschwiegenheit］）就使某物澄明起来，并涤除了'闲谈'（idle talk，［Gerede］）"④。但在这个地方海德格尔并没有进一步说明什么情况是闲谈，在其《时间概念史导论》中，他说："闲谈本身是被放到此在及其存在一起来看待的。如同聆听和缄默一样，闲谈是一种与此在存在方式的言说同时出现的构成性现象。"⑤ 由此看来，闲谈也具有生存论地位，是 Dasein 的一种存在方式，沉默之所以能消除它，是因为二者可以被看作具有同等地位的话语的构成性要素，"作为话语的一种（方式），沉默将 Dasein 的可理解性以如此源始的形式分割勾连起来，以至于产生出真正的听之潜能和通透的共处"⑥。也就是说，沉默能

① Martin Heidegger，*Being and Time*，Translated by John Macquarrie & Edward Robinson，New York：Harper Collins Publishers，2008，p. 208.

② Martin Heidegger，*Being and Time*，Translated by John Macquarrie & Edward Robinson，New York：Harper Collins Publishers，2008，p. 208.

③ 张汝伦：《〈存在与时间〉释义》，第 459 页。

④ Martin Heidegger，*Being and Time*，Translated by John Macquarrie & Edward Robinson，New York：Harper Collins Publishers，2008，p. 208.

⑤ ［德］海德格尔：《时间概念史导论》，第 373 页。

⑥ Martin Heidegger，*Being and Time*，Translated by John Macquarrie & Edward Robinson，New York：Harper Collins Publishers，2008，p. 208.

以分割勾连的方式将 Dasein 的切身体验分解并传达出来，闲谈也具有这种功能。做如是解，是否拔高了闲谈的地位呢？如此说来，闲谈也体现了 Dasein 的一种生存方式，只不过其所传达出来的"消息"是"漫无目的的"？对于这一点，我们从《时间概念史导论》里可以略解一二，在那里海德格尔引用了读者在阅读过程中出现的一种"闲谈"，即他并没有亲自验证著作里相关知识的实际情况，而只是在阅读体验中体会到这些知识，但这些知识仍然进入大众的视野里并为大家所分享，因为"闲谈的无根状态并没有阻断揭示进入公众的通路，而恰好是有利于打开这个通路；因为闲谈就是在没有先行的对事质之领会的情况下对某物进行解释的可能性"①。海德格尔此处主要是强调闲谈对人们日常理解状态的一种统治地位，之所以会出现此类情况，是因为闲谈也有其生存论的基础，否则，在日常生活中闲谈就不会有那么大的影响力。

5. 生存论语言观。在前面分析了话语的生存论地位、话语的结构性要素、话语和听的关系，以及话语和沉默的关系后，海德格尔就从生存论的高度给出了他的生存论语言观，他指出，由于"话语对于'此'之在（亦即，对心态和领会）是建构性的，同时'Dasein'意味着在世，所以它作为话语性的'在……之中'早已表达出了自身"②。Dasein 的在世之"在"，不是如别的存在者那样仅仅是"存在"在"那里"，而是有其特殊的展示过程，也就是他的"出位"，在此过程中，话语起了关键性的作用，由是言之，话语对 Dasein 有"建构作用"，后者通过"在世之内"这一生存论结构既展示了自己，也标志着用话语来表达自己，所以海德格尔才说"Dasein 有语言"。③ 我们在普通语言学的意义上也说"人是有语言的动物"，但这只是就人与动物在表达的丰富性上来讲的，是存在者层面的论述；而海德格尔这里是从存在的层面，在生存论结构的意义上来谈的，其差异不仅仅表现在把语言不看作外在于人、被人来使用的工具，而是将语言（话语）看作 Dasein 生存中的不可或缺的结构，是它的生存本

---

　　① ［德］海德格尔：《时间概念史导论》，第 374 页。

　　② Martin Heidegger, *Being and Time*, Translated by John Macquarrie & Edward Robinson, New York：Harper Collins Publishers, 2008, p. 208.

　　③ Martin Heidegger, *Being and Time*, Translated by John Macquarrie & Edward Robinson, New York：Harper Collins Publishers, 2008, p. 208.

身展开自己的方式。对普通语言学来讲，离开了语言，人至少能生存；而对海德格尔的生存论语言观来讲，语言（话语）毋宁就是 Dasein 的生存论结构不可或缺的环节。这样的一个视角，在海德格尔看来，不仅仅是在哲学发展了两千多年到他这里才出现的，而是有其根基的，甚至在古希腊人那里，在哲学的肇始之处，就已现其端倪，他指出："希腊人的日常生存在很大程度上已转化成了与别人的交谈，但同时他们也'有眼睛'以进行观察。在其以前哲学、哲学的方式对 Dasein 进行解释的过程中，将人的本质看作 ζωον λογον εχον［有逻格斯的动物］，这是偶然的吗？"①在这里，海德格尔认为古希腊人在早期，尤其是在前苏格拉底时期，在尚未彰显"理性"、尚未将"理性"做为逻格斯的主要意思之前，人与人之间的交谈更占据人类心灵机能的重要地位，交谈是人生存、交往的主要方式，在此过程中理性当然发挥作用，但理性并不遮蔽心灵的其他机能，在一定意义上可以说是"生存"的生命之流推动着人的一切行为，这一"生命之流"囊括了后来的人类所有意识层面的内容，语言是主要的内容之一，在这个意义上我们可以说海德格尔后期提出，是"语言让我们说"而不是我们说语言，就隐含着这层意思。这也涉及对"逻格斯"的理解，人作为有逻格斯的动物，是古希腊人提出的对人之本质的高度概括，海德格尔在其《存在与时间》的自用书关于逻格斯这一部分内容的旁边批注道："人做为聚集者，聚集在存在上——出现在存在者的开放中（但以后者为背景）。"② 也就是说，人从生存论层面聚集于兹的"存在"向存在者层面开放，展示自身，就是逻格斯发挥作用的过程，逻格斯不仅是"让什么被看见"，也意味着"让什么开放"。③ 由此可以看出，不管是 Dasein 的自我展示、开放，还是其他东西的被展示、被开放（当然是在 Dasein 的视域和 Dasein 对其他东西的领会中被展示、被开放），究其实都是话语的作用，话语通过语言而成了这些展示、开放的根本途径。

　　上面这种对逻格斯的理解是海德格尔心目中的理想模式，所以他认为

　　① Martin Heidegger, *Being and Time*, Translated by John Macquarrie & Edward Robinson, New York：Harper Collins Publishers，2008，p. 208.

　　② 张汝伦：《〈存在与时间〉释义》，第460页。

　　③ Martin Heidegger, *Being and Time*, Translated by John Macquarrie & Edward Robinson, New York：Harper Collins Publishers，2008，p. 56.

除却这种"展示""开放"的逻格斯解读，那种将其界定为"理性"的定义方法，会错失很多东西，"后来对人的概念在以有理性的动物 animal rationale（'有理性的活的动物'）意义上的解释方式，虽然并不虚假，但却掩盖了'Dasein'这一概念的现象学基础"①。海德格尔在这里实际上是想强调话语对于 Dasein 的生存论地位，人是有理性的动物，这一说法当然没有错；但却会由于突出"理性"的作用而忽略人之为人中生存的奠基作用，理性意味着概念式的思维和理性的算计、狡计，理性的思维是建基于生存体验之上的，这就是海德格尔强调现象学回到生存体验上面去这一现象学口号的旨归。"人显示出他作为存在者能言说的特点。这并不意味着他独具能发出语词声音的特点，而是说他作为存在者能揭示（discover）世界和 Dasein 自身。"②这几句话用浅显易懂的语言点明了海德格尔语言思想的要旨，即语言不是像普通语言学理论所说的那样，是人发出的一些声音，或者是人的生理功能之一，而是人的生存方式，毋宁说人的生存之特点吁请语词和声音为它的表达服务！这种情况在古希腊人早期的生活里还是能窥其端倪的，因为"希腊人没有语言（意义上的）语词；他们'首先'以话语来领会这种现象"③。也就是说，他们是以生存论意义上的话语来表达源初意义上的生存、交往，但随着所谓"哲学"事业的兴起，哲人们以"陈述"为主要模式的思维活动，阉割了逻格斯本来就有的丰富性，"因为 λογος 在源初的意义上以陈述的方式进入他们的哲学视野，所以他们将这种 λογος 作为清理出话语形式及其组成部分之基本结构的线索。语法在 λογος 的'逻辑'中寻求其基础"④。逻格斯固然有逻辑、陈述等含义，且这些含义在哲学后来的发展中也成为西方传统哲学的主导思想和运思法则，所以语言学的研究也遵循这些规则，尤其是语法，更是如此。但此举会使人在源初意义上的生存离思想本身越来越远，

---

①　Martin Heidegger, *Being and Time*, Translated by John Macquarrie & Edward Robinson, New York：Harper Collins Publishers, 2008, p. 208.

②　Martin Heidegger, *Being and Time*, Translated by John Macquarrie & Edward Robinson, New York：Harper Collins Publishers, 2008, pp. 208 – 209.

③　Martin Heidegger, *Being and Time*, Translated by John Macquarrie & Edward Robinson, New York：Harper Collins Publishers, 2008, p. 209.

④　Martin Heidegger, *Being and Time*, Translated by John Macquarrie & Edward Robinson, New York：Harper Collins Publishers, 2008, p. 209.

海德格尔在《存在与时间》的开篇说人们遗忘了存在本身，就是想纠正这种倾向。究其实，海德格尔的一个切入点在于，不管是概念思维中所遵循的逻辑，还是普通语言学意义上的语言表达中的逻辑，都不能深入生存论层面的生存体验，因为"这种逻辑却是建基于现成物的存在论之上的。这些'意义范畴'的基本素材（the basic stock）进入随后的语言科学中，现在仍被作为标准接受下来，其发展方向是以作为陈述的话语为基调的"①。在这里，海德格尔是在批评普通语言学里的"陈述"这种表达模式的肤浅、表面性的特点，其根源在于这种模式不能使存在者与存在本身区分开来，只是对存在者层面的语言材料做一逻辑的联结，而缺乏生存论的厚重意蕴。

基于上面的批判性分析，海德格尔所意欲建构的语言学理论是迥异于传统的，他指出："与此相反，如果我们认为此现象原则上拥有生存论的源始性和范围，那么就有必要在更源始的生存论意义上来重新建立语言科学。"由此可以清楚地看出，海德格尔不是仅仅对传统的语言学理论进行简单的批判，或进行修修补补，而是要将其作为一门科学，甚至是严格的科学来加以重建，那么首当其冲的当是语法理论，他认为"将语法从逻辑中解放出来的任务首先需要对话语的基本先天结构有一个积极的（positive）领会，并将其看作在生存论上基本如此的"②。因为语法是语言中最严谨的部分，只有抓住它，才能起到"牵一发而动全身"的全局性效果。要做到这一点，就必须深入分析语言乃至生存论意义上的话语的内在结构，揭示这种结构中最关键的因素，即他在该节（第34节）开头提出的对在生存中所遇到的东西进行分割勾连，如此方能获得意义，也就是："使可领会的东西根据含义进行分割勾连的基本形式加以探寻；这样的一种分割勾连并不应局限于那些我们理论性地认知它们并用句子加以表达的世内存在者。"③ 因为句子表达的只是用逻辑加以建构的存在者层面的东西，而分割

①　Martin Heidegger, *Being and Time*, Translated by John Macquarrie & Edward Robinson, New York：Harper Collins Publishers, 2008, p. 209.

②　Martin Heidegger, *Being and Time*, Translated by John Macquarrie & Edward Robinson, New York：Harper Collins Publishers, 2008, p. 209.

③　Martin Heidegger, *Being and Time*, Translated by John Macquarrie & Edward Robinson, New York：Harper Collins Publishers, 2008, p. 209.

勾连才是存在论意义上的真正领会。由此可以看出，海德格尔从其生存论出发，以对生存体验的领会和对含义的分解为主线，勾勒出一种新的语言表达思想，这种语言观不仅在对待语言的态度上和传统语言学不同，而且其立论基础从根本上来看就不一样，他立足于 Dasein 所特有的不同于其他存在对象的自我展示、自我生成的生存论基础，是"非现成的"，一直会随着生命之流的延伸而不停地"生成"自我并"建构"出意义，"世界"因此而成为有意义的整体；而其他存在对象则是现成的，是由于 Dasein 的存在才被带到眼前，被赋予意义，因 Dasein 的领会而展示出意义。传统语言学理论的根源只停留在现成对象上面，所以并未揭示语言现象的真正根源。基于此，海德格尔说，尽管像威廉·冯·洪堡这样的语言学家，已经将语言问题带进哲学研究的视野之内，但仍显不够，因为传统西方哲学都未能揭示这一点，所以在传统哲学名下的语言学也不能做到这一点。

　　基于上述理由，海德格尔认为语言研究必须建立在哲学研究的基础之上，必须从生存论—存在论的高度入手，这样的哲学研究就会"决意询问语言在一般意义上与何种存在（Being）同在。该存在是一种世内的称手用具，或拥有 Dasein 的一种存在（方式），或二者都不是？"① 也就是说，要询问语言的根基在哪里，是在他自己提出的生存论—存在论哲学那里，随 Dasein 的生存而展开；还是在如现成工具一样的存在者那里，这是首先需要弄明白的。再进一步讲，"如果能有一种'死的'语言，那么语言将会拥有何种存在（形式）？语言的'兴盛'与'衰亡'在存在论上意味着什么？"② 这一连串的问题意味着该如何看待语言的历史，它的源头若如普通语言学那样起于现成的存在者，那么其兴衰存亡意味着什么？若其源头在于 Dasein 的生存那里，上述问题又该如何作答，这是普通语言学和海德格尔语言学理论的分野。在这个意义上，海德格尔认为传统语言学对"作为其主题的存在者的存在晦暗不明。研究语言问题的视域仍被遮蔽着"③。要突破这一点，就必须依赖于哲学研究的变革，因为

---

① Martin Heidegger, *Being and Time*, Translated by John Macquarrie & Edward Robinson, New York：Harper Collins Publishers, 2008, p. 209.

② Martin Heidegger, *Being and Time*, Translated by John Macquarrie & Edward Robinson, New York：Harper Collins Publishers, 2008, p. 209.

③ Martin Heidegger, *Being and Time*, Translated by John Macquarrie & Edward Robinson, New York：Harper Collins Publishers, 2008, p. 209.

"如果哲学研究需要探寻'事情本身'并取得在概念层面澄清疑难问题的地位，那么它就不得不摒弃对'语言哲学'的研究"①。在这里海德格尔仍然是在批评洪堡的语言学，即，它披着"哲学研究"的外衣，将其语言学理论说成是"语言哲学"，但并未找到哲学研究的真正根基，这一根基若用胡塞尔创立现象学时提出的"回到事情本身"那里去的话，就是回到 Dasein 切己的生存体验那里去。所以海德格尔并不承认语言哲学的合法地位，所非要用语言哲学这种说法，也是在生存论—存在论意义上的语言哲学，才能真正揭示语言的根基在哪里。

六　生存论语言观：宗教语言的出路

通过上面的分析可以看出，海德格尔所提出的生存论语言观是建基于他的生存论—存在论之上的，这样的语言不是普通的语词物那样的表达，而恰恰是生存本身，是在生存的切身体验中的领会。以此语言观来看待康德在宗教哲学，尤其是在其上帝观中所遇到的逻辑困境，就会有一个更好的解决思路（我们在第六章是从情感的实在性这一角度来解决其困境的，即情感也是如经验实在性和理性实在性一样具有形而上学上的实在性地位的），也就是说，上帝并不是一个如现成的存在者那样的对象，而是一个处于存在论地位的、在信仰者的信任情感中所获得的生存体验，信仰者产生了这种情感，上帝的实在性就彰显出来；否则，其实在性无从谈起。上帝的实在性是如海德格尔生存论分析中的 Dasein 自我展示、自我出位过程一样的东西。正像海德格尔于 1966 年接受《明镜》记者的访谈时所说的那样，"只有一个上帝能救我们"，"思想的转变只能通过同源同种的思想"② 才得以可能。此时海德格尔心目中的上帝并不是如传统哲学或普通语言学中所指称的上帝那样的对象，而是在生存论层面的意义之源头，是可以引起语词物的言说的"话语"（Rede）的肇始者，那么这样的上帝就不是一个现成物，而是一种生存体验，其实在性当然就是情感性的。康德所遇到的宗教哲学逻辑困境，在这种生存论语言观的思路中，其困境就自

---

① Martin Heidegger, *Being and Time*, Translated by John Macquarrie & Edward Robinson, New York: Harper Collins Publishers, 2008, pp. 209 – 210.

② T. Sheehan, *Heidegger: The Man and the Thinker*, Chicago: Precedent Publication, 1981, p. 62.

然获得了疏解。

　　以此方式来反观宗教语言（仅限于基督教中对上帝、灵魂、自由等，亦即康德宗教哲学中的对象），那么在传统西方哲学中上帝存在的证明中所遇到的逻辑困境，基本上就可以得到解决，即那些宗教语言中的非经验性对象，实际上是信仰者在信仰实践中的一种生存体验，这如海德格尔的生存论分析中 Dasein 的自我展示过程相类似，上帝等概念的意义是随着信仰者的生存体验而彰显的，绝非用康德在《纯粹理性批判》里靠 Schema（图型）做中介的方法，将范畴与经验对象联结在一起就能解决的。这是康德宗教哲学的逻辑困境在引入海德格尔的生存论分析后所获得的启发，当然在生存论分析中所涉及的情感因素，不仅包括了宗教信仰中的信任情感，而且也包括了美感、道德感、崇高感，而且这几种情感之间在康德整个哲学体系里，有一个逐渐过渡的过程（我们在第二章至第五章的分析就是对此过程从哲理上进行的奠基性工作）。对情感做这样的区分，即，将情感的意义与以经验对象为基础的认识论意义加以区分，可以使我们更清晰地看到，语词、语言的意义基本上可以从两个方面加以研究：情感意义和认识论意义。

参考文献

一　康德著作

（一）中文著作

［德］康德：《纯粹理性批判》，蓝公武译，商务印书馆1997年版。

［德］康德：《纯粹理性批判》，邓晓芒译，杨祖陶校，人民出版社2004年版。

［德］康德：《实践理性批判》，邓晓芒译，杨祖陶校，人民出版社2003年版。

［德］康德：《单纯理性限度内的宗教》，李秋零译，中国人民大学出版社2005年版。

［德］康德：《康德论上帝与宗教》，李秋零编译，中国人民大学出版社2004年版。

［德］康德：《判断力批判》，邓晓芒译，杨祖陶校，人民出版社2002年版。

［德］康德：《道德形而上学原理》，苗力田译，上海世纪出版集团2005年版。

［德］康德：《逻辑学讲义》，许景行译，杨一之校，商务印书馆1991年版。

［德］康德：《宇宙发展史概论》，上海外国自然科学哲学著作编译组译，上海人民出版社1972年版。

［德］康德：《对美感和崇高感的观察》，曹俊峰译，出自《康德美学文集——美，以及美的反思》，金城出版社2013年版。

［德］康德：《未来形而上学导论》，李秋零译，中国人民大学出版社2013年版。

［德］康德：《康德书信百封》，李秋零编译，上海人民出版社 2006 年版。

《康德美学文集——美，以及美的反思》，曹俊峰译，金城出版社 2013 年版。

［德］康德：《康德著作全集》（1—6 卷），李秋零译，中国人民大学出版社 2013 年版。

　　（二）外文著作

Immanuel Kant, *Religion within the Boundaries of Mere Reason*, Translated and Edited by Allen Wood and George di Giovanni, Cambridge University Press, 1998.

Immanuel Kant, *Religion within the Limits of Reason Alone*, 1793, 1797, Translated by Theodore M. Greene and Hoyt H. Hudson, New York：Harper Torchbooks, 1960.

Immanuel Kant, *Critique of the Power of Judgment*, Translated by Paul Guyer and Eric Matthews, Cambridge University Press, New York, 2000.

Immanuel Kant, *Practical Philosophy*, Cambridge University Press 1996.

Immanuel Kant, *Critique of Pure Reason*, 中国社会科学出版社 1999 年版。

Immanuel Kant, *Critique of Practical Reason*, 中国社会科学出版社 1999 年版。

二　康德研究著作

叶秀山：《启蒙与自由——叶秀山论康德》，江苏人民出版社 2013 年版。

叶秀山：《学与思的轮回》，江苏人民出版社 2009 年版。

杨祖陶、邓晓芒：《康德〈纯粹理性批判〉指要》，人民出版社 2005 年版。

［日］安倍能成：《康德实践哲学》，于凤梧、王宏文译，福建人民出版社 1984 年版。

［美］刘易斯·贝克：《〈实践理性批判〉通释》，黄涛译，华东师范大学出版社 2011 年版。

曹俊峰：《康德美学引论》，第 373 页，天津教育出版社 2012 年版。

邓晓芒：《康德〈纯粹理性批判〉句读》，人民出版社 2010 年版。

邓晓芒：《〈判断力批判〉释义》，生活·读书·新知三联书店 2008 年版。

［德］奥特弗里德·赫费：《康德：生平、著作与影响》，郑伊倩译，人民出版社 2007 年版。

［美］曼弗雷德·库恩：《康德传》，黄添盛译，上海人民出版社 2008 年版。

杨祖陶：《德国古典哲学逻辑进程》，武汉大学出版社 1992 年版。

［美］约翰·罗尔斯：《道德哲学史讲义》，张国清译，上海三联书店 2003 年版。

戴兆国：《明理与敬义：康德道德哲学研究》，中国社会科学出版社 2012 年版。

牟宗三：《智的直觉与中国哲学》，中国社会科学出版社 2008 年版。

牟宗三：《康德的道德哲学》，西北大学出版社 2008 年版。

牟宗三：《康德判断力之批判》，西北大学出版社 2008 年版。

牟宗三：《佛性与般若》，吉林出版集团有限公司 1010 年版。

黄裕生：《真理与自由》，江苏人民出版社 2008 年版。

［德］马丁·海德格尔：《康德与形而上学疑难》，王庆节译，上海译文出版社 2011 年版。

李艳辉：《康德的上帝观》，北京师范大学出版社 2010 年版。

易晓波：《论康德的知性与理性》，湖南教育出版社 2010 年版。

邓晓芒：《冥河的摆渡者——康德的〈判断力批判〉》，云南人民出版社 1997 年版。

［德］奥特弗里德·赫费：《康德生平著作与影响》，郑伊倩译，人民出版社 2007 年版。

韩水法：《康德物自身学说研究》，商务印书馆 2009 年版。

杨平：《康德与中国现代美学思想》，东方出版社 2003 年版。

杨振：《康德美学思想探绎》，四川大学出版社 2008 年版。

邓晓芒：《德国古典哲学讲演录》，湖南教育出版社 2010 年版。

陶立霞：《康德目的论思想研究》，黑龙江大学出版社 2012 年版。

朱志荣：《康德美学思想研究》，安徽人民出版社 2004 年版。

谢舜：《神学的人学化》，广西人民出版社 1997 年版。

康蒲·斯密：《〈纯粹理性批判〉解义》，韦卓民译，华中师范大学出版社 2000 年版。

陈嘉明：《建构与范导》，社会科学出版社 1992 年版。

赵广明：《康德的信仰》，江苏人民出版社 2008 年版。

刘景泉等：《从康德到叔本华》，广州文艺出版社 1990 年版。

［俄］A. B. 古雷加：《德国古典哲学新论》，沈真、侯鸿勋译，中国社会
　　科学出版社 1993 年版。

李泽厚：《批判哲学的批判》，人民出版社 1984 年版。

李泽厚：《李泽厚哲学文存》，安徽文艺出版社 1999 年版。

［苏］阿尔森·古留加：《康德传》，贾泽林等译，商务印书馆 1981 年版。

李质明等：《德国古典哲学》，北京出版社 1981 年版。

郑涌：《批判哲学与解释哲学》，中国社会科学出版社 1993 年版。

温纯如：《康德和费希特的自我学说》，社会科学文献出版社 1995 年版。

［苏］谢·伊·波波夫：《康德和康德主义》，涂纪亮译，人民出版社
　　1986 年版。

［苏］瓦·弗·阿斯穆斯：《康德》孙鼎国译，王太庆校，北京大学出版
　　社 1987 年版。

《论康德黑格尔哲学》，中国社会科学院哲学研究所编，上海人民出版，
　　1981 年版。

冒从虎：《德国古典哲学》，重庆出版社 1984 年版。

李质明：《康德〈导论〉评述》，福建人民出版社 1984 年版。

周贵莲：《认识自然科学之谜的哲学家——康德认识论研究》，中共中央
　　党校出版社 1994 年版。

孙冠臣：《海德格尔的康德解释研究》，中国社会科学出版社 2008 年版。

邓晓芒：《康德〈道德形而上学奠基〉句读》，人民出版社 2012 年版。

韩水法：《批判的形而上学——康德研究文集》，北京大学出版社 2009
　　年版。

齐良骥：《康德的知识学》，商务印书馆 2011 年版。

王平：《目的论视域下的康德历史哲学》，上海交通大学出版社 2012
　　年版。

［德］曼弗雷德·盖尔：《康德的世界》，黄文前、张红山译，蒋仁祥校，
　　中央编译出版社 2012 年版。

李海峰：《重读先哲康德》，长春出版社 2013 年版。

赵明：《实践理性的政治立法》，法律出版社 2009 年版。

成中英、冯俊主编：《康德与中国哲学智慧》，中国人民大学国际中国哲学与比较哲学研究中心译，人民大学出版社 2009 年版。

张政文：《从古典到现代——康德美学研究》，社会科学文献出版社 2002年版。

温纯如：《认知、逻辑与价值——康德〈纯粹理性批判〉新探》，中国社会科学出版社 2002 年版。

杨祖陶：《康德黑格尔哲学研究》，武汉大学出版社 2001 年版。

［法］贝尔纳·布尔乔亚：《德国古典哲学》，邓刚译，高宣扬校，人民出版社 2013 年版。

贺方刚：《情感与理性：康德宗教哲学内在张力及调和》，中国社会科学出版社 2017 年版。

三　其他著作

谢文郁：《自由与生存》，上海人民出版社 2007 年版。

谢文郁：《道路与真理》，华东师范大学出版社 2012 年版。

谢文郁：《蒂迈欧篇》，上海人民出版社 2003 年版。

傅有德等：《犹太哲学史》，中国人民大学出版社 2008 年版。

［德］马丁·路德：《路德三檄文和宗教改革》，李勇译，谢文郁校，上海人民出版社 2010 年版。

［古希腊］柏拉图：《蒂迈欧篇》，谢文郁译，上海人民出版社 2005 年版。

［古希腊］柏拉图：《文艺对话集》，朱光潜译，人民文学出版社 1980年版。

［古希腊］柏拉图：《会饮篇》，王太庆译，商务印书馆 2013 年版。

［古希腊］亚里士多德：《形而上学》，李真译，上海世纪出版集团 2005年版。

［古希腊］亚里士多德：《范畴篇》《解释篇》，方书春译，上海三联书店 2011 年版。

［古希腊］柏拉图：《理想国》，郭斌和、张竹明译，商务印书馆 1986年版。

叶秀山：《哲学要义》，世界图书出版公司 2006 年版。

叶秀山：《前苏格拉底哲学研究》，人民出版社 1997 年版。

叶秀山：《美的哲学》，世界图书出版公司 2010 年版。

［英］乔治·贝克莱：《人类知识原理》，关文运译，商务印书馆 2012
　　年版。

［英］舍勒肯斯：《美学与道德》，王柯平、高艳萍、魏怡译，四川人们出
　　版社 2010 年版。

［英］大卫·休谟：《人类理智研究》，周晓亮译，中国法制出版社 2011
　　年版。

［瑞士］皮亚杰：《发生认识论原理》，商务印书馆 2009 年版。

［德］黑格尔：《小逻辑》，梁志学译，人民出版社 2009 年版。

［英］迈克尔·达米特：《分析哲学的起源》，王路译，上海译文出版社
　　2005 年版。

［德］汉斯－格奥尔格·伽达默尔：《哲学解释学》，夏镇平、宋建平译，
　　上海译文出版社 2005 年版。

［英］安东尼·弗卢等：《西方哲学讲演录》，李超杰译，商务印书馆
　　2007 年版。

《希腊哲学史》（第二卷），汪子嵩、范明生、陈村富、姚介厚，人民出版
　　社 1993 年版。

《西方美学家论美和美感》，商务印书馆 1980 年版。

《西方哲学原著选读》，上册，商务印书馆 1982 年版。

章启群：《新编西方美学史》，商务印书馆 2010 年版。

［英］维特根斯坦：《逻辑哲学论》，陈启伟译，河北教育出版社 2003
　　年版。

［美］托马斯·库恩：《科学革命的结构》，金吾伦、胡新和译，北京大学
　　出版社 2013 年版。

王路：《“是”与“真”——形而上学的基石》，人民出版社 2003 年版。

［英］约翰·洛克：《人类理解论》（英文版），中国人民大学出版社 2012
　　年版。

马佩：《逻辑哲学》，上海人民出版社 2008 年版。

陈波：《逻辑哲学》，北京大学出版社 2006 年版。

［美］阿尔文·普兰丁格：《基督教信念的知识地位》，邢涛涛、徐向东、

张国栋、梁骏译，北京大学出版社 2004 年版。

［英］柯林·戴维斯：《列维纳斯》，李瑞华译，江苏人民出版社 2006 年版。

孙向晨：《面对他者——列维纳斯哲学思想研究》，上海三联书店 2008 年版。

《老子·道德经》，熊春锦校注，中央编译出版社 2010 年版。

熊春锦：《道医学》，团结出版社 2009 年版。

《基督教词典》，北京语言学院出版社 1994 年版。

《周易》，朱熹注，上海古籍出版社 1987 年版。

牟宗三：《周易哲学演讲录》，华东师范大学出版社 2004 年版。

［丹］克尔凯郭尔：《基督徒的激情》，鲁路译，冯文光校，中央编译出版社 1999 年版。

［丹］克尔凯郭尔：《克尔凯郭尔日记选》，宴可佳、姚蓓琴译，上海社会科学院出版社 2002 年版。

奥古斯丁：《〈原罪与恩典〉——奥古斯丁反佩拉纠主义文选》，周伟驰翻译，香港道风出版社 2005 年版。

林瑞生：《牟宗三评传》，齐鲁书社 2009 年版。

杨长福等：《现代逻辑导引》，重庆大学出版社 2011 年版。

张东荪：《认识论》，商务印书馆 2011 年版。

高懿德：《信仰论要》，中国文史出版社 2002 年版。

［美］迈尔威利·斯图沃德编：《当代西方宗教哲学》，周伟池等译，赵敦华审订，北京大学出版社 2001 年版。

［俄］梅列日科夫斯基：《宗教精神：路德与加尔文》，杨德友译，学林出版社 1999 年版。

黄裕生：《宗教与哲学的相遇》，江苏人民出版社 2008 年版。

王晓朝主编：《信仰与理性：古代基督教教父思想家评传》，东方出版社 2001 年版。

［德］汉斯·昆：《基督教大思想家》，包利民译，社会科学文献出版社 2001 年版。

刘新利：《基督教历史十二讲》，人民出版社 2011 年版。

［法］弗朗西斯·费里埃：《圣奥古斯丁》，户思社译，商务印书馆 1998

年版。

汪子嵩、王太庆编：《陈康：论希腊哲学》，商务印书馆 2011 年版。

杨大春：《文本的世界》，中国社会科学出版社 1998 年版。

赵广明：《理念与神》，江苏人民出版社 2008 年版。

［英］卡尔·波普尔：《波普尔思想自述》，赵月瑟译，上海译文出版社
　　1988 年版。

［英］罗素：《人类的知识——其范围与限度》，张金言译，商务印书馆
　　1983 年版。

［英］J. Q. 厄姆森：《贝克莱》，曹秋华译，中国社会科学出版社 1978
　　年版。

［德］亨利希·海涅：《论德国宗教和哲学的历史》，海安译，商务印书馆
　　1974 年版。

［德］亨利希·海涅：《论德国》，薛华、海安译，商务印书馆 1980 年版。

王树人：《思辨哲学新探》，人民出版社 1998 年版。

《德国哲学家论中国》，秦家懿编译，生活·读书·新知三联书店 1993
　　年版。

［丹麦］索伦·奥碧·克尔凯郭尔：《哲学片段》，王齐译，中国社会科学
　　出版社 2013 年版。

［丹麦］索伦·奥碧·克尔凯郭尔：《畏惧与颤栗》，京不特译，中国社会
　　科学出版社 2013 年版。

傅有德，《巴克莱哲学研究》，人民出版社 1999 年版。

［奥］维特根斯坦：《哲学语法》，韩林合译，商务印书馆 2012 年版。

［英］威廉·涅尔、玛莎·涅尔：《逻辑学的发展》，张家龙、洪汉鼎译，
　　商务印书馆 1985 年版。

四　外文研究著作

Allen, W. Wood, *Kant's Rational Theology*, Cornell University Press, 1978.

Alvin, Plantinga, *Warrant: the Current Debate*, Oxford University Press, New York, 1993.

Alvin, Plantinga, *The Nature of Necessity*, Clarendon Press. Oxford, 1974.

Alvin, Plantinga, *Faith and Rationality*, University of Notre Dame

Press, 1983.

Alvin, Plantinga, *Warranted Christian Belief*, Oxford University Press, New York, 1993.

Alvin, Plantinga, *Warrant and Proper Function*, Oxford University Press, New York, 1993.

Alvin, Plantinga, *God and Other Minds*, New York Cornell University Press, 1967.

Alson, William P. *Perceiving God*, Ithaca and London: Cornell University Press, 1993.

Alson, William P. *Divine Nature and Human Language*, Ithaca & London Cornell University Press, 1989.

Aquinas, Thomas, *Summa theologica*, completer English edition in five volumes, translated by Fathers of the English Dominican Province, Christian classes Westminster, Maryland, 1981.

Aristotle, *Rhetoric*, Translated by W. Rhys Roberts, Dover Publications. INC. New York, 2004.

Avis, Paul, *God and the Creative Imagination: Metaphor, symbol and myth in religion and theology*, New York, Routledge, 1999.

Ayer, A. J, *Logical Positivism*, New York: The Free Press, 1959.

Barth, Karl, *Protestant Theology in the Nineteenth Century*, Wm. B. Eerdmans Publishing Company, 2002.

Bendall, Kent & Ferre, Frederick, *Exploring the Logic of Faith*, New York: Association Press, 1962.

Bernard M. G. Reardon, *Kant as Philosophical Theologian*, London: Macmillan Press, 1988.

C. J. Webb, *Kant's Philosophy of Religion*, Oxford: Clarendon Press, 1926.

Carl A. Raschke, Moral Action, *God and History in the Thought of Immanuel Kant*, Missoula, Mont: Scholars Press, University of Montana, 1975.

C. D. Broad, *Kant*, London, New York, Melbourne: Cambridge University Press, 1978.

Friedrich Schleiermacher, *On Religion: Speeches to Its Cultured Despisers,*

Publisher: Grand Rapids, MI: Christian Classics Ethereal Library Publication History: K. Paul, Trench, Trubner & Co., Ltd., London (1893), Date Created, 2006.

Gershom Scholem, *The Messianic Idea in Judaism*, Schocken Books, New York, 1971.

Hegel, *The Logic of Hegel*, 中国社会科学出版社 1999 年版。

Herman J. de Vleeschauwer, *The Development of Kantian Thought*, London: Thomas Nelson and Sons Ltd., 1962.

Hume, David, *A Treaty of Human Nature*, Oxford at the Clearendon Press, 1967.

Hutchison, John A. *Language and Faith: Studies in Sign, Symbol, and Meaning*, Philadelphia: The Westminster Press, 1963.

Johannes Climacus, *Philosophical Fragment by Soren Kierkegaard*, Edicted and Translated with introduction and Notes by Howard V. Honh an Edna H. Hong Princeton University Press, Princeton, New Jersey, 1985.

John H. Zammito, *The Genesis of Kant's Critique of Judgment*, The University of Chicago Press, Chicago, 1992.

Juergen Habermas, *Justification and Application——Remarks on Discourse Ethics*, Policy Press, Great Britain, 1993.

Kierkegarrd, S. *Either/Or*, Howard V. Hong & Edna H. Hong Princeton University Press, 1987.

Kierkegaard, *The Sickness unto Death*, Howard V. Hong & Edna H. Hong Princeton University Press, 1980.

Kierkegarrd, *The Concept of Anxiety*, translated by Reider Thomas, Princeton University Press, 1980.

Kolak, *The Lovers Wisdom*, 北大西学影印系列, 北京大学出版社 2005 年版。

Macquarrie, John. *Thinking about God*, London: SCM Press LTD., 1974.

Michael J. Loux, *Metaphysics: A Contemporary introduction*, Routledge, London and New York, 2003.

Philip J. Rossi and Michael Wreen, *Kant's Philosophy of Religion Reconsidered*,

Indiana University Press, 1991.

Plato, *The Republic*, Translated by Tom Griffith, Cambridge University Press, 2000.

Pike, Nelson. *Hume: Dialogues Concerning natural religion*, Macmmillan Publishing Company NewYork Collier Macmillan Publishers London, 1985.

Porter, Stanley E, *The Nature of Religious Language*, Sheffield Academic Press, 1996.

Ramsey, Ian T. Ramsey, *Words about God*, London: SCM Press LTD. , 1971.

Raschke, Carl A. *The Alchemy of the Word: Language and the End of Theology*, Montana: Scholars Press, 1979.

Sachidanand Prasad, *The Concept of God in the Philosophy of Kant*, Classical Publishing New York, 2005.

Schleiermacher, Friedrich, *The Christian Faith*, edited by H. R Machintosh, and J. S. Edinburgh, Stewart: T&T Clark, 38 George Street, 1928.

Soskice, Janet Martin, *The kindness of God: Metaphor, Gender, and Religious Language*, Oxford University Press, 2007.

Soskice, Janet Martin, *Metaphor and Religious Language*, Clarendon Press Oxfod, 1985.

Stiver, Dan R. *The Philosophy of Religious Language Sign*, *Symbol and Story*, Cambridge: Blackwell Publishers, 1996.

Swinburne, Richard, *Revelation: from Metaphor to Analogy*, New York: Oxford University Press, 1992.

Tillich, Paul, *Dynamics of Faith*, New York: Harper & Brothers Publishers, 1957.

五　学术、学位论文

谢文郁:《回归文本,回归生存》,载于《世界哲学》2007 年第 6 期中"希腊哲学研究:主持人手记"部分。

谢文郁:《存在论的基本问题》,《世界哲学》2006 年第 6 期。

谢文郁:《存在论的新动向:偶态分析》,《世界哲学》2006 年第 2 期。

谢文郁:《性善质恶——康德论原罪》,《哲学门》2007 年第 2 期。

谢文郁：《巴门尼德的 Εστιν：本源论语境中的"它是"》，《云南大学学报》（社科版）2012 年第 2 期。

谢文郁：《偶态形而上学：问题的提出和展示》，《世界哲学》2013 年第 7 期。

谢文郁：《恩典与良心：认识论的张力》，《哲学门》总第二十一辑，第十一卷第一册，北京大学出版社 2010 年版。

李建华、覃青必：《论康德的道德自由观》，《哲学研究》2007 年第 7 期。

邓晓芒：《牟宗三对康德之误读举要》，《社会科学战线》2006 年第 1 期。

刘兰芝：《浅议马克思的康德道德哲学批判》，《传承》2010 年第 10 期。

谢舜：《康德的宗教哲学：奠立宗教的人本主义基础》，《渝州大学学报》（哲学社会科学版）1997 年第 1 期。

邓晓芒：《康德宗教哲学对我们的启示》，《现代哲学》2003 年第 1 期。

张继选：《邓斯·司各脱的形而上学实在论》，《年度学术》2005 年。

胡玻：《拒斥形而上学——论分析哲学对形而上学的批判及其局限》，《重庆社会科学》2003 年第 3 期。

邓晓芒：《康德宗教哲学与中西人格结构》，《湖北大学学报》1998 年第 5 期。

卢云成：《论康德〈判断力批判〉中鉴赏与道德的关系》，《云南民族大学学报》（哲学社会科学版）2011 年第 3 期。

张志明：《论康德宗教哲学的历史发展》，《前沿》2011 年第 23 期。

张俊芳：《从康德道德哲学到马克思主义伦理学》，《东北师大学报》（哲学社会科学版）1994 年第 5 期。

邓晓芒：《康德道德哲学的三个层次——〈道德形而上学基础〉述评》，《云南大学学报》（哲学社会科学版）2004 年第 4 期。

徐文俊、林进平：《康德对宗教合理性基础的批判与建构》，《哲学研究》2001 年第 3 期。

邓晓芒：《审美判断在康德哲学中的地位》，《文艺研究》2005 年第 5 期。

朱立元：《康德美学研究新突破》，《武陵学刊》第 37 卷第 6 期。

叶秀山：《康德〈判断力批判〉的主要思想及其历史意义》，《浙江学刊》2003 年第 3 期。

叶秀山：《一以贯之的康德哲学》，《中国社会科学院研究生院学报》2012

年第 1 期。

倪梁康:《康德"智性直观"概念的基本含义》,《哲学研究》2001 年第
　　10 期。

丁东红:《康德研究在中国》,《世界哲学》2009 年第 4 期。

高懿德、贺方刚:《"对象"何以依照"知识"? ——康德"哥白尼"式
　　哲学革命意义之重估》,《山东社会科学》2007 年第 11 期。

贺方刚:《论康德的"敬重感"》,《齐鲁学刊》2013 年第 4 期。

贺方刚:《奥古斯丁"恩典—信仰"观的认识论困境》,《甘肃社会科学》
　　2014 年第 1 期。

贺方刚:《康德 Schema 概念的现象学意蕴》,《齐鲁学刊》2016 年第 4 期。

贺方刚:《康德恩典观的逻辑困境及其解决》,《齐鲁学刊》2020 年第
　　4 期。

贺方刚:《康德的"弃恶从善"观——论"重建向善的原初禀赋"》,《济
　　南市委党校学报》2009 年第 3 期。

贺方刚:《胡塞尔现象学视角下"审美—判断"悖论的解决》,《美育研
　　究》2021 年第 2 辑。

贺方刚:《康德"审美无利害"命题之评析》,《济南市委党校学报》
　　2017 年第 4 期。

后　记

　　校对完最后一页，没有之前预想的轻松感，反而产生了和 2017 年结题之前校对时一样的忧虑感，那时是担心能否顺利结题，还好，以良好等级结题。这次是担心书里提的几个较有新意的观点因经不起推敲和批评而有误导之嫌，倒不是怕批评，只是觉得"崇高感的拱顶石地位""信任情感实在性""宗教语言情感说"的观点难免有不周密之处。这次的忧虑还有另一个原因，即有一项任务没完成，记得在出版上一部专著《情感与理性：康德宗教哲学内在张力及调和》前写的"后记"里，曾说要再撰写一部作为"姊妹篇"的书，以弥补《情感与理性》留下的遗憾；但目前这部专著仍未能弥补那个遗憾……

　　不管怎样，"丑媳妇终归得见严婆婆"了。一本书一旦写完，它的命运就交给读者了，如能得到学界批评，指出其中疏误，也有其价值，让作者澄清、改正错讹，给别人以提醒，也算是对学术的贡献。如果所提观点或有新意，且论证尚可，那就更好了，对因出版而消耗了地球上的资源之亏欠有一点弥补，对好多人的帮助也算有点回报。如果没有取得这样的效果，那就"虽不能至心向往之"吧！

　　白驹过隙，过几天就是"知天命"之年的生日，我对于"天命"仍一片茫然；对康德哲学，困惑多于已知，每念及此，真是后背发凉！是不是自己不该走进"哲学门"？夜深人静之时曾多次反问自己：是不是天资不够，搞不了哲学？是不是自己对英语情有独钟而学德语慢慢腾腾，影响了对康德的理解？确实，现在回忆起那几年教英语的情景，仍激情澎湃，可见自己对英语的"一往情深"。记忆的闸门一打开，胡塞尔的"内时间意识"就将思绪拉回到当初的起点：农学出身的自己，如果不是当时党委调整中层干部让自己干团委书记，是不是也和同学们一样成为高级农艺师了？或未可知，但我对当初"被迫"放弃自己的专业，如今居然有些后悔；尽管在那个年代，从政是很多人所向往的。如果不是羡慕沿海城市的生活而再次改行进了农行，是否可能成了"官"了？对此，我有自知之明，自己不是那块料。可惜人生轨迹上容不得"如果"。人生路上有几件事和几个人对自己投身学术起了决定性作用，说出来或许会对年轻人有点启发。一是 1994 年单位选拔自己去上海证券交易所学习，听了中国人民银行上海分行行长的一个讲座，开启了自己的国际视野；二是伦敦证券交易所黄金交易员刘金宝（后来任中行上海分行行长）及其专著《金融之回响》（此书值得一读）吸引我读萨缪尔森的英文版《经济学》；三是两个朋友读博士（中国人民大学的曹淑江教授和中国艺术研究院的董立军教授），使我有见贤思齐之感。不过当时想研究的是信贷管理中的道德风险问题，但一接触康德道德哲学，我就被深深吸引住了，慢慢进入了康德哲学的大厦。一晃快二十年了，感谢高懿德教授这么多年的指导和关心，感谢铁省林教授同情式的理解与释疑。感谢姚春鹏教授从儒家的角度提出的一些建议。傅有德教授对我有知遇之恩，对学术，对人生，对为人处世，傅老师对我的帮助，再怎么感谢都不为过，他让我学会了如何严肃、认真地掂量"学者"的分量！谢文郁教授在读书方法和敬业精神上深深影响了我，使我受益终生。曹连海教授与自己亦师亦友，好多烦心事都会和他唠叨唠叨，他的叮嘱与牵挂给了我好多力量。同时，感谢甘绍平教授、张志伟教授、舒远招教授在微信上不厌其烦地给予我指导。

　　这本书本不在写作计划之内，因为张祥龙教授对我的博士论文提的建议之一就是看看（舍勒）现象学如何处理情感问题，所以博士一毕业我就一头扎进了胡塞尔的著作当中。有一年暑假我专门跑到杭州听倪梁康老师讲胡塞尔的系列课程，也在一段时间之内于中山大学听方向红老师的课……我想心无旁骛地慢慢走进现象学，但当时工作的单位湖北民大马院的领导们要求新进博士都申报国家社科基金项目，自己也就将对康德宗教哲学和美学的思考整理后，作为一项任务提交了上去。那年的春节假期，马院请傅有德教授作为外聘专家为我们初审材料，记得当时反馈回来的意见很多，我一个寒假基本没出门，不停地修改完善。很幸运，那年我们小小的马院居然在傅老师的指导下"中"了两个国家社科基金项目，大丰收！再次向傅老师致谢！但喜悦是短暂的，项目的研究异常艰难，2017年的暑假居然累得左胳膊发麻，抬不起来了，身体在发出求救信号，警告自己慢下来……在研究过程中，有一位美国专家不得不提，经靳希平教授介绍，我认识了美国孟菲斯大学的 Thomas Nenon 教授，2016 年去他那里访学，跟着他的博士生上课，从头到尾精读《存在与时间》英文版，我做了笔记，录了音（现在还经常听他讲课的录音）；然后他每两周给我一次专门交流机会，有时在他的办公室，有时在他办公室隔壁的小会议室，他对我提前用 e-mail 发给他的问题答疑解惑，让我终生难忘。课后有时他请我吃西餐，有时我请他去中餐馆，那是一段难忘的美好岁月。2018 年世界哲学大会在北京召开，他难得来中国一趟，我克服诸多困难去看望他，也让他很感动。在此对 Nenon 教授致以诚挚的谢意。

感谢湖北民大马院的罗成富书记、徐铜柱院长、张明波副院长以及同事们对我在民大工作期间的关照，还有研究生处谭德宇处长如兄长般的关照，让我铭记在心。如果不是念及双方父母年事已高，我仍喜欢待在民大。感谢山东工艺美院思政部的丁炳堂主任、任伟清书记在工作、生活上的关照，还有安峰老师给予我很多关心，让我不停止对学问的追求。按自己对"学问"的理解，"思想"和"学术"是两个层面的"对象"，前者依赖于后者，后者为前者奠基，没有对某一大哲学家文本的深度耕犁，没有将其思想内化于心，是不敢在其基础上慢慢扩展开来谈思想史的，就此而言，自己悟性不高，没有天马行空般的活跃思想，有的只是谨小慎微的亦步亦趋。在这个意义上，目前的两部著作都是"我注六经"式的康德解读，想必是疏漏、错误不少，请专家学者予以赐教指正，我虚心接受（邮箱是 fangganghe@ 163. com）感激不尽，我深信学术乃天下之公器！

最后但不是不重要的，是曹俊峰先生对我的帮助，在我读博士期间，就多次打电话请教过他，他总是不厌其烦地给我讲解，鼓励我大胆开拓，只要逻辑上讲得通，论证明白，就成一家之言；凭着他的鼓励，我在有的文章里提出了和他商榷的观点，就教于他。特别是在他翻译《康德美学全集》出版后，第一时间赠寄于我，并在书的末页寄语："读书读到可以《汉书》下酒方知至味！"让我深受感动并有所开悟。这次课题研究，在硕士、博士精读"三大批判"及其他康德原著的基础上，通读了《康德美学全集》，做了大量笔记，但仍感吃力，未能完全理解康德美学；目前已开始下一轮对康德美学的研读，结合在民大期间教过 6 年美学的心得，系统整理一下"审美判断"问题……

　　凌金良老师、冯春凤老师和刘亚楠老师对本书的出版付出辛劳智慧，他们以敬业精神、专业标准、严谨风格使本书的语言表达、版式设计等增色不少，我由衷地感谢！

　　最后，还要感谢我的三舅和三妗子，我读初中时，住在他们家，20世纪80年代，大家的经济条件都不好，虽然三舅作为"文革"前毕业的大学生，30多岁就走上了单位一把手的领导岗位，但他们也和一般家庭的经济条件差不多；多负担一个学生的开支，给他们带来了不小的压力，他们为我付出了许多许多……三舅的工作很忙，从主持县级人民银行的工作到主持地级市人民银行的工作，印象中会议多、出差多，日常工作经常是下了班也忙，但忙碌中也要分出一部分精力过问表姐、表弟和我的学习、成长。三妗子一日三餐为我们操劳，同时还不能耽误上班。他们的恩情重如山！我父母是勤劳朴实的农民，据父亲讲，他小时候因为家里穷得实在没饭能带到学校了，最后不得不辍学。三年自然灾害期间，他刚开始带地瓜秧菜上学，最后连地瓜秧菜也没有了……父亲一直干生产队会计，所以知道文化的重要性，记得煤油灯下，他经常一边吃饭，一边给邻居念他们远方亲人的来信。应该说我的启蒙教育是从父亲让我替邻居写信开始的，起初是他口述，我打草稿，不会写的字用拼音代替，然后再查字典。我们村里有文化的人，父亲都带着我去拜访过，他们中有后来在美国留学的，有考上师范的，有会修收音机的，有当医生的，等等。我从那些有文化的人那里学到了不同的学习、思考方法，感谢乡亲们。母亲上的学不多，听姥爷讲，母亲上小学时背书很快，也和三舅一样聪明；姥爷凭着会烙烧饼的手艺，供应二舅考上了中专，三舅考上了大学（在"文革"前的年代，着实不易），这样就没有能力再供应母亲读书了，所以母亲深知读书的重要性。记得小学时有一次我要到邻村参加乡里的考试，一大早，母亲在灶台前一边烧火，一边告诉我："不会做的算术不要慌，写作文不会的字用拼音代替……"母亲烧玉米秸发出的火苗活跃地舔着锅底，给了我灵感，也给了我智慧和温暖。后来读到古希腊哲学家赫拉克利特的"活火"，我忽然想起来，哲学就在生活中！我想自己成为"书痴""书虫"，与小时候的经历有关。古人讲"父母在，不远游"，我目前虽说离他们近了些，但遗憾的是仍不能常回家看看，他们虽然口头上说理解，其实内心还是盼着我能多回去几趟的，惟愿以后放慢做学问的速度，多回去看看。

　　"后记"本不该写这么长，但一进入状态就收不住了，思绪也有它的逻辑……

2021 年 6 月 19 日

于山工艺长清校区